| 高等教育现代化研究丛书 |

董泽芳◇主编

教育部人文社会科学青年基金资助项目（19YJC880027）

地方本科师范院校组织转型探究

DIFANG BENKE SHIFAN YUANXIAO
ZUZHI ZHUANXING TANJIU

顾拓宇／著

華中師範大學出版社

新出图证(鄂)字 10 号
图书在版编目(CIP)数据

地方本科师范院校组织转型探究/顾拓宇著. —武汉:华中师范大学出版社,2023.6
(高等教育现代化研究丛书/董泽芳主编)
ISBN 978-7-5622-9964-6

Ⅰ.①地… Ⅱ.①顾… Ⅲ.①地方高校—高等师范院校—教育改革—研究—中国 Ⅳ.①G659.21

中国版本图书馆 CIP 数据核字(2022)第 226681 号

地方本科师范院校组织转型探究

责任编辑:王 胜 **责任校对:**肖 阳 **封面设计:**罗明波
编辑室:学术出版中心 **电话:**027-67867792
出版发行:华中师范大学出版社有限责任公司
社址:湖北省武汉市洪山区珞喻路 152 号 **邮编:**430079
电话:027-67863426(发行部) **传真:**027-67863291
网址:http://press.ccnu.edu.cn **电子邮箱:** press@mail.ccnu.edu.cn
印刷: 湖北恒泰印务有限公司 **督印:** 刘 敏
开本: 710mm×1000mm 1/16 **印张:** 18.75
版次: 2023 年 6 月第 1 版 **印次:** 2023 年 6 月第 1 次印刷
字数: 270 千字 **定价:** 90.00 元
欢迎上网查询、购书

总　序

教育是国之大计、党之大计。党的二十大报告提出了“实施科教兴国战略，强化现代化建设人才支撑”的重要论断，围绕教育优先发展、科技自立自强、人才引领驱动等作出新的全面部署。这为我们在全面建设社会主义现代化国家新征程上加快建设教育强国、科技强国、人才强国指明了方向。

高校承担着人才培养、科学研究、社会服务、文化传承创新与国际交流合作等重要职能，是教育高地、科技高地、人才高地的融合体。习近平总书记指出，高等教育发展水平是一个国家发展水平和发展潜力的重要标志。国家对高等教育的需要比以往任何时候都更加迫切，对科学知识和卓越人才的渴求比以往任何时候都更加强烈。实现高等教育现代化是实现教育现代化的核心内容，是建设教育强国、科技强国与人才强国的重要保障，是全面实现中国式现代化的强大基础，是推进中华民族伟大复兴的先导工程。

实现我国高等教育现代化，既要顺应国际高等教育的发展潮流，符合全球高等教育发展的共同愿景，体现世界一流的高等教育理念、体系、质量和水平；也要具有鲜明的中国特色，契合中国的国情，坚持社会主义办学方向，重视对优秀传统文化、核心价值理念和正确教育思想的弘扬，走出一条在高等教育大国基础上建设高等教育强国的道路；还要遵循我国现代化发展、教育现代化发展与人才发展自身的规律。高等教育现代化是一个立足本国、向他国学习，并不断自我创新的过程。基于此，我国高等教育现代化应该是立足于人口规模巨大国情的现代化，是追求人的全面发展、全体人民共同富裕、物质文明和精神文明协调并进、人与自然和谐共生的现代化，走和平发展道路的现代化。

实现我国高等教育现代化要把握机遇，用好机遇。当今世界正处于国际形势大变动时期，中国的发展也进入新时代，综观国际、国内形势，我国正处在进一步发展的重要战略机遇期，这为高等教育现代化发展提供了千载难逢的机遇。如世界经济格局新变化为高等教育现代化提供了强大的外部动力，“科教兴国”与“人才强国”战略为高等教育现代化建设提供了重要的战略支撑，经济持续发展与对高教投入加大为高等教育现代化发展提供了必要的物质保障，全党全社会对“教育优先发展”战略的认识深化为高等教育现代化发展创造了良好的精神环境，广泛的国际开放与合作背景拓宽了我国高等教育现代化国际交流平台，等等。在促进我国高等教育现代化发展的进程中，我们必须以高度的使命感把握机遇，用好机遇。

实现我国高等教育现代化也必须正视问题、研究问题。这些问题主要有：一是有些理念滞后，表现在很多大学对大学主体是什么、为什么办大学以及大学应该怎样办等缺乏深层次的理性认识；二是价值取向偏颇，表现在重功利价值轻学术价值，重科技价值轻人文价值，重局部近期价值轻整体长远价值，重个人发展价值轻社会发展价值，重效率价值轻公平价值，重适应社会的价值轻社会导引的价值，重分化的价值轻整合的价值，重维护稳定价值轻改革创新等方面，价值取向上的偏颇必然导致办学方向的迷茫、培养目标的模糊与高等教育功能的萎缩；三是发展定位不当，表现在我国当前许多高校在定位上仍然存在着办学目标雷同、服务面向不清、办学层次混乱、发展模式单一、办学特色淡化等问题；四是经费投入不足，表现在我国生均财政经费偏低，不同地区高校生均经费差距很大，公办高校经费投入与规模发展不相适应，不少高校的硬件建设和软件建设受到极大限制；五是制度建设薄弱，表现在大学与政府、社会的关系尚未理顺，大学自身的主体性的失落，有些大学内部也因种种原因出现行政权力异化，如职能官位化、作风衙门化、学术行政化等现象；六是教师现状堪忧，表现在部分高校教师人文素质偏低、敬业意识淡薄、价值观念偏颇和师德教风不佳等方面；七是培养模式僵化，反映在部分高校培养目标过专、专业划分过细、专业设置求全、教学方法重灌、学习方法过死、评价方法单一等；八是教学质量堪忧，主要反映在学生的自主学习能力不高、实践能力偏弱、创新人才较差等方面。我们必须以高度的责任感研究问题、破解难题。

本套丛书正是基于上述认识，围绕我国社会现代化进程中高等教育现代化面临的问题进行了探究。如有专著根据高等教育现代化是为了实现科教强国、人才强国的目标，将有效开发高校人力资源作为研究对象，以当今国际形势变动、国内发展转型、学校自身变革对高校教师开发以及人才培养的需求为研究切入点，重点评介了国内外高校人力资源开发与管理的相关理论，结合对当前高校人力资源开发与管理现状的调查研究，着重分析了高校人力资源选、用、管、评的机制优化与实施策略。有专著依据我国高等教育现代化追求公平与质量并重的目标，阐释了评价考生入学公平的最终标准是人人都能接受适合自己的高质量高等教育，人人都能成为社会的有用之才，人人都有出彩的机会；高等教育分流机制创新的根本目的是促进高等教育公平，前提条件是保证教育质量，高等教育分流机制创新必须合目的性、合规律性、合条件性。有专著认为实现乡村振兴是我国高等教育现代化的重要任务，提出了“培育一粒种子，带动一个专业，服务一群产业，扶持一方经济”“以师兴乡”的办学理念，开展了研究生层次乡村工匠之师培养培训创新实践与理论研究，总结出了“三界共振＋三双共振＋三术共振”要素之和及其相互作用的“全息共振”模式。有专著围绕高等教育对乡村振兴的智力支持的理念，采用访谈、个案等形式对某些具有典型性的农村社区进行实证调查，分析了高等教育对乡村振兴进行智力渗透方面的成绩与问题，提出了实现高等教育为乡村振兴提供切实有效智力支持的对策建议。有专著基于“制度—环境—行为”和“行为—环境—制度”两条主线，围绕制度、社会结构与组织环境、行为主体三大中心及其相互作用，对应用型本科高校教师工作考核制度的变迁机制和运行现状进行了探究。有专著立足于高等教育现代化是追求全体人民共同富裕、城乡协调发展的现代化，提出高师实践教学改革应以实习支教为抓手，整合教师教育实践教学改革和农村师资补充，建构地方政府推动下高校实习生、高校教师、乡村教师与城镇教师循环流转的“四元多维”模式，以促进贫困地区教育发展。有专著基于高职院校服务战略产业的方向，研究了区域战略性新兴产业对人才的需求，调查了职业院校人才培养现状，探讨和建构了推进职业院校服务区域战略性产业的路径和相关政策保障。有专著根据高等教育现代化的目标，从新制度主义理论视角出发，研究了推动高校分类发展，引导应用型本科高校特色发展，完善教师权益保障制度、工资薪酬制度和职称评定制度等的思路与对策。有专著以112所地方本科师范院校为样本，对组织目标、组织结构、组织行为等方面的转型问题进行了研究，提出了建立省级统筹下的教师教育体系、形成分类评估的制度、促进适合区域特色的本土化发展之路等对策。有专著基于知识生产模式理论的分析视角，综合运用多种方法，研究了西南地区地方高校的学科建设问题，剖析了地方高校与学科、地方高校与知识、学科与知识的逻辑关系，总结了西南地区地方高校学科建设的基本经验，梳理了地方高校学科建设中的主要问题，提出了在高等教育现代化进程中优化地方高校学科建设的基本路径。有专著以教育博士专业学位研究生培养模式为研究对象，以知识生产模式转型为理论视角，考察了我国教育博士专业学位研究生培养中的问题，提出了构建“系统集群—结构要素”组合的教育博士专业学位研究生培养模式和改革路径。

本套丛书在选题上都是紧紧围绕高等教育现代化发展，立足于问题研究，着眼于学科发展，致力于实践服务，既有宏观的政策考察，也有中观的制度分析，更有微观的对策探讨；书中提出的可行性建议与举措，对促进我国高等教育改革与发展具有一定的参考价值，希望能为构建中国式现代化高等教育体系，推进高等教育现代化发展贡献微薄之力。本套丛书的作者有些是资历尚浅的青年学者，书中有些观点和论证还显稚嫩和不足，但他们对教育深厚的人文情怀与现实关切令人感动。

中国高等教育现代化建设是一个系统工程，还有许多值得研究的问题。由于作者水平所限，以及对高等教育现代化发展的规律认识不深，本套丛书必有诸多不足，希望诸位读者不吝赐教。在此要特别感谢华中师范大学出版社领导、编辑部主任及各位编辑对本套丛书的大力支持。

董泽芳

2023年5月12日

前　言

2019年，我国高等教育毛入学率达到51.6%，意味着高等教育从大众化迈向普及化。地方本科师范院校作为高等教育的重要部分，在普及化进程中发挥了重要的推动作用。高等教育普及化意味着从培养精英人才到满足每一个普通国民接受优质教育的转变。

培养中小学教师作为地方本科师范院校的重要职能，在经济社会转型大背景下该不该转型？该如何转型？该向哪个方向转型？在转型过程中会面临哪些困境？如何克服这些困境？只有厘清上述问题，并找出可解之策，地方本科师范院校才会少走弯路，沿着正确的方向发展。

在本书中，地方本科师范院校主要指以师范命名的地方本科院校，这一界定的目的是彰显地方师范院校的师范特色。地方本科师范院校作为环境中的组织，其组织转型往往受制于外在的政治、经济及文化环境。尤其是高等教育政策的变化对地方本科师范院校的转型发展起着至关重要的作用。

以史为鉴，本书从三个时期回顾了中国师范教育组织的历史演变。清末时期，师范教育在中华民族救亡图存的背景下初步建立，试图唤醒“天朝大国”的“南柯”美梦；民国时期，中国师范教育在夹缝中得以延续和发展，并出现了“教育独立”的昙花一现；新中国成立后，中国师范教育在曲折中探寻自有之路，逐步形成中国本土化教师教育体系。

截至2019年12月，我国共有地方本科师范院校112所，其中地方师范大学39所，地方师范学院73所。本书选定112所全样本院校，从组织目标、组织结构、组织行为等方面分析样本院校组织转型中面临的具体问题。在此基础上，本书从大样本院校中抽取Z师范学院进行深度探索，对其组织定位、组织规模、学科专业设置、教师队伍变化等方面进行历时研究，以求从横向、纵向两个层面立体展现地方本科师范院校组织转型的现状和历史过程。

“他山之石，可以攻玉。”以美国、英国和日本为代表的发达国家大都经历了从“低级”向“高级”（专科—本科—研究生阶段）的组织层次转型，从“自下而上”到“自上而下”的组织制度转型，从“独立封闭”到“多元共融”的组织文化转型。发达国家教师教育组织转型的经验，可以进一步拓展我国地方本科师范院校转型的实践思路。

本书运用组织理论、新制度主义理论，采用文本分析法、案例分析法等研究方法，试图探索一条中国本土化师范院校转型模式。研究发现，地方本科师范院校组织转型面临同质化、去师范化、路径依赖困境。地方本科师范院校为了减少办学成本，往往会模仿同类院校的成功做法，设置办学成本较低或市场需求较大的“热门”专业，导致了院校同质化的现象；为了获得更多的办学收益，地方本科师范院校增加了市场需求较大的工学、经济学、管理学等非师范专业，进而挤压了师范专业，从而导致了去师范化的事实；受历史因素的制约，地方本科师范院校难以克服办学初期的师范基础，即使开设非师范专业，也难以克服对师范专业的路径依赖。

鉴于大多师范院校的公办性质和办学资源不足的现实，笔者建议在政府主导下适度引入市场机制；考虑到路径依赖和主流师范院校的省属特征，建议建立省级统筹下的教师教育体系；形成分类评估和特色发展是克服同质化的主要出路；遵循继承主导下的创新原则，实施渐近式变革，形成适合区域特色的本土化发展之路。

本书进一步验证了新制度主义理论在教育研究中的适用性，进一步确证了高等教育的外部关系规律。本书也尝试性地使用了大样本与案例院校相结合的混合研究，以实现方法的突破。基于研究者精力和学术水平的局限，诸多不足之处尚须进一步改进，更多相关问题还需要进一步探究。

目　　录

第一章　导　　论

第一节　背景与问题

一、研究背景

（一）我国高等教育的历史演变

20 世纪 90 年代，随着市场经济的推进与发展，市场变化引发了人才需求结构的变化。高等教育越来越无法满足经济社会对人才的需求，精英式的高等教育培养模式越来越无法满足市场的需要，市场对人才需求的膨胀愈发凸显。1999 年到 2019 年间，高等教育毛入学率发生了巨大变化，从 1999 年的 10.50％上升到 2002 年的 15.30％，到 2013 年已经上升到 34.50％，到 2019 年已经达到 51.60％。根据马丁·特罗的高等教育大众化理论[①]，我国高等教育在 2002 年开始进入大众化阶段，2019 年迈向普及化阶段（详见图 1-1）。

高等教育毛入学率的提高意味着高等教育规模的扩大，在校生人数的增加和毕业生人数的增加。为了顺应高等教育大众化、普及化趋势，满足社会对高等教育的需求，从 1999 年开始，我国高等教育规模发生了巨大变化，1999 年至 2019 年间，高等教育学校数从 1071 所增加到

① 马丁·特罗认为，高等教育毛入学率在 15％以下为精英教育阶段，15％～30％为大众化阶段，30％以上为普及化阶段，后来，马丁·特罗又把 30％提升到 50％。

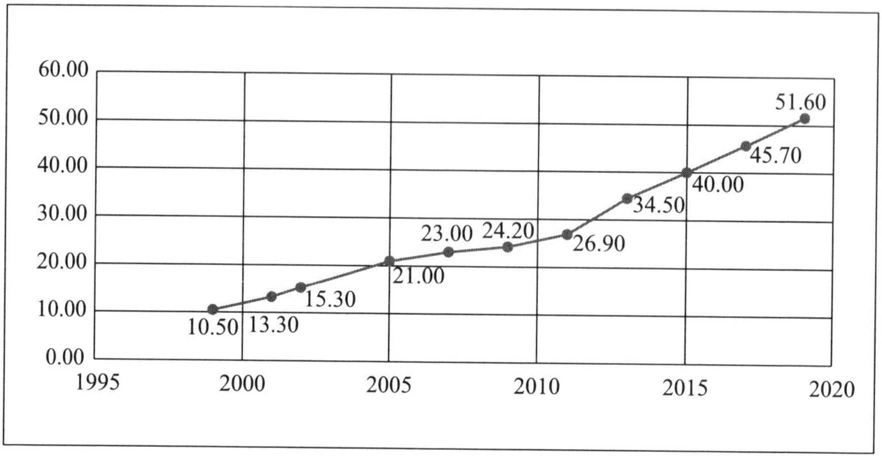

图 1-1　1999—2019 年我国高等教育毛入学率（%）

2688 所，招生人数从 159.7 万（本专科学生人数，不含研究生）增加到 914.9 万，毕业人数从 84.8 万增加到 758.5 万（详见表 1-1）。

表 1-1　1999—2019 年高等教育规模的变化

	学校（所）	招生人数（万）	毕业生数（万）
1999	1071	159.7	84.8
2001	1225	268.3	103.6
2003	1552	382.2	187.7
2005	1792	504.5	306.8
2007	1908	565.9	447.8
2009	2305	639.5	531.1
2011	2409	681.5	608.2
2013	2491	699.8	638.7
2015	2560	737.9	680.9
2017	2631	761.5	735.8
2019	2688	914.9	758.5

资料来源：教育部官网和教育统计年鉴。

（二）师范生供需失衡

2018年，全国高校毕业生总数达到753万，其中师范类毕业生70余万，占毕业生总数的1/10左右①。华东师范大学校长在“第四届海峡两岸暨香港、澳门师范大学校长论坛”上透露，基础教育对师资需求每年约25万，仅有30%师范生从事教育行业②。师范毕业生除本身的就业压力外，还受到来自非师范院校毕业生对教师岗位的竞争。2016年中国教育机构的教师供给中，来自师范院校的仅占23.44%，来自综合类院校的则占了36%③。自1999年国家出台“鼓励综合类大学培养师资”政策以来，一些综合类大学通过开办教育学院的形式培养师范性人才，对师范生的就业造成了一定程度的冲击。综合类大学的毕业生即使不是师范专业也受到市场的青睐，如在若干次复旦大学的校园招聘会上，都会有上海中学、西南位育中学等重点高级示范学校来学校招聘。一些学校表示，他们更愿意招聘综合类重点大学的学生，甚至拥有硕士、博士学位的学生。“师范生的优点是上手快，但后劲不足，研究能力、创新能力不如综合大学的毕业生。”④

如果仅从数据和东部发达城市对师范生的需求来看，师范生似乎已经处于饱和状态，社会对师范生的要求已经从专业素养转向了综合能力。东部发达城市的师范生供求出现供过于求的情况，但西部及广大农村边远地区师资状况却呈现出不同的样态，教师老龄化、师资队伍不稳定、生师比严重不足、优秀者不愿去等，已经成为制约农村及西部边远地区中小学教育发展的严重障碍。

截至2018年，全国普通小学、初中、高中的生师比分别为16.97∶1、

---

① 国家统计局．中国统计年鉴2019［EB/OL］．（2019-09-26）［2020-11-10］．http://www.stats.gov.cn/tjsj/ndsj/2019/indexch.htm.

② 晋浩天．师范类教育将控规模提质量［J］．教书育人（高教论坛），2016（2）：1.

③ 吴知音．师范毕业生面临“男一号”尴尬：缘何被人抢饭碗［EB/OL］．（2016-09-12）［2016-12-30］．www.china.com.cn/cppcc/2016-09/12.

④ 搜狐网．中国每年40万师范生过剩，新招教师1/4非师范毕业［EB/OL］．（2015-10-14）［2016-12-30］．http://news.sohu.com/.

12.79∶1、13.10∶1，义务教育师资结构已经达到了《中小学教职工编制标准》（中央编办发〔2014〕72号）① 的规定，高中阶段师资结构接近于规定的12.5∶1。但详细分析数据后，笔者发现，我国区域差距较为严重，北京、上海远远超出了规定的生师比例，如北京市的小学、初中、高中的生师比分别为13.65∶1、7.83∶1、7.44∶1，上海市小学、初中、高中的生师比分别为14.09∶1、10.55∶1、8.62∶1；而中、西部的河南、湖南、广西的小学生师比分别为18.18∶1、19.01∶1、18.50∶1，除湖南外，基本达到规定；而初中的生师比却存在一定差距，广西、江西、贵州、云南的初中生师比例分别为16.1∶1、15.08∶1、14.88∶1、14.81∶1，与规定的13.5∶1仍有很大的差距；高中的生师比差距更大，如河南、广西、江西、贵州高中的生师比分别为16.93∶1、17.22∶1、17.20∶1、16.96∶1，与规定的12.5∶1差距较大②。从上述数据可以看出，我国中、西部师资仍然不足，尤其是初中和高中阶段中、西部师资缺口依然很大。

“回波效应”理论认为，发达地区比落后地区有着较强的资源吸引能力，这就导致了“一江春水向东流”的人才聚集现象。这种现象同样表现在城市与乡村间的人才竞争上，乡村教师不足、流失问题也是多年来制约乡村教育发展的一个主要障碍。王艳玲、李慧勤对云南省30个县10356位乡村教师的调查发现，80%的乡村教师有流动意愿，“向城性”与“返乡性”是乡村教师流失的主要原因③。经济学家罗斯高在对中国农村教育的研究中发现，中国内地约63%的农村孩子没有接受过高中教育，而美国、加拿大、韩国、北欧、中国香港、中国台湾等发达国家和地区超过75%的民众都接受过高中教育④，如何吸引优秀者从事

① 《中小学教职工编制标准》规定小学、初中、高中生师比标准为19.0∶1、13.5∶1、12.5：1.

② 国家统计局. 中国统计年鉴2019［EB/OL］.（2019-09-26）［2020-11-10］. http://www.stats.gov.cn/tjsj/ndsj/2019/indexch.htm.

③ 王艳玲，李慧勤. 乡村教师流动及流失意愿的实证分析——基于云南省的调查［J］. 华东师范大学学报（教育科学版），2017（3）：134-141.

④ 罗斯高. 为什么关心中国贫困农村63%没上过高中的孩子？［EB/OL］.（2017-09-26）［2018-01-20］. http://china.caixin.com/2017-09-26.

教师行业、如何吸引师范生去乡村或偏远地区任教、如何留住人才，是当前乡村教师队伍建设面临的几个主要问题。

（三）地方师范院校“去师范化”的危机

地方师范院校作为高等教育的重要组成部分，具有文学、理学、历史学等多学科的优势，在20世纪末国家鼓励“综合类大学办教师教育”政策的引导下，我国已经由原有的以中专、大专和本科学历为主体的中师、师专和师院教师教育体系（称为“旧三级”），走向以大专、本科和研究生学历为主体的师专、师院和师大教师教育体系（称为“新三级”）[①]。不可否认的事实是，地方师范院校在这一洪流中，大多以师范为主体升本的院校都转型成了综合类院校[②]。时至今日，由于学生规模、学科专业规模过大的现实格局，很多师范起点的综合类院校面临办学资源不足、师范特色弱化、教学质量下降的困境[③]。

在综合化转型的过程中，地方师范院校往往以牺牲“师范性”为代价换取“应用型”转型。很多师范院校不再以教师教育作为办学目标，非师范专业比重甚至超过了师范专业。

孟宪乐指出，从更名上看，很多师范院校挂起了综合类高校的校牌，不再以“教师教育”命名；从数量上看，参与教师教育的非师范院校已经超过师范院校；从规模上看，师范院校的在校师范生与非师范院校的在校师范生分别占54.2％和45.8％[④]。王俊、顾拓宇对61所地方师范院校的研究发现，地方师范院校以教师教育为主要人才定位的仅占34.43％[⑤]。

① 朱旭东，袁丽．论二次转型背景下大学教师教育资源整合［J］．教师教育研究，2016，28（3）：1-6．

② 朱旭东，袁丽．论二次转型背景下大学教师教育资源整合［J］．教师教育研究，2016，28（3）：1-6．

③ 张勇军．地方师范院校综合化发展研究［M］．合肥：中国科学技术大学出版社，2017：38-41．

④ 孟宪乐．新时代师范院校在教师队伍建设中主体作用的发挥［J］．中国教育学刊，2018（7）：53．

⑤ 王俊，顾拓宇．新建本科师范院校组织转型探究——基于61所院校统计数据的分析［J］．现代大学教育，2019（5）：74．

（四）地方院校同质化发展严重

从20世纪90年代开始，我国就出现了“合并风”“升格热”“更名潮”的问题，院校间的模仿现象严重①。2009年具有本科招生资格的1088所普通高校中，专业布点数排在前五位的是英语（882个）、计算机科学与技术（825个）、艺术设计（711个）、国际经济与贸易（673个）和市场营销（671个）②。陈爱娟、冀鸿飞对1998—2007年高校学科专业设置的研究发现，英语、工商管理、金融学、法学、市场营销等专业趋同较为严重；李娜对广西普通本科院校的研究发现，地方师范院校的学科趋向齐全化发展，纷纷提出了向综合类本科大学发展的愿景，广西30所普通本科院校中25所办学类型定位于教学型，趋同率高达83.3%③。张羽在对广西地方高校学科专业定位的统计中发现，工科专业所占比重达到85%，管理学专业所占比重达到83.3%，甚至经济学也占到75%④。郭芳芳等在对山西省12所新建本科院校趋同的研究中发现，行业类院校大多都设置非行业类专业，综合类院校设置相关专业的趋同率最高达80%以上⑤。王俊、顾拓宇对61所地方本科院校的研究发现，以培养应用型人才作为办学定位的院校占88.52%⑥。

可以看出，高校在办学定位、学科专业设置等方面趋同现象严重，尤其是地方院校应用型专业趋同严重。一些热门专业和传统优势专业趋

---

① 吴慧平．大学组织变革趋同的社会学分析［J］．高教探索，2007（2）：28-30．

② 李帅军，卢盈．从“趋同现象”审视我国高校的发展［J］．高教探索，2012（3）：140-142．

③ 李娜．地方普通本科院校办学定位及其分类发展研究——以广西为例［D］．桂林：广西师范学院，2012：32．

④ 张羽．地方高校发展规划及其办学定位研究——以广西为例［D］．桂林：广西师范大学，2016：37-38．

⑤ 郭芳芳，牛源渊，郎永杰．新建本科院校趋同发展的新制度主义分析——以山西省12所新建本科院校为例［J］．复旦教育论坛，2016（1）：80-86．

⑥ 王俊，顾拓宇．新建本科师范院校组织转型探究——基于61所院校统计数据的分析［J］．现代大学教育，2019（5）：68-73．

同发展较为明显，成为院校发展过程中不得不解决的迫切问题。

二、问题的提出

地方本科师范院校作为地方院校的重要组成部分，其转型的效果直接影响着区域社会经济发展的质量；同时，作为师范院校的重要组成部分，其师范特色的“去”“留”直接影响着区域师资的培养质量。地方本科师范院校在转型发展中，首先必须直面如下问题：为什么地方本科师范院校在“转”与“不转”“转向何处”的问题上如此纠结？地方本科师范院校转型面临哪些困境？是什么原因导致了这些困境的发生？采取什么样的措施可以有效地引导地方本科师范院校合理转型？

三、研究的价值

地方院校转型是当前研究的热点，而地方本科师范院校作为一个特殊板块却很少受到关注。本研究拟运用社会学新制度主义理论对 112 所地方本科师范院校组织目标、组织结构、组织文化进行数据分析；运用制度变迁理论对院校转型的个案对象进行组织变迁研究，从中找出地方本科师范院校转型中存在的困难及其原因，进一步指导院校转型实践。其价值主要体现在：

1. 有助于构建院校转型理论

院校转型的研究已然很多，但并没有形成对院校转型有解释力的理论框架。本研究拟运用新制度主义相关理论，在实证分析基础上，对理论的适切性进一步取舍，形成适合本土研究的理论分析框架，为分析院校转型相关问题提供理论参考。

2. 有利于指导地方师范院校转型的实践

研究对象涉及除 9 所“双一流”师范大学之外的所有本科师范院校。通过本研究，可进一步明晰地方师范院校转型的方向，为地方师范院校转型提供丰富的实证数据，为相关部门制定教育政策提供数据参考，为院校管理者实施决策提供实证借鉴。

第二节　核心概念界定

一、地方本科师范院校

地方本科师范院校主要指除9所“双一流”师范大学外的所有以师范命名的本科院校，全国共112所（截至2019年12月），包括39所地方师范大学，73所地方师范学院。其中东部院校34所，中部院校38所，西部院校40所（截至2019年12月）。样本对象不包括以师范命名的独立学院，如山西师范大学现代文理学院、江西师范大学科学技术学院、内蒙古科技大学包头师范学院等；也不包括以非师范命名的仍有教育学院和教师教育专业的综合类院校，如保定学院、河池学院、石家庄学院等。

二、组织、制度、制度环境

（一）组织

从词源来考证，“组织”一词来源于希腊文organon，乃工具、手段之意。1873年英国哲学家斯宾塞把“组织”这一词汇引进了社会科学，并把“组织”理解成已经组合的系统或社会①。埃桑尼认为组织是有意建立或重建，以追求特定目标实现的社会单位。巴纳德认为，组织是指两个以上的成员，为实现共同目标构成的团体。格罗斯（Gross）和埃策尼（Etzioni）把组织定义为“人类为了特定目标而建构的社会单元”②，其主要包括以下特征：①明确的目标；②互动的个人或群体组织的社会单元；③稳定的社会结构③。杨洪兰等认为，组织是为了一定

① 朱国云. 组织理论：历史与流派［M］. 南京：南京大学出版社，1997：2-6.
② 朱国云. 组织理论：历史与流派［M］. 南京：南京大学出版社，1997：2-6.
③ 朱国云. 组织理论：历史与流派［M］. 南京：南京大学出版社，1997：2-6.

的目标而进行的协调[①]。朱国云则认为，组织是为了实现一定的目标，依照一定的职权划分，形成一定界线的实体[②]。

几位学者的定义有一个共同点，就是“组织是为实现特定目标而组织的社会单元，并由二个以上的成员组成”。这道出了组织最主要的特征，但把组织看成了一个封闭的系统，忽视了人在组织中的作用，把组织看成了一个工具性的体系，把组织中的人当成一个零件去看待，忽视了人的主动性和能动作用，对组织的类型并没有明确的划分。

张家麟认为，所谓组织，就是动态的组织活动过程和相对静态的社会实体单位的统一，主要包括四点：一是动态的组织过程；二是相对静态的社会实体单位；三是有特定的目标；四是组织既是一组工作关系的技术系统，又是一组人与人关系的社会系统和社会结构系统，是这两个关系的统一体[③]。这一概念阐释把组织进行了分类，分为静态的和动态的组织，动态的组织把组织理解成人类为了特定目标而进行相关活动的过程，而静态的组织仅仅把组织理解成一个机构，一个社会实体单元；并指出了组织中人的重要性，组织是一组人与人关系的社会系统，但其观点仍然是把组织看成一个封闭的系统，忽视了组织与环境的关系。

理查德·L. 达夫特（Richard L. Daft）对组织的外延做了进一步拓展，洞察到组织与环境的联系。他认为组织是：①社会实体；②有确定的目标；③有精心设计的结构和协调的活动性系统；④与外部环境相联系[④]。达夫特的创新之处在于注意到组织与环境的联系，但并没有清楚地界定组织是被动适应环境还是主动影响环境。王骚将组织的含义总结为六个方面：①组织是为解决个体所不能解决的问题而存在；②组织是由规范体系、等级体系、信息沟通体制、有关组织成员的调整程序等

① 杨洪兰，张晓蓉. 现代组织学［M］. 上海：复旦大学出版社，1997：5-6.

② 朱国云. 组织理论：历史与流派［M］. 南京：南京大学出版社，1997：2-6.

③ 张家麟. 组织社会学［M］. 合肥：安徽人民出版社，1988：14-16.

④ 理查德·L. 达夫特. 组织理论与设计［M］. 宋继红，译. 大连：东北财经大学出版社，2002：10.

构成的集合体；③组织所进行的是在一个目标范围内的相关活动；④组织与环境发生作用，组织可以作用于环境，环境又影响着组织；⑤组织是一个实在的实体，它是超越组织成员和组织部门的相对独立的社会存在；⑥组织包含着正式的和非正式的关系[①]。

上述对组织概念的界定各自从组织的某一个方面或几个方面描述了组织的特征，但每一种概念界定都很难全面地展现组织的内涵。可以看出，组织是一个复杂的概念，虽然每个学者都试图对其进行准确的描述，但都难达成其意。本研究可能很难对其概念进行一个准确的定义，只能主要对适合本研究的组织概念加以界定，以服务于研究。

本研究主要从系统论的视角对组织概念进行界定，系统论主要把组织分为理性系统组织、自然系统组织和开放系统组织。理性系统认为组织是为了特定目标而设立的，是一种具有协作功能的系统[②]；自然系统认为组织是一种多重利益相关者组成的集体[③]；而开放系统认为组织是受制于环境而又作用于复杂环境的集合[④]。

本研究把组织作为分析单位，把地方本科师范院校作为系统中的组织，与政府、社会、大学等处在一个复杂的系统中，地方本科师范院校无法脱离政府、企业、大学等独立存在，现代大学已经从社会边缘走向社会的中心，大学受社会政治、经济、文化的制约，同时又作用于政治、经济、文化。为了求得生存和发展，地方本科师范院校必须主动适应政治、经济、文化的变化，必须与政策、区域经济和文化相协调。因此，本研究把地方本科师范院校看成复杂环境中的组织，一个开放系统视角下的组织。地方本科师范院校在经济转型、社会转型背景下为了自

---

① 金东日．组织学［M］．天津：南开大学出版社，2008：13-14.

② James G. March，Herbert A. Simon. Organizations［M］. New York：Free Press，1958：191.

③ Elton Mayo. The Social Problem of an Industrial Civilization［M］. Boston：Graduate School of Business Administration，Havard University，1945：68-70.

④ Walter Buckley. Sociology and Modern Systems Theory［M］. Upper Saddle River，NJ：Prentice Hall，1967：48-51.

身生存和发展作出转型反应与变革。本研究从组织目标、组织结构、组织行动几个方面分析地方本科师范院校在复杂环境下组织运行的机制和动力，从而找出组织适应环境的最佳生存策略。

（二）制度

吉登斯（Giddens）认为，制度是社会生活中相对持久的特征……并赋予时空中的（社会系统）“牢固性和稳定性”[①]，从意义建构的层面揭示了制度的基本特征，但对制度的强制性、规范性缺少概念性的建构。斯科特认为，制度包括为社会生活提供稳定性和意义的规制性、规范性和文化-认知性要素，以及相关的活动与资源[②]，不仅从意义层面，而且从规制性层面、规范性层面全面指出了制度的包含要素。但制度涵盖范围较广，很难用一句话进行概念性的界定。制度既有法律层面的强制性约束，也有来自忠诚和专业化层面的规范性期待，更重要的是，一些共同的信念、认知也是制度的重要组成部分。因此，对制度概念的解释需要一个相对全面、整体的框架。斯科特从规制性要素、规范性要素、文化—认知性要素三个维度，从遵守基础、秩序基础、扩散机制、逻辑类型、系列指标、情感反应、合法性基础七个要素提供了制度分析的“三维七要素”框架，是相对全面、细致的解读制度内涵的重要分析模型（详见表 1-2）。

表 1-2　制度的“三维七要素”框架

	规制性要素	规范性要素	文化—认知性要素
遵守基础	权宜性应对	社会责任	视若当然、共同理解
秩序基础	规制性规则	约束性期待	建构性图式
扩散机制	强制	规范	模仿
逻辑类型	工具性	适当性	正统性

① Anthony Giddens. The Constitution of Society [M]. Berkeley: University of California Press, 1984: 98.

② W. 理查德·斯科特. 制度与组织——思想观念与物质利益 [M]. 姚伟，王黎芳，译. 北京：中国人民大学出版社，2012：58.

续表

	规制性要素	规范性要素	文化—认知性要素
系列指标	规则、法律、奖惩	合格证明、资格承认	共同信念、共同行动逻辑、同形
情感反应	内疚/清白	羞耻/荣誉	确定/惶惑
合法性基础	法律制裁	道德支配	可理解、可认可的文化支持

资料来源：W. 理查德·斯科特. 制度与组织——思想观念与物质利益［M］. 姚伟，王黎芳，译. 北京：中国人民大学出版社，2012：59.

（三）制度环境

制度理论家最大的贡献就是对组织环境概念的重新界定。以前的模型主要强调技术层面对组织绩效产生的影响，技术在组织结构中处于核心地位。20 世纪 60 年代后，随着开放系统模型的广泛应用，研究者开始关注制度环境对组织的影响。迈耶（Meyer）和罗恩（Rowan）把文化要素引入组织环境，并借用了伯格（Berger）和拉克曼（Luckman）的制度化定义：共享的认知系统虽然是人类共同的创造结果，但会被日益客观化的外部环境所界定，认知范畴越是被制度化，人类行为就越是被更为宽泛的视若当然的认知观念所决定①。

在组织环境的划分中，逐渐区分为制度环境和技术环境两个领域。斯科特认为，技术性部门是一种生产和服务的部门，通过有效率的工作过程获得相应的回报；而制度性部门则更注重规则和资格，如果一个组织想从环境中获得支持和合法性，就必须遵守这些规则和要求。在技术环境中，组织通过占有重要的技术而获得资源回报；而在制度环境中，组织是因为建立了正确的结构和过程，而不是因为产品的数量和质量而获得报酬②。如竞争性的制造企业属于强技术、弱制度环境；学校和教

① W. Richard Scott. The Adolescence of Institutional Theory［J］. Administrative Science Quarterly，1987，32（4）：493-511.

② W. Richard Scott，John W. Meyer. The Organization of Societal Sectors. Organizational Environments：Ritual and Rationality［M］. Chicago：University of Chicago Press，1983：129-153.

会属于强制度、弱技术环境。

本研究所界定的组织环境更倾向于制度环境。作为组织环境中的地方本科师范院校是强制度、弱技术环境的组织，地方本科师范院校多是公办院校，获取资源的方式主要依靠政府的投入，只有遵守制度环境中的法律、规则、价值观等，才能获得相应的资源投入，才能获得更大范围的社会认可，才能取得合法的社会地位。

三、组织转型

“转型”这一词汇最早应用于生物和化学领域，指事物内部构成要素及事物与周围环境之间的交换关系。事物在与周围环境交换的过程中，事物内在的结构和组织特征就发生了变化，这就是事物的转型。

本研究所界定的“组织转型”，主要指院校组织与环境的关系发生变化的过程，即地方本科师范院校为了适应环境，为了从环境中获取自身所需要的资源，遵从政策制度需要、遵从社会发展需要，而改变自身组织结构的过程。进一步说，地方本科师范院校为了获得社会合法性的认可，不得不采取广为流行的、社会更大范围内所认可的价值观念、行为方式等，从而导致自身权力结构、层次结构、文化观念等发生变化的过程，就是组织转型的过程。

第三节 研究的主要内容

本研究以地方本科师范院校为主要研究对象，在对112所地方本科师范院校全样本数据进行分析的基础上（数据主要以各院校“2018—2019年本科教学质量报告”和各院校“十三五规划”为基础，辅以院校档案、资料等相关信息），从中抽取1所个案院校进行考察，从中找出地方本科师范院校转型中存在的实际困境。本研究运用新制度主义理论分析困境产生的原因，并提出相关对策。

本书内容主要分为五个部分：

第一部分通过研究背景和相关文献的分析，导出研究问题，并提出研究的理论模型，运用适当的研究方法，建构本书的结构框架。

第二部分首先对中国师范院校转型的历史进行回顾，然后根据相关数据对地方本科师范院校组织转型进行现状分析；对 112 所地方本科师范院校的组织目标、组织结构、组织行为进行分类统计，找出其组织转型中面临的具体问题；在对大样本数据分析的基础上，选取 1 所个案院校，通过长期深入观察、深度访谈等方法立体再现个案院校转型的历史进程和现实面貌，从中分析地方本科师范院校组织转型问题的复杂性。

第三部分主要分析地方本科师范院校转型面临的外部困境、内部困境和历史困境；运用新制度主义理论探索组织转型困境的制度根源。

第四部分主要阐述发达国家师范教育组织转型的经验与借鉴，主要介绍发达国家中英、美、日三国师范教育组织转型的历史路径与经验启示。

第五部分为结论、思考和建议，通过前面研究的归纳，得出研究结论，对存在的问题进行批判分析，提出可行性建议（详见图 1-2）。

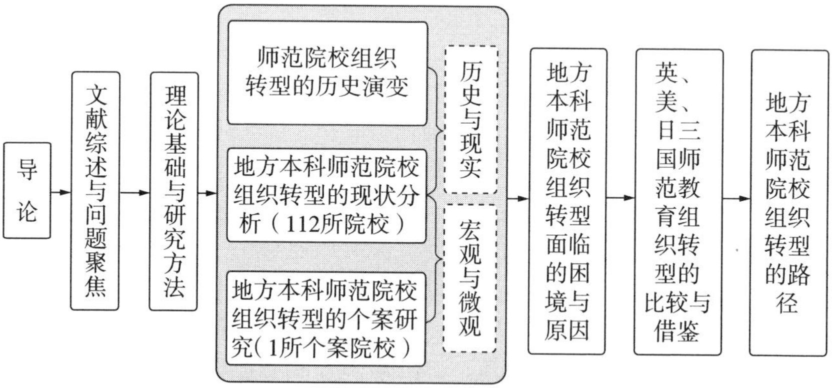

图 1-2　研究内容结构图

第四节　研究思路与方法

一、研究思路

第一步：选择研究问题，聚焦问题，确定研究目的。本研究把地方本科师范院校作为研究对象，把组织转型问题作为研究的主要问题。在此基础上，具体确定研究的目的，即地方本科师范院校在组织转型中面临哪些问题？为什么会存在这些问题？该如何解决？

第二步：选择研究策略。进一步选择研究的程序和策略。考虑到地方师范院校的复杂性和多样性，样本拟选择 112 所地方本科师范院校作为主要研究对象，并从中抽取 1 所个案院校作详细分析。选择 112 所院校是为了保证研究的普遍性，选择 1 所个案院校是在大样本基础上进行的，主要是考虑到样本的复杂性，个案院校选取 Z 师范学院，是基于方便取样的原则。这样就兼顾了整体与个体互补、区域差异互补、普遍性与复杂性的统一。

第三步：收集资料。对 112 所大样本进行问卷调查，对 1 所个案院校进行调查，以获取立体、多样的资料和数据。

第四步：分析资料。运用文本分析法、统计分析法、个案分析法等对收集的资料进行归类分析，并找出其转型中存在的困境究竟是什么。在此基础上，运用新制度主义相关理论，分析地方本科师范院校转型存在问题的原因、外部及内部环境因素等。

第五步：得出结论，对存在的问题提出相关建议（详见图 1-3)。

二、研究方法

本研究主要以实用主义哲学为基础，以问题为导向，运用混合研究方法，对地方本科师范院校组织转型的机制和过程进行分析与研究。首先，运用量化数据对 112 所样本院校进行统计分析，从而分析出样本院校存在的具体问题；其次，运用行动研究法，对 Z 师范学院这一个案进

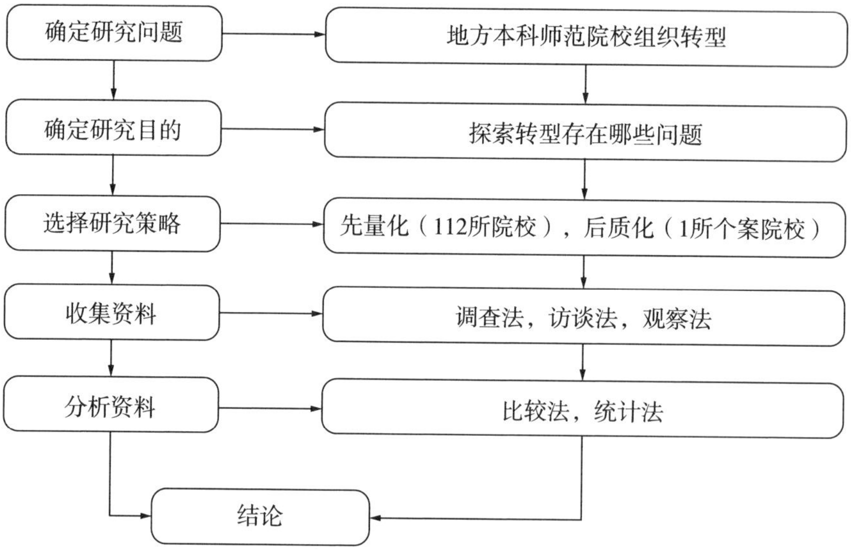

图 1-3　研究思路图

行调查，进一步探究组织转型的过程及扩散机制。在具体研究中，运用 Excel、SPSS、NVivo 11 等软件进行数据整理与分析，以求实现数据之间的互证、方法之间的互融、证据之间的互补，最终通过多种研究方法证实结论的一致性。

（一）方法的选择

“教育的复杂性导致教育现象的复杂性，单一的研究方法无法揭示问题的真相，要根据问题和现象选择多样方法，才能符合教育研究对象多元化的特点。”① 本研究主要依照问题导向选择研究方法，遵循实用主义哲学基础进行方法选择。本研究的主要研究对象是地方本科师范院校，研究的主要问题是地方本科师范院校组织转型。

为了整体分析地方本科师范院校组织转型的现实情况，本研究选择了 112 所样本院校的教学质量报告作为分析样本，对其组织转型的各类

① 尤莉．第三次方法论运动——混合方法研究 60 年演变历程探析［J］．教育学报，2010（3）：31-34.

变量进行全方位的文本分析。为了全方位、深层次分析个案院校的整体变迁情况，本研究选择了行动研究法作为主要研究方法，综合运用多种研究方法与技术，以解决研究中的实际问题。本研究运用文献分析法，通过丰富的历史资料再现Z师范学院的转型轨迹，运用统计数据有效展示个案院校规模扩张的各项变量，运用访谈法全面呈现不同角色行动者的心路历程，通过图片、日记等再现历史的真相。多种方法可有效实现方法之间的互证、数据之间的互证。

大样本的研究和个案的研究都只是通往整体目标的步骤，两种研究方法的有效整合才是达到目标的最佳路径。大样本的研究重在概率统计，可有效观测院校间各类变量的数据，从而掌握院校间在组织目标、组织结构、组织行为等方面的主要特征到底是什么样态的量化数据，但是它的缺点是无法告诉我们这些组织特征的达成过程，无法告诉我们组织变迁的历史轨迹。因此，选择个案研究可有效弥补大样本研究之不足。个案的选择是从大样本中抽取的一个典型案例，对个案纵向的历史脉络进行节点分析，分析其在不同时期组织变迁所受到的政策环境、市场环境及行业环境的影响。研究Z师范学院在面临升本及应用型转型时所面对的强制性压力、规范性压力，以及同类院校的做法的影响，进而从纵向层面对地方本科师范院校组织变迁的过程进行一个历史性的分析，弥补大样本对历史脉络研究的不足，从而使研究的结论更加准确、真实①。

（二）资料的收集与分析

1. 资料收集所使用的方法

文献法：本研究主要运用CNKI数据库、CALIS外文期刊数据库、CALIS学位论文数据库、中国期刊网优秀博硕论文全文数据库、美国NECS数据库等的相关数据。研究者对本研究所涉及的相关文献和数据进行搜集整理，利用在武汉攻读博士学位的时机，对华中科技大学、

① 张东辉. 美国教育研究方法论的最新进展：混合方法研究的兴起与运用［J］. 教育研究与实验，2013（4）：7-10.

华中师范大学的相关资料进行了搜集，利用在厦门大学访学的半年时间，对厦门大学教育研究院与本研究有关的资料进行了搜集、复印，并通过网络查阅美国、英国、中国台湾等地的相关文献，通过同学、学生、亲戚帮助查找国外文献及其他高校相关文献。研究者通过教育部和H省教育厅获得了地方本科师范院校的核心数据，在Z师范学院的档案室、校史馆、二级学院资料室查找了相关文献，搜集了Z师范学院的文献资料。

观察法：为了得到一手的、真实的资料，研究者利用曾供职于Z师范学院的便利身份，深入调查Z师范学院近三年时间，对相关高层校级领导，中层各职能部门处长、副处长，各学院院长、副院长及相关师生进行观察。研究者参加了一些会议，对会议主要内容进行拍照、记录，对每天观察的内容坚持做工作日志，记录了详细的经过和重要的细节。

访谈法：在对Z师范学院的个案研究中，研究者通过半结构式访谈，对研究对象，如校级领导、规划处负责人、人事处负责人、学科办负责人等进行访谈；对二级学院负责人，如新成立的应用类学院（网络工程学院、艺术学院）主要负责人进行访谈，对传统学院（教育学院、文学院）主要负责人进行访谈。访谈从2015年12月开始，时间跨度近五年，对有些访谈对象进行了两次甚至多次访谈。有些访谈是通过会议的形式进行的集体座谈，有些则是在办公室进行的个别访谈。

2. 资料分析所使用的方法

文本分析法：本研究对112所院校的有效样本数据进行分类整理，对相关概念设置分类变量，把组织要素分解为组织目标、组织结构、组织行为三个方面。在此基础上，研究者根据相关变量对研究样本进行内容分析，根据不同分类对112所院校的各项变量进行比较研究，从中找出其存在的问题及主要特征。

统计分析法：在对大样本数据的采集中，研究者主要运用统计法进行数据整理，并借助Excel、SPSS、NVivo 11软件进行数据分析。在对112所院校的分析中，研究者主要运用Excel和SPSS软件进行分类统计，计算出各类变量的数据统计结果。研究者运用NVivo 11软件对访谈资料进行编码，总结出访谈中关键词汇、频率较多的词汇等，最终获得研究所需数据。

比较分析法：在对有效样本 112 所院校的统计中，研究者通过对组织目标、组织结构、组织行为三个变量的研究，并在进一步细化分类变量的基础上，对 112 所院校在各变量方面存在的特征进行比较，为进一步进行个案分析提供基本数据。

案例分析法：本研究主要以 Z 师范学院为主要研究个案，对 Z 师范学院的历史演进、组织层次转型、学科专业转型、教师队伍转型、二级学院转型进行“解剖麻雀式”的分析，其目的是弥补大样本深度研究的不足，使个案的深入研究与大样本的整体性研究相辅相成、互相补充、有效整合，从而有效提高研究的信度与效度。

（三）研究的程序

鉴于研究的科学性、可行性等因素，本研究对象样本为 112 所地方本科师范院校，对其相关变量进行概念化操作。本研究把组织要素分解为组织目标、组织结构、组织行为三大变量，又把组织目标分解为人才培养、办学类型、办学水平、服务面向四个方面；把组织结构分解为管理结构和规模结构，管理结构包括领导体制、办学体制、投资体制、学术组织四个方面，规模结构包括学生规模、教师规模、校园占地面积、馆藏图书四个方面；把组织行为分解为院系设置、学科设置、专业设置、教师队伍建设四个方面（详见图 1-4）。然后研究者根据 112 所院校的相关数据进行统计分析，找出样本院校在组织转型中存在的主要问题。

第二个阶段是在第一阶段（对 112 所地方本科师范院校大样本进行分析）的基础上进行的，主要运用质化方法，从 112 所样本院校中抽取 1 所院校——Z 师范学院作为个案进行“解剖麻雀式”研究。为了对样本个案进行全方位的分析，研究者深入样本院校，通过查询档案馆资料、校史馆资料，对 Z 师范学院进行一个历史的梳理；通过各时期规划文本的分析，对研究个案各时期办学定位有了一个整体的把控；通过 Z 师范学院教育统计基本报表的统计分析，对样本对象各项数据指标有了

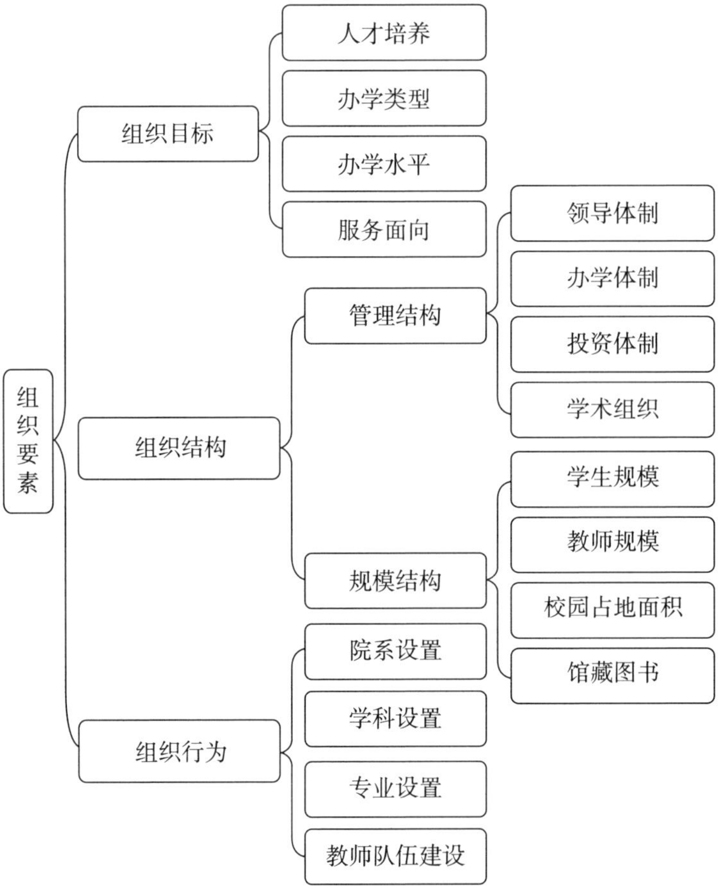

图 1-4　基本变量结构图

一个清晰的认知；通过观察、访谈等，对各重要时期不同经历的人员进行历史的重现，进一步验证了相关史料的真实性。在此基础上，研究者进行归纳总结，设计研究的分析框架，把 Z 师范学院的组织转型分解为组织层次转型、学科专业转型、教师队伍转型三个方面，运用观察、访谈等质化研究方法对研究个案进行问题分析，进一步弥补量化研究中无法用数据呈现出来的院校教师和学生在思想、情感等认知层面的变量，从而实现方法上的互证。

（四）研究的品质

1. 抽样的质量

研究样本为全国 112 所地方本科师范院校，有效样本覆盖率为 100％，完全能够反映研究样本的总体特征。样本数据来源是教育部公布的本科教学质量报告。教育部是我国的教育权威机构，其公布的数据能够反映各样本院校的实际办学情况。为进一步验证数据，研究者通过浏览各院校的官方网站、打电话等方式对所需资料进行了进一步的验证。

为了弥补量化研究的不足，从 112 所样本院校抽取 1 所有代表性的 Z 师范学院进行个案分析。个案样本选择是按照典型性、方便性原则进行的目标性抽样。首先是典型性，Z 师范学院代表了地方本科师范院校的整体特征，具有师范性、应用性、地方性三大特点。Z 师范学院是 1999 年以后升本的院校，属于新建本科院校；升本十余年来依然保留了师范院校的校名、专业、学院等；位于 Z 市（地级市）——一个相对落后的四五线城市。其次是方便性，研究者在 Z 师范学院学习、工作近 10 年，对其教学、管理等方面的数据、资料较为熟悉，可以节省很多时间、资金等，获得更多的研究资料；能够更好地约谈受访者，可以更准确地获取研究信息，可以更方便地进入访谈现场、参与重要的会议等，获得第一手的现场资料。

2. 测量的质量

在变量指标的设计上，本研究主要借鉴组织学领域对组织目标的分类标准，并是在对相关概念进一步修正的基础上使用的。把地方本科师范院校作为组织分析单位，是基于开放系统视角下对组织的研究。组织是一个系统，组织目标、组织结构、组织行为是组织系统的核心要素，通过对组织系统核心要素的分析可有效地揭示组织的关键特征。于显洋在《组织社会学》中，把组织系统划分为组织目标、组织结构与设计、组织文化和组织内的群体四个方面。在教育领域，组织系统的划分也得到了广泛运用。王孙禺在《高等教育组织与管理》中，运用组织系统原理对高等教育组织进行了分析，对教育组织目标、组织结构进行了详细分类[①]。在组织目标的分类上，潘懋元先生把院校目标定位划分为“目标定位、服务面向定位、学科专业定位、人才培养定位、教学定位、科学研究定位”六个方面[②]。顾永安对新建本科院校办学定位的特质进行了分析，认为办学定位要考虑到“服务面向的区域性、办学类型的应用性、发展模式的校地互动性、办学特色鲜明性、办学质量的著称性、办学目标定位的导向性”六个方面[③]。杨德广等在《高等教育学》中，对高等教育的体制与结构进行了详细的分类，把高等教育结构划分为层次结构、科类结构、形式结构、能级结构四个方面[④]。组织行为涉及心理学、社会学、社会心理学、人类学等多学科。组织目标的实现除需要合理、高效的组织结构外，还取决于组织行为者对组织目标的执行程度，政策实施的有效程度主要取决于行动者对政策的执行力度。孙绵涛在《教育组织行为学》中，把教育组织行为分为教育组织个体行为、教育组织群体行为和教育组织领导行为三个方面[⑤]。

可以看出，本研究把组织系统要素分解为组织目标、组织结构、组织行为三部分是在经过组织社会学、教育组织学相关研究和多次使用的基础上进行的组织要素分类，并在此基础上进行了组织变量测量，能够反映组织的基本特征。

3. 结论的质量

结论的质量不仅受抽样质量、测量质量的影响，同时也受到来自历史、选择、统计回归、工具化等方面的威胁[⑥]，为了保证研究的品质，

---

① 王孙禺. 高等教育组织与管理［M］. 北京：高等教育出版社，2008：17-49，57-63，95-109.

② 潘懋元. 做强地方本科院校——地方本科院校的定位与特征研究［J］. 中国高教研究，2009（12）：15-18.

③ 顾永安. 新建本科院校办学定位的特质性分析［J］. 江苏高教，2009（2）：66-68.

④ 杨德广，谢安邦. 高等教育学［M］. 北京：高等教育出版社，2009：173-174.

⑤ 孙绵涛. 教育组织行为学［M］. 福州：福建教育出版社，2012：50-51.

⑥ 阿巴斯·塔沙克里，查尔斯·特德莱. 混合方法论：定性方法和定量方法的结合［M］. 唐海华，张小劲，译. 重庆：重庆大学出版社，2015：83-91.

本研究在克服上述问题方面做了如下处理。

第一，三角测量。

本研究主要采用了量化与质化相结合的方法，一方面克服了单一方法固有的缺陷；另一方面也发挥了质化和量化研究的优势。在预研究的过程中笔者就已经发现，历史因素可能是影响组织转型的重要变量，但112所地方本科师范院校的文本是单一年份的文本，无法洞察地方本科师范院校历史变迁过程。为了克服大样本研究中深度分析的缺陷，笔者选择了Z师范学院这一个案，并对其历史变迁过程进行深入分析，从而有效弥补了大样本研究存在的不足。历史上某一偶然事件也是导致组织趋同的可能变量，但量化横切面的大样本无法揭示历史事件对组织转型的影响，考虑到推论可能存在信度不足问题，笔者选择Z师范学院这一个案，同时充分考虑到历史事件、节点的重要性，把Z师范学院“升本”“大众化进程”“转型”等事件作为研究的重要组成部分。

在具体设计上主要通过数据互证、方法互证、理论互证来实施。

①数据互证：大样本资料主要来自教育部2018—2019年本科教学质量报告，这一官方数据虽是权威数据，但并不能因为其权威性而回避其自身的缺陷。本研究抽取一个典型个案对其数据进行再次调查，并对其各个时期的历史文献进行综合考察，以求数据获得途径的多元性。在个案历史文献的考察中，笔者运用观察法、访谈法对历史过程中重要事件、争议问题进行二次、三次确证，通过多种方法来验证同一问题，以克服单一证据论证不足的缺陷，在通过多种方法验证个案数据真实性的同时，也进一步验证了大样本数据的真实性。

②方法互证：来自大样本的数据是相对量化、客观的数据，但它们无法显示行动者、主要决策者的主观认知。笔者通过访谈法对历史重要事件、主要行动者主观认知进行深度交流，洞察行动者对不同历史事件、主要决策过程的不同认知，使研究过程更加丰富、多样化。笔者对院校主要会议、重要仪式、行动者日常行为等进行长时间的观察，有效

捕捉事件的微观变量，这些都可能是影响结论的重要因素。

③理论互证：本研究主要运用新制度主义理论对组织转型问题进行分析。社会学新制度主义理论虽然适合于组织转型的原因分析，但社会学新制度主义理论无法解释历史事件对组织转型的影响。为了弥补这一缺陷，笔者运用了经济学新制度主义理论中的路径依赖理论和历史制度主义的历史脉络理论。同时，潘懋元先生提出的“高等教育外部关系规律”理论在解释组织与外部环境关系上是非常适合的，其与新制度主义“组织—环境”关系理论有异曲同工之妙。

第二，延长在场时间。

在观察、访谈的调查中，由于深入现场时间较短，无法与被研究者建立信任关系，访谈内容容易失真；由于观察次数较少、时间较短等，观察结果容易失真。这些问题都可能影响结论的质量。为了解决这些问题，研究者 2015 年 9 月确定选题，持续调查长达 2 年以上。研究初期，研究者每月进行一次观察；一年后，研究者通过正式签约，成为个案研究单位的一名员工，并进行了持续的观察。尤其对个案组织转型问题的研究，是研究者未来计划持续研究的课题，因此，后期也将进行持续的研究。根据研究问题，研究者有选择性地筛选了多名受访对象，并与其建立了深厚的友谊，有些成了好朋友。因此，访谈的信息质量也较真实可靠。

第三，成员自查和同行评议。

韦伯认为，客观性、批判性、价值无涉是社会科学研究中必须秉持的三个基本原则①。在研究过程中，访谈和观察是研究的主要方法，方法本身的特点决定了研究的主观性成分。为了消除主观因素影响，在访谈结束后，研究者通常会对访谈内容进行整理并呈递给被研究者再次确证研究的一致性，让受访者对研究者已经建立的分析理论进行确认。如

① 马克斯·韦伯. 社会科学方法论［M］. 韩水法，莫茜，译. 北京：商务印书馆，2015：1，70，151.

果受访者或听众同意研究者所作的阐释，那么就可以认为结论的信度是可靠的。如果受访者有不同意见，研究者会再次深入现场，甚至重新调整访谈提纲，进行再次访谈。

为了保证研究者以“他者”身份开展现场调查，研究者邀请了专业人员对同一受访者、同一问题进行二次访谈，如果结论是一致的，则证明其共时信度是可靠的。同时，研究者在不同时间段对同一问题进行二次访谈，如果结论是一致的，则证明其历时信度是可靠的。

研究者利用访学的机会，通过学术报告的形式向高等教育领域的专家和师生陈述了主要研究问题、方法、理论、文献等方面的情况；在研究过程中，研究者还通过向专家请教、邮件交流等方式与研究领域的专家进行了多次探讨和学习，对其中一些分歧之处进行了及时修正，对同行的意见进行了二次研究，并与同行专家进行了再次讨论、交流。

（五）研究的伦理

在进行Z师范学院的个案研究中，研究者主要采用访谈法与研究对象进行互动交流，采用观察法深入Z师范学院进行观察记录。访谈法作为质性研究常用的一种研究方法，研究伦理是不可回避的一个主要问题。

访谈是在征得受访者的同意后进行的，在录音之前再次征得了受访者同意。为了还原材料作为研究的支撑，需要对访谈材料进行转录，转录的过程、后期的处理，以及研究计划，研究者都告知了受访者。如对人事处负责人访谈时，这位负责人起初拒绝了录音，在谈论20分钟后，这位负责人才同意进行录音。

在资料的保密方面，对参与者标识性的个人资料都进行了加工处理，并进行了编码，统一编码为Z1、Z2、Z3、……、Z*n*，由于部分受访者不愿透露职务信息，因此，对个别受访者仅用了部门负责人代称。

在访谈录音整理成文字材料后，研究者又把文字材料呈递给受访者，对涉及受访者隐私、受访者不愿公开的信息、可能对受访者造成不良影响的信息进行了再次处理或直接删除。

质性研究是把自己作为研究工具与受访者进行的互动与交流，研究者的专业素质会直接影响研究的质量，研究者个人知识、经验、诚信等操守对质性研究起决定性的作用①。Z师范学院是研究者工作过的院校，为了克服过于熟悉的弊端，避免被研究者过度迎合而出现研究误差，研究者以他者的身份进入现场。在进行访谈时，研究者与受访者保持了适当的距离，力求做到价值中立和保持客观。研究者是经过专业训练的博士研究生，对质性研究有深入的了解，并经过相关的专业训练，因此，访谈的过程能够保证客观性和真实性。

第五节　分析框架

首先，研究者把组织作为核心概念，把其分解为组织目标、组织结构、组织行为三个方面，并对其进一步细划，使概念可以进行变量的操作。其次，以新制度主义为主要理论基础，分析组织与制度的关系，建立理论模型；最后，把地方本科师范院校看成一个组织，分析地方本科师范院校与外部环境的关系，建立分析框架。

一、变量操作化

本研究主要涉及“地方本科师范院校”“组织”“转型”“新制度主义”几个核心概念。首先，研究者把“地方本科师范院校”作为主要研究对象，把“组织”作为分析单位，把“转型”作为主要研究问题，用“新制度主义”作为主要分析工具，形成一个核心概念体系；其次，从

① 斯丹纳·苛费尔，斯文·布林克曼. 质性研究访谈［M］. 范丽恒，译. 北京：世界图书出版公司北京公司，2013：67-87.

组织单位开展研究，每个单位、实体都是一个组织，组织有一定的目标、规章制度、理念等，地方本科师范院校也是一个组织，而我国112所地方本科师范院校是一个组织场域。这些组织之间相互竞争，相互学习、模仿，它们面临同样的政策环境、制度环境、技术环境、市场环境、社会规范环境等，由于受制于环境的压力，地方本科师范院校为了提高自身生存能力，逐步与生存环境趋于一致，这一过程用新制度主义理论解释是最为恰当的，从而形成本研究的一个核心概念框架。为了研究中表达的准确性，研究者对相关概念作了明确的界定。

二、理论模型

组织受制于环境，组织又对环境具有一定的规约作用，两者之间相互影响，互相作用。组织不再被动受制于环境，而是积极作用于环境，是新制度主义区别于旧制度主义的主要解释框架。运用制度理论分析组织运行机制或变迁过程是新制度主义区别于旧制度主义的主要特征之一。在开放系统组织下，组织为了从环境中获得资源，取得社会的认可，不得不与更大范围内被广为认可的价值观保持一致，从而取得生存所必需的合法性。斯科特认为，学校是强制度、弱技术环境下的组织。依照技术变迁的过程，组织发展应走向多样化。而高校作为弱技术、强制度环境下的组织，为了自身生存和发展需要，在组织目标、组织结构、组织行为方面往往采取较为流行的组织方式，以赢得社会的认可。在具体行为上，高校往往迎合政策偏好、专业发展导向，并在目标模糊时向其他院校模仿。

组织迫于生存压力，在转型过程中，为了得到社会的认可，往往满足于专业进程中的规范性认可，从而与社会主流价值观相一致。当组织目标不确定时，向成功组织模仿、向多数组织采纳的做法模仿、向其他组织的特色做法模仿等，是组织获得合法性认可的具体做法。依照这一分析过程，可以建构理论模型，详见图1-5。

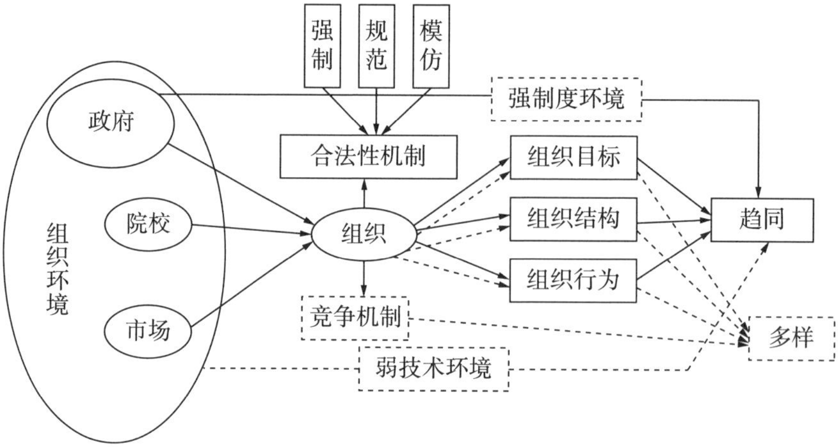

图 1-5　理论模型

三、分析框架

随着经济社会的发展，大学已经从社会的边缘走向社会的中心，地方本科师范院校不得不走出象牙塔，进行适应社会环境的变革。因此，组织与环境的关系是分析组织转型问题的重要关系。

地方本科师范院校为了生存，必须从环境中获取资源，而资源获取主要通过政府投资、市场合作（产教融合、产研结合）、提高院校声望等方式实现。为了获取政府的办学投入，就不得不采取政府要求的办学规则和政策；为了获取企业和社会的支持，就不得不迎合市场的需要；为了提高办学声望，就不得不向优秀院校学习。这些是地方本科师范院校生存的基本法则。

本研究首先基于 112 所全样本地方本科师范院校的量化数据，对地方本科师范院校组织目标、组织结构、组织行为的基本现状及存在问题进行分析。通过对组织要素存在问题的分析，可以梳理院校生存中与环境的复杂关系，即地方本科师范院校是基于合法性的逻辑，逐步与制度环境相一致，还是基于效率的逻辑，逐步与技术环境相一致，从而进一步分析其存在问题的制度根源和运行机制。

大样本的分析仅能得出普遍的结论，但对于个案的复杂性是缺乏解释力的。为了进一步揭示个别院校的复杂特征，从大样本中抽取 1 所代表性院校进行深度研究，对个案院校进行观察，从而实现宏观与微观的整合，由此得出相对可靠的结论。具体分析框架，详见图 1-6。

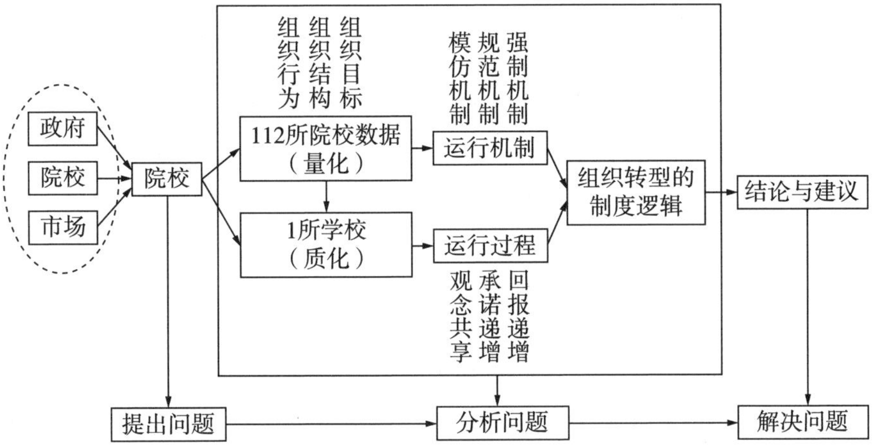

图 1-6　分析框架

第二章　文献回顾：地方师范院校组织转型的文献研究

地方师范院校作为高等教育的重要组成部分，与外界环境存在着不可分割的关系。地方师范院校作为一个组织，要依赖于外界环境而生存，从外界环境（政府、社会等）获取自身所需要的资源。

地方师范院校作为一个组织，已经从封闭走向开放，无法独身于象牙塔内而逐渐走向社会的中心。地方师范院校如何生存？如何有效地支配所拥有的资源？如何激发员工的工作热情？如何约束机会主义和“搭便车”行为？合理、有效的制度设计和实施是院校有效运行的重要保障。地方师范院校经历了综合化、应用化转型，也经历了教师教育大学化，其间也有“去师范化”的过程。组织趋同现象也常有发生，且不可避免。怎么解释这些现象？

要研究上述问题，需要厘清相关文献，在梳理文献的基础上，才能把握问题的来龙去脉，真正厘清问题的产生、发展过程，探究内在的生成机制，从而找到破解良策。

第一节　组织理论的研究

朱国云将组织理论发展的历史划分为五个时期：科学管理时期（20世纪初至20世纪30年代）、行为科学时期（20世纪30至50年代）、科学决策时期（20世纪40至50年代）、系统科学时期（20世纪60至70

年代)、文化管理时期（20 世纪 80 至 90 年代）[①]。

王骚将组织理论的演变划分为三大学派：一是古典组织理论，主要包括泰勒（Taylor）的科学管理学派、法约尔（Fayol）的行政管理学派、韦伯（Weber）的古典官僚制学派；二是新古典组织理论，主要包括以帕森斯（Parsons)、巴纳德（Barnard)、戈斯（Gaus）和塞尔兹尼克（Selznick）等人为代表的组织与环境相关的理论，以西蒙为代表的经验主义理论，以梅奥为代表的人际关系理论；三是现代组织理论，主要包括组织比较研究、发展理论、管理科学、行为科学、行动理论、系统方法、权变方法几个方面。

斯科特（Scott）从系统论的视角把组织理论分为三大流派：理性系统的组织，主要代表学派有泰勒的科学管理、法约尔的行政理论、韦伯的科层制理论和西蒙的行政行为理论；自然系统的组织，主要代表学派有梅奥（Mayo）的人际关系学说、巴纳德的协作系统论、塞尔兹尼克的制度理论；开放系统的组织，主要学派有以维克（Weick）为代表的系统设计学派、权变理论和维克的组织模型[②]。

本研究比较赞同斯科特从系统论的视角对组织理论进行的划分，下面将重点介绍系统论视角下的组织理论。

一、理性系统视角下的组织

理性系统视角下的组织强调以工具理性为价值标准，把组织看成拥有明确的具体目标、高度正式化的集体，强调结构的稳定性和层级性，用效率作为衡量组织功能的主要标准。巴纳德将其定义为“一种人与人之间有意识、经过协商和有目的的协作”[③]。马奇和西蒙将其定义为

---

① 朱国云．组织理论：历史与流派［M］．南京：南京大学出版社，1997：8．

② W．理查德·斯科特，杰拉尔德·F．戴维斯．组织理论：理性、自然与开放系统的视角［M］．高俊山，译．北京：中国人民大学出版社，2015：31-37．

③ Chester I. Barnard. The Functions of the Executive［M］. Cambridge，MA：Harvard University Press，1938：5.

“一种具有协作功能的系统，其内部具有高度专门化和高度协作的结构”[①]。布劳和斯科特则认为“组织是为了特定目标而设立的”[②]。科学管理强调组织结构设计的科学性、选拔的科学性以及管理的科学性；行政管理强调管理的功能，把组织设计成金字塔形的关系控制结构，按照专业化的方式设计组织的每一个单元。韦伯的科层制组织理论把“权威”作为组织的分析单位，权威来自“占有合法设立的职位”，韦伯强调技术专长是获取合法化位置的重要原则[③]。行政行为理论认为，组织的目标应该分解成具体化的目标，从而建立层级化的目标，这样才能实现组织的最终目标[④]。

二、自然系统视角下的组织

而自然系统视角下的组织理论则反对理性系统视角下的组织理论。他们认为，理性系统组织过度强调组织的规范结构、目标的具体化、规则与角色的正式化而忽视了组织参与者的行为，是一种“没有人的组织”[⑤]。用这种纯粹理性技术准则管理社会组织是不理性的，它忽略了人性中非理性的一面[⑥]。在实际的组织工作中，组织目标与参与者行为之间的关系远比理性系统组织的想象复杂得多，组织目标虽然设计得非常理想和美妙，但在实际贯彻中并不可能与组织中每个成员具体目标相一致，这就无法保证能够激发每个组织成员的热情和努力。这种以程式

---

① James G. March, Herbert A. Simon. Organization [M]. New York: Wiley, 1958: 5.

② Peter M. Blau, W. Richard Scott. Formal Organization: A Comparative Approach [M]. Stanford, CA: Stanford University Press, 2003: 5.

③ Martin Albrow. Bureaucracy [M]. New York: Praeger, 1970: 65.

④ Tal Simons, Paul Ingram. Organization and Ideology: Kibbutzim and Hired Laber (1951-1965) [J]. Administrative Science Quarterly, 1997, 42: 784-813.

⑤ Warren G. Bennis. Leadership Theory and Administrative Behavior [J]. Administrative Science Quarterly, 1959 (4): 259-301.

⑥ Peter M. Blau, W. Richard Scott. Formal Organization: A Comparative Approach [M]. Stanford, CA: Stanford University Press, 2003: 5.

化的模式设计的组织目标和结构，破坏了参与者的创造力和信心[①]。这一理论的代表学派有梅奥的人际关系学说、巴纳德的协作系统论、塞尔兹尼克的制度理论。梅奥认为个体并非理性的经济人，而是具有多重目标和价值观的复杂人，非理性的激励一点也不亚于物质和利益的刺激。巴纳德强调组织是一个整合个体参与者的协作系统，领导者的权威虽然是组织赋予的，但权威的认可不是“自上而下”的，而是“自下而上”的，只有接受者认可权威，权威才能取得合法性，也就是说“权威来自接收者认同的潜力”[②]。塞尔兹尼克在他的成名作《田纳西河流域管理局和草根组织——一个正式组织的社会学研究》中指出，组织不是一个封闭的系统，它受到所处环境的影响，组织是在适应自然环境中逐渐生成的，而非设计的结果。因此，可以把自然系统视角下的组织定义为：组织是这样一种集体，其参与者追求多重利益，既有共同点也有不同点，但他们认识到组织是其生存和持续发展的重要资源[③]。

三、开放系统视角下的组织

开放系统理论把组织与环境联系起来，认为组织不仅对环境作出反应，还会积极地作用于环境，并通过信息和意义的创造来规制环境。其代表学派有系统设计学派、权变理论、维克的组织模型。

系统设计学派强调从管理的角度探索组织的演变与改进策略，并根据组织的复杂性特点把组织分为三种类型：简单确定型、复杂或然型、超复杂或然型。简单确定型的组织一般沿线性运动，发展稳定；复杂或然型的组织可以通过统计方法进行预测；而超复杂或然型组织是一种非

① Chris Argyris. Personality and Organization Theory Revisited [J]. Administrative Science Quarterly，1973，18：67.

② Amitai Etzioni. A Comparative Analysis of Complex Organizations [M]. New York：Free Press of Glencoe，1975：163.

③ W. 理查德·斯科特，杰拉尔德·F. 戴维斯. 组织理论：理性、自然与开放系统的视角 [M]. 高俊山，译. 北京：中国人民大学出版社，2015：33.

线性系统行为，无法进行预测。整体大于系统之和是超复杂或然型系统的重要属性，这意味着即使充分了解单个系统的规律也无法预测超复杂或然系统的发展运动轨迹，因此，一些事故被视为正常的①。如果过分追求完美，可能导致“负协同效应”的发生。权变理论是系统设计学派的一个分支，权变理论强调组织的决策取决于所处的环境和对环境的处理能力。劳伦斯和洛斯是最先提出权变理论的学者，他们认为不同的环境对组织的要求是不一样的，高度不确定的环境对组织提出各种挑战，不同组织对复杂环境的应对能力也是有区别的②。他们的观点可总结为两点：组织内的每个子单位必须与该单位所联系的特定环境相适应；组织的分化与整合必须与其所在环境的复杂程度相适应③。维克的组织模型认为组织是在“规制”的环境中生存的，人们组织起来的目的就是降低生活中的不确定因素，保持组织的稳定性④。组织中的行动者并不是被动地适应所处的环境，行动者会对所处复杂环境作出集体判断，在可选择的决策中，找出一组稳定的、适应性强的规则和惯例并保留下来，当这组规则和惯例被广为接受时，组织反作用于环境，从而使规则和惯例作为一种稳定的制度保留下来。

通过上述组织的演变和各学派对组织的不同观点，可以看出组织的复杂性。随着社会的发展变迁，组织所面临的环境也越来越复杂，如何适应环境并对环境作出回应，甚至影响环境创造新的制度是新的时代背景下组织所面临的新问题。本研究更倾向于认同开放系统下的组织及组织与环境的互动作用。首先，组织本身是一个复杂的系统；其次，组织

---

① Charles Perrow. Complex Organizations: A Critical Essay [M]. New York: Random House, 1986: 5.

② Paul R. Lawrence, Jay W. Lorsch. Organization and Environment: Managing Differentiation and Integration [M]. Boston: Graduate School of Business Administration, Harvard University, 1967: 138.

③ W. 理查德·斯科特，杰拉尔德·F. 戴维斯. 组织理论：理性、自然与开放系统的视角 [M]. 高俊山，译. 北京：中国人民大学出版社，2015: 100-121.

④ Gary L. Kreps. Organizational Communication: Theory and Practice [M]. New York: Longman, 1986: 111.

无法脱离环境而独立存在；再次，组织还可以通过信息和意义的创造来规制所处的环境。新建本科院校作为高等教育的重要组成部分，其本身是一个复杂的系统，组织内部要处理教师与学生、课程与教学、管理与决策等事务，这些事务运行于各职能部门、各院系、各教研室之间，其复杂性使组织很难作出理性的决策。一定情况下，为了维护稳定性，组织不得不被动地适应环境。同时，作为组织的院校还要面临外在环境的复杂影响，与政府、企业、高校之间发生复杂的博弈关系。院校为了自身能够生存下来，不得不根据环境的变化不断地调整决策和规划，在无法及时和有效地作出决策时，往往会模仿其他成功组织的行为。在一定情况下，为了获得资源，院校不得不遵从政策所要求的行为，以取得合法性。但我们也应看到，组织并不是被动地适应环境，有时，组织也会主动规制它们所处的环境，通过组织间的协作和规划去影响环境，如新建本科院校之间建立的应用型大学联盟，大学建立的未来 10～20 年的战略规划，大学章程的建立就是与政府博弈的结果。

第二节　新制度主义视角下地方院校转型研究

新制度主义理论主要包括经济学新制度主义理论、历史学新制度主义理论和社会学新制度主义理论三大流派。经济学新制度主义理论主要包括交易成本经济学和演化经济学两大流派。交易成本经济学以科斯（Coase）、诺思（North）、威廉姆森（Williamson）为代表，主要关注交易成本的研究，支持有限理性的概念。其关注焦点是物质利益，谋求偏好、利益最大化是其基本前提假设。他们认为制度的形成是有意识设计的结果，制度的作用是使谋求效用最大化的个体间交换关系的稳定性存续，通过降低交易成本实现帕累托最优结果（Pareto superior outcome）[①]。在对制度变迁的解释中，他们认为制度变迁是渐进式的、

---

① 河连燮．制度分析：理论与争议［M］．李秀峰，柴宝勇，译．北京：中国人民大学出版社，2014：93.

持续、稳定的变迁。演化经济学以尼尔森（Nelson）和温特（Winter）为代表。演化经济学主张运用达尔文主义的变异、选择、遗传理论来解释经济变迁过程①。由于不是本研究的重点，不在此赘述。历史学新制度主义理论是从政治学新制度主义理论流派中分化出来的一个研究阵营，以马奇（March）和奥尔森（Olsen）为代表，其关注的核心概念是“历史”和“脉络”，历史学新制度主义理论有两个特征：一是以制度模式和形态解释社会现象；二是把制度视为历史的选择结果。历史制度主义者认为，特定历史时期形成的制度会对后来的制度设计、执行、选择产生影响，应关注历史脉络的生成过程，通过宏观脉络分析制度的形成过程。社会学新制度主义理论主要以组织为研究起点，对组织趋同问题进行相关研究，所以又被称为组织学新制度主义理论，主要以约翰·迈耶（John Meyer）、布赖特·罗恩（Brian Rowan）、迪马尼奥（Dimaggio）和鲍威尔（Powell）为主要代表人物，他们运用认知、文化因素来解释个体的选择，组织设计和决策的过程（详见表2-1）。

表2-1 新制度主义理论三大流派的核心要素

	经济学新制度主义理论	历史学新制度主义理论	社会学新制度主义理论
代表人物	科斯、诺思、威廉姆森、尼尔森、温特	马奇、奥尔森	迈耶、罗恩、迪马尼奥、鲍威尔
代表流派	交易成本经济学、演化经济学	历史学新制度主义	组织学新制度主义
关注焦点	物质利益	历史和脉络	思想观念
研究问题	经济过程	政权制度和管理机制	趋同
逻辑类型	结果性	正统性	适当性

① 王松，胡树华，牟仁艳. 区域创新体系理论溯源与框架［J］. 科学学研究，2013：345-349.

续表

	经济学新制度主义理论	历史学新制度主义理论	社会学新制度主义理论
制度的形成基础	有意识的设计	制度是历史的产物，偏好是由制度脉络塑造的	制度是在社会、文化、人类活动中形成的，是自然生成的结果
制度形成的途径	降低交易费用	个体行为被制度塑造，并深深嵌入社会经济结构中	模仿（对广为接受的理性神话的模仿）
制度变迁的特征	稳定、持续、渐进式变迁	断裂式均衡	持续、稳定、渐进式变迁
竞争机制	回报递增	承诺（忠诚）递增	共享观念
缺陷	忽视历史过程和脉络、忽视权力关系、忽视偏好形成原因	不能解释行为动机是如何形成的	忽略私利、忽略微观、忽略权力

一、社会学新制度主义理论视角下的地方院校转型研究

社会学新制度主义理论关注的核心是制度环境而非技术环境。技术环境指复杂的技术和交换的过程，而制度环境包括规则和社会所界定的范畴[①]。高校作为强制度、弱技术环境下的组织，为了取得合法性并因此使自己的社会资源诉求能够得到认可，往往会采取广为流行的信念、规则、符号等，从而与更宽泛的社会价值观相一致[②]。

获取办学资源是地方院校生存和发展的基础，如政策资源、经济资源、教学资源、教师资源等。而办学资源主要来源于国家、大学和学生

① W. Richard Scott. The Adolescence of Institutional Theory [J]. Administrative Science Quarterly，1987 (32)：493-511.

② V. A. Schmidt. Discursive Institutionalism：The Explanatory Power of Ideas and Discourse [J]. Social Science Electronic Publishing，2008，11 (1)：303-326.

三个方面[①]，这就决定了地方院校往往会采取政策需要的方式或社会广为流行的价值方式选择生存策略。伯顿·克拉克在对成人学校转型的研究中发现，成人学校面对生存压力时，为了获得生源以赢得办学经费，不得不迎合外部的教育需求者，以取得他们的支持，这时的办学是基于功利主义逻辑下的回报递增的规制性要素，是基于取得外界认可的合法性需要，而非基于大学的学术发展逻辑[②]。

我国地方院校较为复杂，按类型划分，主要包括公办和民办院校，它们都同样面临着如何取得合法性而维持生存的问题。公办院校为了获得地方政府的办学投入，往往会采取政策要求的方式进行学科专业设置、课程教材编制、教师队伍建设等。民办院校为了获得政府政策的支持，同样需要采取政策要求的价值方式从而获得社会认可，争取更多教育投资者选择报考自己的院校。顾拓宇以 12 所转型地方院校为样本对象，对其办学定位进行了文本分析，研究发现，以应用型人才为办学定位的趋同率是 58.33%，学科设置趋同率高达 100%，专业趋同率也高达 60%以上[③]。进一步分析发现，导致院校趋同化发展的原因主要来自政策层面的强迫性机制、行业层面的规范性机制及同类院校间的模仿性机制。陈龙等对独立学院专业设置趋同化的研究发现，外在强制力因素是导致趋同化的重要因素[④]。何晓聪，林促豪对地方院校学科趋同的研究发现，地方院校为了与政策要求、社会广为流行的价值观相一致，往往是基于合法性需要设置相关专业，而非按照效率逻辑[⑤]。

---

① 顾拓宇. 新建本科院校转型困境的地位社会学探论——基于经济、声望和权力的视角[J]. 职教论坛，2017 (19)：17.

② H. P. Gouldner. Adult Education in Transition：A Study of Institutional Insecurity [J]. American Sociological Review，1957，22 (1)：114.

③ 顾拓宇. 新建本科院校组织趋同及扩散机制研究——以东、中、西部 12 所地方院校为例[J]. 高教探索，2017 (1)：11-16.

④ 陈龙，姜柏生，何淑通. 独立学院专业设置中的趋同性现象分析 [J]. 南京医科大学学报（社会科学版)，2010 (12)：343-346.

⑤ 何晓聪，林促豪. 新制度主义视域下的学科发展趋同机制分析 [J]. 高教探索，2014 (5)：126-128.

二、经济学新制度主义理论视角下的地方院校转型研究

人是影响交易费用的主要决定因素。西蒙认为，人的理性是“意欲的理性，仅有限的如此”①。在交易过程中由于存在着机会主义和有限理性，契约往往是完整但却是不完备的②。通常人们交易活动的动机是理性的、有目的的，但也仅仅是有限条件下的理性行为。

高校在制度设计的过程中也会遇到同样的问题。制度设计的初衷是理性的、完备的，但在实施过程中，往往受到个体利益的影响，即个体在实现目标的过程中，往往会按利益最大化原则选择适合自己的行为，这就会增加交易费用，从而导致整体目标大打折扣。当个体规避风险时，通常也会存在“搭便车”的现象。这种机会主义也会影响组织目标的实现。有限理性和机会主义都会增加交易费用，即高校的办学成本。也就是说，当一个组织在推行一项决策时，往往会考虑自身处在什么样的环境下、在扮演什么角色、在这种情况下怎么做才是合适的，并基于上述考虑后作出“合乎情理”的选择③。

独立学院是母体大学与企业联合形成的一种办学模式，办学初衷是实现双方的共赢与发展，但最终还是走向了分道扬镳。为什么独立学院最后走向了脱离母体、独立发展呢？独立学院在建立初期，为了降低交易费用，与重点大学合作，借用重点大学的品牌声誉、知识产权、师资力量等专用资产，实现了办学初期的院校建立过程。而在发展到一定程度后，随着环境的变化，管理者的理性是有限的，管理者的经营策略也会发生变化，母体学校冠名的品牌声誉、知识产权（办学理念、管理经验、教学计划等）、教育资源（师资、设备、图书等）专用性资产呈下降趋势，而投资方有形资产（土地、校舍、图书馆等）专用性呈上升趋势，这就导致了独立学院根据时势变化脱离母体而转设

① Herbert Simon. Administrative Behavior [M]. New York：Macmillan，1957a：78.

② Oliver E. Williamson. The Mechanisms of Governance [M]. Oxford：Oxford University Press，1996：42.

③ 周雪光. 组织社会学十讲 [M]. 北京：社会科学文献出版社，2015：295-298.

为独立学院[①]。

新建本科院校作为地方院校的一个重要群体，在国家推动其应用型转型的背景下，多数地方院校在办学目标模糊的情况下，往往会模仿优秀院校的做法或大多数院校所采取的行为。王俊、顾拓宇对 61 所地方院校转型的研究发现，以工学和管理学为主导的实用性较强的专业设置数最高，位居各大学科之首，其中工学类专业设置数高达 478 个，管理学也高达 269 个[②]。作为师范院校，为什么设置如此多的工学类、管理学类专业？其主要原因还是来自市场的需要。地方院校为了在市场竞争中生存与发展，一方面会满足政策需求而取得合法性存在；另一方面又必须面对市场设置办学效率较高的专业，以提高办学效益，降低转型成本，使交易成本最小化。

三、历史学新制度主义理论视角下的地方院校转型研究

历史学新制度主义者认为，人的行为不仅在制度脉络中形成，而且深深嵌植于社会经济结构中。制度是塑造和制约个体行为的脉络，在某一历史时期形成的制度会产生持续性的影响，并导致制度的变迁。“历史”并不意味着“过去”，历史特定时间点的选择、历史上的微小事件都会对现在甚至未来产生影响，并制约现在和未来的选择路径。

地方院校转型往往受办学基础、转型初期的一些关键事件等因素的影响而导致转型路向的渐进性轨迹。这就是邬大光所说的“车辙”里的大学[③]，如一些师范本科院校，其办学起点往往是师范为主导的基础学科，一些理工类院校往往是理工基础的学科起点。在转型进入深水区的今天，一些师范院校试图转型为理工类院校往往会遭遇很多困境，最终不得不放弃转型战略，如周口师范学院 2013 年试图更名为河南工商学院，最终还是放弃了更名工商类的战略。这里虽然有政策的因素，更重

---

① 于光辉．独立学院转设倾向的新制度经济学分析 [J]．教育发展研究，2015 (5)：43-44.

② 王俊，顾拓宇．新建本科师范院校组织转型探究——基于 61 所院校统计数据的分析 [J]．现代大学教育，2019 (5)：74.

③ 邬大光．“车辙”里的大学 [J]．教育家，2019 (8)：32.

要的还是办学基础影响[①]。

自 1999 年我国大规模扩招以来，一批专科院校通过合并、独立升本、转设等方式发展为本科院校。受办学基础（师范、师专、教育学院等）的影响，升本初期，大多数升本院校是以师范命名的。1999 年升本的 10 所院校全部为师范院校，2000 年升本的 42 所院校中师范院校占 20 所，占当年升本数的 47.62%。截至 2019 年 12 月，全国 154 所以师范为起点升本的院校中，有 61 所仍以师范命名，占比 39.61%；79 所转型成了综合类院校，占比 51.30%；而转型为理工类的有 5 所，转型为财经类的有 4 所，转型为语言类的有 2 所，转型为政法类、艺术类、传媒类的各 1 所。也就是说，大部分以师范为起点的地方院校都转型为了师范类或综合类院校。可以看出，地方院校的转型不是盲目的，往往会根据自身的建校基础、历史脉络等发展轨迹选择适合自身的转型模式。虽然我国在 2015 年出台了推动地方院校向应用技术类院校转变的政策，但以师范为起点的地方院校也很难转型为理工类、财经类等应用类新型院校。受路径依赖的影响，地方院校只能根据自身发展历史脉络，选择渐进性变迁模式，进行适当的制度创新。

顾拓宇在对 Z 师范院校应用型转型的研究中发现，地方师范院校受历史文化的制约，很难完全摆脱师范办学形成的路径依赖，致使新兴应用类专业多是在师范基础上作出的适当性选择，而非完全基于效率的逻辑[②]。丁奕发现，地方高校受路径依赖的制约，难以实现向应用技术转型的目标，主要表现为功能性锁定、认知性锁定、政治性锁定三个方面[③]。张庆辉在对地方重点大学发展困境的分析中发现，地方重点大学存在着两种不同的路径依赖：一是来自领跑者的路径依赖，即受自己模

① 吴静．河南 7 所高校拟更名，新校名去地方特色以省开头［EB/OL］．（2013-12-25）［2020-02-06］．https：//henan. qq. com/a/20131225/001273. htm.

② 顾拓宇．地方师范院校组织转型的路径依赖困境及内在机制探究：以 Z 师范学院为案例［J］．黑龙江高教研究，2019（10）：16.

③ 丁奕．转型地方高校发展的路径依赖与锁定效应分析［J］．华中师范大学学报（人文社会科学版），2014（11）：163-167.

仿对象的影响，过于模仿学习者的发展路径、轨道等而难以改变；二是来自院校内部的路径依赖，即受自身历史因素、文化积淀、组织特性的影响而难以改变[①]。刘胜男在对我国民办教育制度变迁的研究中，把民办教育分解为初始条件阶段、关键时刻阶段、制度重制阶段、反应序列阶段四个时期，发现民办院校在这四个时期分别受政府、市场和社会的影响而形成不同的路径依赖模式[②]。

第三节　地方院校组织趋同研究

本节主要对地方院校存在的趋同现象进行文献梳理。地方院校主要指位于省级及以下城市，行政上隶属于省级及以下政府，主要靠地方财政投入的院校，包括地方本科、专科院校，也包括新建本科院校。

一、地方院校趋同主题的研究

李娜对广西普通本科院校的研究发现，地方师范院校的学科趋向齐全化发展，纷纷提出了向综合类本科大学发展的愿景，广西 30 所普通本科院校中 25 所办学类型定位于教学型，趋同率高达 83.3%[③]。侯静运用访谈法、档案分析法，在对广西 M 师范学院的研究中发现，M 师范学院在办学定位过程中，一直有着“去师范、办综合类大学”的想法，这也是导致地方师范院校向“综合类大学”趋同化发展的一个重要因素[④]。曹丽君通过对河南 5 所地方师范院校办学定位的文本分析，发现这些师范院校在办学目标上都淡化了师范特色，强化综合性，在学科

① 张庆辉. 我国地方重点大学的发展困境与路径依赖——基于路径依赖视角的考察 [J]. 江苏高教，2014 (1)：102-106.

② 刘胜男. 我国民办教育制度演变中的路径依赖困境及出路——从制度变迁的视角分析 [J]. 现代教育管理，2013 (5)：49-53.

③ 李娜. 地方普通本科院校办学定位及其分类发展研究——以广西为例 [D]. 桂林：广西师范学院，2012：32.

④ 侯静. 地方高师院校转型中专业设置的问题研究——基于广西 M 师范学院的个案调查 [D]. 上海：华东师范大学，2012：15-17.

专业上弱化师范性，增强非师范性，在人才培养上回避师范院校人才培养的目标指向[①]。

张羽在对广西地方高校学科专业定位的统计中发现，工科专业所占比重达到85%，管理学专业所占比重达到83.3%，甚至经济学专业也占到75%[②]。郭芳芳等在对山西省12所新建本科院校趋同的研究中发现，行业类院校大多都设置非行业类专业，综合类院校设置相关专业的趋同率最高达80%以上[③]。顾拓宇在对师范类本科院校的分析中发现，这类院校都设置了非师范类专业，其中最高比例达到80.65%[④]。

杨林玉在对1999—2013年362所新建高校的研究中发现，354所高校存在更名现象，更名率高达98%[⑤]。康贤刚在对我国应用型本科高校的研究中发现，应用型本科存在办学模式趋同问题[⑥]。在对定位趋同的研究中，大多研究都指向新建本科院校办学定位综合化、去师范化倾向，在对学科专业的研究中，大都指出新建本科院校存在着学科门类求全、专业设置求多的趋同现象。

二、地方院校趋同原因的研究

相关研究主要从组织与环境、组织与组织之间关系两个方面分析了组织趋同的原因。在组织与环境的关系上，主要按照由内向外的视角，从合法性的角度分析了组织与环境的同形。院校为了获得社会的认可，

---

① 曹丽君. 地方师范院校的办学定位研究——以河南五所升格后的师范院校为例［D］. 沈阳：辽宁师范大学，2014：9-24.

② 张羽. 地方高校发展规划及其办学定位研究——以广西为例［D］. 桂林：广西师范大学，2016：37-38.

③ 郭芳芳，牛源渊，郎永杰. 新建本科院校趋同发展的新制度主义分析——以山西省12所新建本科院校为例［J］. 复旦教育论坛，2016（1）：80-86.

④ 顾拓宇. 新建本科院校组织趋同及扩散机制研究［J］. 高教探索，2017（1）：11-16.

⑤ 杨林玉. 新建本科院校趋同性更名的动力机制研究［J］. 湖南科技大学学报（社会科学版），2015（2）：176-180.

⑥ 康贤刚. 应用型本科教育趋同化现象研究［J］. 湖北大学学报，2012（7）：128.

往往选择社会广为认可的接受方式，如重点大学的组织结构、组织行为等，以提高生存概率，从而满足合法性的需要，而不管效率如何。在组织间趋同的研究中，主要按照由外向内的视角，从政府的强制性机制、院校间的模仿机制，以及来自专业化的评估机制三个方面分析组织趋同的原因、机制。董向宇把地方高校趋同分为系统外向性趋同和系统内部趋同两种类型，系统外向性趋同主要指地方高校向部属高校的单向度趋同化，系统内部趋同主要指学校间的趋同化①。该研究以 H 省 23 所院校为样本对象，对院校间的人才培养模式和学科、专业设置现状进行了趋同比较。王俊、顾拓宇以 15 所新建本科院校为样本，对其趋同机制进行论证，研究发现，组织趋同主要源自政府的强制性因素、社会专业化的规范性因素，以及对优秀院校成功做法的模仿因素②。林云等认为，地方高校的趋同主要来自地方行政机构对教育资源的控制、高校间的“赶超”发展观，以及政府主导的高校评估机制的导向③。吴耀武认为，新建本科院校间的趋同原因是政策的强制性、对名校的模仿，以及师资因素④。在对师资因素的分析中，他发现，受教师的知识结构、教育背景等因素的制约，这些教师大多来自老本科院校，他们会带来自身的价值观和文化，并把这种思想观念和行为运用于新建本科院校，导致新建本科院校在教学模式、教师行为等方面的趋同现象。聂永成、董泽芳从外部环境和内部因素两个方面分析了新建本科院校组织趋同的原因。外部环境主要包括技术环境和制度环境，新建本科院校只有适应技术环境的变化，才能有效地获取生存所需要的资源，否则就会处于不利

① 董向宇．地方高校趋同化发展的动力机制及化解路径——以 H 省为例［J］．黑龙江高教研究，2013（4）：34-37.

② 王俊，顾拓宇．新建本科院校组织趋同的新制度主义分析——基于东、中、西部 15 所地方院校的统计数据［J］．教育研究与实验，2016（6）：68-73.

③ 林云，张河森．地方高校趋同现象及化解路径［J］．湖南师范大学学报（教育科学版），2015（4）：110-114.

④ 吴耀武．新建本科院校办学“趋同”现象探析［J］．中国高校科技，2014（10）：48-50.

的位置；制度环境主要指获得外界更广泛的法律规章制度、社会规范、文化观念的认可，从而获得合法化地位。内部环境主要指新建本科院校多是专升本，专科形成的办学惯性影响着学校的办学发展模式，赶超、模仿战略是专科时期的主要发展战略，这是导致新建本科院校组织趋同的内部因素①。郭芳芳等从模仿和合法性机制两个方面分析了新建本科院校间的趋同现象，他们认为模仿主要从办学定位和实践层面进行，在办学行为上，主要存在着向老牌院校模仿、向办学佼佼者模仿和向大多数院校模仿②。杨林玉从效率机制、合法性机制、社会网络机制三个方面分析了新建本科院校趋同的原因。他认为院校的运行是追求效益最大化的结果，同时院校也会遵守来自政府的政策约束，社会对院校的看法也是高校考虑的重要因素③。

以上这些研究从各个方面分析了组织趋同原因。政府控制着院校的办学资源，院校不得不遵从政府偏好，从而导致组织与政策环境的同形。而由于竞争和赶超的需要，院校间往往模仿办学效益好或大多数院校采取的做法，以提高生存概率，获取社会的认可。大多研究仅关注导致组织趋同的强制、规范和模仿三大机制，但缺少对三大机制产生过程的探讨，缺少对组织变迁的研究。三大机制可以充分地解释组织间的趋同现象，但无法解释趋同机制自身形成的原因。政府的利益偏好是如何形成的？资源交换背后的关系是什么？资源控制者为什么会设计这样的制度？上述研究主要从宏观层面对趋同原因作了简单梳理，而并没有对行动者之间的互动如何影响制度的形成过程进行分析。而探究微观层面的互动及权力关系，只有通过组织变迁的研究才能实现，但到目前为

---

① 聂永成，董泽芳．新建本科院校办学定位趋同的理性分析——基于对 91 所新建本科院校转型现状的实证调查［J］．湖北社会科学，2016（12）：157-163.

② 郭芳芳，牛源渊，郎永杰．新建本科院校趋同发展的新制度主义分析——以山西省 12 所新建本科院校为例［J］．复旦教育论坛，2016（1）：80-86.

③ 杨林玉．新建本科院校趋同性更名的动力机制研究［J］．湖南科技大学学报（社会科学版），2015（2）：176-180.

止，还没有高校趋同变迁过程的相关研究，这就影响了对组织趋同形成过程进行更深入的分析。

三、地方院校趋同特点的研究

潘懋元、车如山对聊城大学、北京联合大学、赣南师范学院、黑龙江工程学院、上海机电学院5所院校招生计划（2009）进行了分析，发现这5所院校存在专业设置数量过多、学科设置求全的现象，其中专业设置最多的聊城大学达71个。除上海机电学院外，其他4个院校学科覆盖面都达到了6个以上①。虽然数据较早，但2009年已经显示出了学科求全、专业求多的趋同现象。顾永安发现，新建本科院校在办学定位上主要存在着学校层次求“高”、学校规模求“大”、学校级别求“高”、学校门类求“全”或“热”的趋同现象②。杨林玉在对新建本科院校更名的研究中发现，以省份名称命名取代区域性命名、以综合类院校命名取代单科性院校命名，“高、大、上”的趋同更名现象是新建本科院校更名的主要特点③。

以上趋同主要从综合化趋同角度对地方院校的趋同行为进行了分析，基本概括了当前地方院校存在的趋同问题。随着国家三部委引导地方高校向应用技术型高校转型的政策出台，从2014年开始，部分地方高校开始向应用型高校转型，主要表现为设置应用性专业，尤其是工科类专业设置较多，这会不会导致新的应用化趋同，从而出现工科专业的趋同现象？目前对这方面的研究尚没有出现。

四、主要采用的方法

随着科学研究范式的引入，教育学的合法地位也逐渐被接受和认

---

① 潘懋元，车如山．做强地方本科院校的理论与实践研究［M］．北京：高等教育出版社，2016：86-101.

② 顾永安．新建本科院校转型发展论［M］．北京：中国社会科学出版社，2012：76-79.

③ 杨林玉．新建本科院校趋同性更名的动力机制研究［J］．湖南科技大学学报（社会科学版），2015（2）：176-180.

可，实证主义研究范式也越来越多地被教育学引用和倡导①。在新建本科院校组织趋同的研究中，实证研究也开始被学者所使用，案例研究备受青睐。董向宇以 H 省 23 所地方高校为案例，对其组织的内外部趋同现象进行了实证分析。郭芳芳等以山西省 12 所新建本科院校为案例，对各类院校办学定位、学科专业设置的趋同情况进行数据比较。王俊、顾拓宇选取东、中、西部 15 所学校为研究样本，对其组织目标、组织结构、组织行为间的趋同现象进行了分类比较。杨林玉对 362 所新建本科院校进行了趋同性更名的统计分析②。

相关研究运用归纳的方法，以统计数据为基础，在分析相关数据和实证材料的基础上建构理论，或提出研究假设，以相关案例为实证研究样本，进行理论验证。总体上说，研究越来越规范，从以理论研究为主走向实证研究的新路向。但相关研究还不够规范，且选取样本也相对单薄，大多数研究是以个案或少数院校为样本，其研究信度、效度还有待进一步验证。在中国 23 个省、5 个自治区、4 个直辖市的大国背景下，在东、中、西部差异巨大的社会现实条件下，对少数几所院校的研究难以得出可靠的结论。组织趋同问题需要进行大样本的统计才能得出可信的结论。另外，相关案例研究，缺少质性研究的相关文本，而新建本科院校组织转型的主要行动者（如校长、职能部门处长、各学院院长等）对院校的转型发展起着至关重要的作用，主要行动者的办学理念、政策规划等直接指引着院校改革发展的方向，对这些行动者进行访谈、观察等的质性研究是了解其行动偏好的重要工具，而当前却缺少相关的研究。量化研究和质化研究有着天然的缺陷和不足，混合研究法是克服其缺陷的重要研究方法，国外已经开始进行了相关研究的尝试，而国内教育领域尚缺少相关的研究。

---

① 袁振国. 实证研究是教育学走向科学的必要途径 [J]. 华东师范大学学报（教育科学版），2017 (3)：51-53.

② 杨林玉. 新建本科院校趋同性更名的动力机制研究 [J]. 湖南科技大学学报（社会科学版），2015 (2)：176-180.

第四节　地方师范院校组织转型研究

教师教育大学化和院校综合化是地方师范院校转型的两个主要研究议题。教师教育大学化的主要目标是解决教师教育的发展问题，而院校综合化的主要目标是解决地方师范院校的整体转型问题。教师教育面临的主要问题是教师学术水平、专业水平较低，地方师范院校面临的主要问题是学科设置单一、院校发展困难。教师教育问题的主要解决方式是设置教育学院来提高教师教育的质量，地方师范院校主要通过开设非师范专业、增设新的学科实现综合化的转型。下面从两个方面进行综合分析。

一、教师教育大学化转型

教师教育大学化主要指大学应该在教师培养和培训中发挥重要功能，这里的大学主要指学科门类齐全、有一定社会声望的综合类大学①。朱旭东对教师教育大学化的内涵进行了解释，指出教师教育大学化的实质是大学教育学院的教师教育专业建制化，主要包括建立教师教育研究会、创办教师教育杂志、成立大学教师教育研究机构、创立教师教育的相应学位制度、开设教师教育课程等②。

1999 年，国务院出台《关于深化教育改革全面推进素质教育的决定》，提出“鼓励综合性院校和非师范类院校参与培养培训中小学师资，探索综合性的高校试办师范学院”。刘捷、谢维和认为，通过综合类大学办师范学院可以提高教师的科研水平和专业化水平，有利于提高学生的素质，有利于教育的公平和公正等③。西方发达国家二战后教师教育

① Harry G. Judge. Teacher Education and the Universities [J]. Journal of Teacher Education, 1991, 14 (3): 257-268.

② 朱旭东. 如何理解教师教育大学化 [J]. 比较教育研究，2004 (1)：1-7.

③ 刘捷，谢维和. 栅栏内外——中国高等师范教育百年省思 [M]. 北京：北京师范大学出版社，2002：188-190.

都实现了大学化的转型。以美国为例，美国是教师教育大学化转型的成功范例，通过教师教育大学化，美国教师教育从封闭走向开放，实现了传统教师教育理论与实践的成功结合，实现了师范性与学术性的成功结合，美国师范教育从此跻身于大学化的教育层次①。

但教师教育是否应该走向开放，是否适合在大学中进行，在大学中设置师范学院是否就一定能提高教师的学术水平、综合素质等，这些问题一直存在争议。周洪宇、金保华、邬春芹 2000 年对全国师范院校的调查（共发放问卷 150 份，有效问卷回收率 66.7%）显示：79.7%的调查对象反对完全开放师范教育，75%的调查对象认为综合类大学参与师范教育是利大于弊②。张宝歌发现，地方高师院校在转型过程中，逐渐导致师范功能弱化，存在学术性对师范性的冲击、专业性对师范性的冲击、统一性对单一性的冲击③。贺祖斌指出了教师教育大学化过程中存在的主要问题：非师范专业的发展对教师教育资源的挤占、综合性的不足与教师教育学术性的弱化、地方师范院校师范生免费教育政策的缺失、综合类大学培养师资对地方师范院校的冲击④。

教师教育改革既然已经进行了“大学化”，再进行是否有必要“大学化”的讨论已经没有意义。现在的核心问题是进行“大学化”改革后，是否提高了教师教育质量。而事实表明，其实际效果并不理想，地方师范院校为了扩充办学经费，吸引广大生源，规模扩张带来的教学质量下降、师范特色式微等问题无法一一述说。那么教师教育“大学化”改革是否有利于推动地方师范院校的整体转型？地方师范院校在面对教师教育“大学化”的大潮下又该如何应对？是否成功实现了转型？为了

① 王凤玉. 社会变革与教育机构转型：美国师范教育机构转型研究与启示［M］. 北京：人民教育出版社，2008：209.

② 周洪宇，金保华，邬春芹. 关于进一步推进师范院校改革与发展的调查研究［J］. 教育研究，2001（1）：53-59.

③ 张宝歌. 教师教育转型期地方高师院校师范性问题研究［D］. 长春：东北师范大学，2008：76-82.

④ 贺祖斌. 地方师范院校教师教育在转型中的困惑与对策［J］. 教师教育研究，2009（5）：61-69.

澄清这些问题，有必要进一步从地方师范院校的视角来审视院校的综合化转型。

二、地方师范院校综合化转型

院校综合化主要从院校的视角而非单纯从教师发展的视角分析院校综合化的进程，在办学目标上向综合类大学转型，在学科设置上由少数学科向多学科及综合学科发展，在课程设置上强调通识课程及课程间的整合与贯通，这些是地方师范院校转向综合类大学的有效途径。

贺祖斌具体指出了地方师范院校在综合化方面的主要表现形式，如“办学目标的综合化；学科专业的综合化；培养模式上由分科教育的单一模式向多元化师资培养模式的方向发展；课程体系建设上由单一的训练模式向以社会需求和学生需求为导向的开发模式转变”①。

那么，地方师范院校在进行综合化的转型中，是否实现了办学目标的综合化、学科的多元化、课程的综合化、学生素质的全面提高？顾拓宇对东、中、西部12所以师范为起点的新建本科院校的统计分析发现，设置8个以上学科的院校达到100%，其中4个院校设置学科达到10个以上②。侯小兵通过对全国107所（截至2013年10月）本科师范院校官方网站“学校简介”的分析发现，54.29%的省属师范大学定位于综合类大学，34.33%的地方师范学院定位于综合类大学③。相关研究显示出了地方师范院校综合化的倾向，但地方师范院校综合化带来的负面问题也是不容忽视的，学科门类齐全并不代表达到了综合类大学的水平，专业规模宏大也并不代表办学质量的提高。相反，过度求全、求大会透支地方师范院校本不太充裕的办学资源。张勇军通过对某省三所师

① 贺祖斌. 地方师范院校教师教育在转型中的困惑与对策［J］. 教师教育研究，2009（5）：61-69.

② 顾拓宇. 新建本科院校组织趋同及扩散机制研究［J］. 高教探索，2017（1）：11-16.

③ 侯小兵. 师范院校办学定位的教师教育特色探析——基于全国107所普通本科师范院校“学校简介”的内容分析［J］. 黑龙江高教研究，2014（5）：12-16.

范院校（省属师范大学、师范学院、师专）的个案研究发现，地方师范院校综合化发展存在几个主要问题：其一，学科基础薄弱，不利于综合学科的开设，难以与综合类大学竞争；其二，办学定位、学科专业方面趋同化的发展造成了无序的竞争；其三，师资力量薄弱，难以满足非师范专业人才培养的需要；其四，实践操作能力缺乏，无法满足区域应用型人才的需要；其五，教学资源匮乏，难以满足应用技能型人才对实训场所的大量需求①。

同时，有一个更加突出的问题还没有引起足够的重视：在国家应用型政策的推动下，过度应用化已经迅速蔓延，并造成了大批院校纷纷向应用型高校方向转型。梁梅经过研究发现，地方师范院校在办学水平和特色上舍本逐末，淡化师范这一优势和特色，过度开设一些非师范专业②。侯小兵通过对全国 107 所（截至 2013 年 10 月）本科师范院校官方网站“学校简介”的分析发现，48 所地方师范学院中，仅有 37.50% 的院校提出定位于教师教育③。一些学者甚至认为，教师教育本身就是应用型，不存在转型问题④。

笔者在此并不打算对教师教育是不是应用型进行深入讨论，这里想要分析的是，从话语本身可以看出一些学者和院校过度迎合应用型转型的价值倾向。地方师范院校在经过综合化转型后，暴露出院校自身办学资源匮乏、师资短缺等难以解决的问题。一些院校试图通过应用型转型找到解决办学经费紧张、教学资源不足等问题的途径。在这一过程中，一些院校盲目设置热门专业，过分突出经济学、管理学、艺术学等所谓应用类专业，使师范学院丢失了自身的师范优势。

---

① 张勇军. 地方高等师范院校综合化发展研究 [D]. 上海：华东师范大学，2012：191-193.

② 梁梅. 转型时期地方师范院校办学定位的思考 [J]. 中国大学教学，2010（5）：21-23.

③ 侯小兵. 师范院校办学定位的教师教育特色探析——基于全国 107 所普通本科师范院校“学校简介”的内容分析 [J]. 黑龙江高教研究，2014（5）：12-16.

④ 张秋菊，王忠. 地方师范院校推进转型发展的行动策略 [J]. 黑龙江高教研究，2017（5）：82-85.

第五节　文献评价

一、研究主题

以“地方本科师范院校转型”为主题的研究较少。从研究的热点来看，地方本科院校的转型方向主要集中于教学服务型大学和应用技术大学两个方面。2014年之前，教学服务型大学和应用技术大学的相关研究各有千秋，2014年是发生变化的分水岭，以教育部为主导的应用技术大学转型逐渐成为地方院校转型的方向，相关研究也迅速增加。最终，以官方主导的应用技术大学的办学方向成为大多院校转型的主要方向。

地方师范院校转型的方向主要是基于教师教育的大学化转型和基于院校模式的综合化转型，前者是通过转型解决教师教育的发展问题，后者是通过转型解决院校的整体发展问题，或者两个目的都有。

地方本科师范院校既肩负着为地方培养师资的重任，也肩负着为区域培养应用型人才的重任，其转型的方向有其自身的特点。随着相关政策的出台，大多地方院校开始向应用型转型，但是不是所有的地方院校都适合向应用技术转型，却没有相关研究进行论证。地方本科师范院校转型的方向应该走向何处？转向应用型，还是综合型，抑或二者兼而有之？对地方本科师范院校转型尚缺乏较深入的文献研究。

二、研究视角

组织社会学是研究的主要切入点，但缺少经济学、历史学、人类学等多学科的研究。相关研究多从组织社会学的视角分析高校趋同的原因和机制。对院校组织趋同的研究，主要运用新制度主义理论分析高校趋同的制度根源，把高校作为一个组织，分析高校与政府、高校与社会、高校与高校之间的关系。但新制度主义理论起源于经济学，被应用于政治学、社会学、管理学、历史学、人类学等多学科领域。随着新制度主义理论的发展，单一的学科背景无法揭示复杂的社会现象，运用政治学、经济学、历史学等多学科知识分析组织趋同或变迁过程才能更好地揭示组织转型问题的复杂性，才能更清晰地分析组织变迁的多样性特征。

三、研究方法

案例研究日益受到重视，个案研究和多案例研究是案例研究中采用较多的方法。统计分析法也是案例研究中采用较多的分析方法，但因选取样本没有足够的代表性，其外在效度还有待考量。郭芳芳等使用案例分析法，以山西省 12 所不同类型院校为代表，对案例院校进行了统计分析[①]。王俊、顾拓宇以东、中、西部 15 所院校为代表，对不同类型院校进行了比较分析[②]。案例研究在对院校趋同的研究中发挥了重要作用。

质性研究方法已经得到运用。陈先哲运用访谈法，分别选取综合类大学、省属一般大学和地方新建本科高校三类不同院校，分析了三所案例大学青年教师的学术活动，探讨了质性研究在院校转型研究中的巨大张力[③]。新建本科师范院校组织转型的主要行动者（如校长、职能部门处长、各学院院长等）对院校的转型发展起着至关重要的作用，主要行动者的办学理念、政策规划等直接指引着院校改革发展的方向。对这些行动者进行访谈、观察等是了解其行动偏好的重要工具，而当前却缺少以访谈、观察为主要资料搜集方法的民族志研究。

混合研究法在相关研究中还没有出现。量化研究和质化研究都已经有学者涉足，但两者结合的混合研究法还较少有学者尝试。量化研究以

① 郭芳芳，牛源渊，郎永杰. 新建本科院校趋同发展的新制度主义分析——以山西省 12 所新建本科院校为例 [J]. 复旦教育论坛，2016 (1)：80-86.

② 王俊，顾拓宇. 新建本科院校组织趋同的新制度主义分析——基于东、中、西部 15 所地方院校的统计数据 [J]. 教育研究与实验，2016 (6)：68-73.

③ 陈先哲. 学术锦标赛制下大学青年教师制度认同与行动选择 [M]. 广州：广东人民出版社，2017：1-2.

大样本的统计分析为特点，样本结论的效度有一定的优势，利于大样本的分析，但其存在着微观研究的不足，无法深度分析问题的微观层面。质性研究通过观察、访谈，可深度挖掘微观研究中个体行为的变化过程，但其外在推广度一直备受质疑。如何有效弥补二者的缺陷，是研究方法领域一直亟待破解的难题。混合研究法既运用大样本的统计分析，又使用质性研究的观察、访谈，可有效综合两者的优势。

第三章　历史回溯：中国师范教育组织转型的历史演进

中国高等教育是“后发外生型”的，所谓“后发”，是指发端较晚，晚于西方近几个世纪；所谓“外生”，是指伴随着西方经济、政治、文化的侵略，中国不得不进行教育方面的改革与实践。在民族利益、国家利益的驱使下，中国被迫学习西方，清末到民国时期学习日本，以国家利益为原则，以实利主义、实用主义教育为基本主张。1922 年新学制建立，开始由日本模式转向美国模式，后来学习美国、德国和法国，以学习美国为主。新中国成立后，为了迅速发展经济，学习苏联，以培养工业建设干部和师资为重点，发展专门学院和专科学校，在此基础上建立了大批的地方院校。1950 年，在苏联专家的帮助下，以苏联为样板，新中国开始进行院（系）大调整。其总方针是“以培养工业建设干部和师资为重点，发展专门学院和专科学校，整顿和加强综合大学，逐步地创办函授学校和夜大学，将工农速成中学有计划地改成高等学校”[①]。经过调整，高等学校减少至 201 所，其中综合类大学 21 所，工业学院 43 所，师范学院 33 所，农林院校 28 所，医药卫生院校 32 所，财经院校 13 所，政法学院 3 所[②]。这种以工科教育、师范教育为主导的专门学院模式对于短期内恢复国民经济起到了一定的作用，但破坏了教育的基

① 刘海峰，史静寰. 高等教育史［M］. 北京：高等教育出版社，2010：190-198.

② 华东师范大学干部进修班，华东师范大学教育科学研究所. 中华人民共和国建国以来高等教育重要文献选编（上）［M］.［出版者不详］，1979：48.

本规律，违背了高等教育发展的内在生成过程，不利于高等教育的长期发展，这种弊端在高等教育规模扩大后日益凸显。

中国师范教育是在中华民族救亡图存的背景下产生的。1840 年鸦片战争后，中国从“天朝大国”美梦中跌落下来，华夷观念从此经历了松动—解体—崩溃—最后崩溃的历史裂变过程①。教育救国成了众多有识之士的抱负和志向，中国近代师范教育产生于积贫积弱的清末，是在为了提高国民素质的前提下兴起的。从 1897 年的南洋公学到 1902 年的京师大学堂，这两座学校师范教育的建立，其目的是提高全民教育素质。“中国之衰弱，由教之未善，故欲除旧习，当以立师范学堂为第一要义。”② 当时的教育指导思想是“中学为体、西学为用”，但随着历史的变迁，社会经济文化环境的变化，中国师范教育不同时期经历了不同的教育转变，主要经历了清末师范教育组织的初建期（1897—1911 年）—民国时期师范教育组织的曲折发展（1922—1948 年）—新中国成立后师范教育组织的本土化探索（1949 年至今）的历史演变过程。

本章以组织理论为分析框架，以时间为纵向脉络结构，从组织目标、组织结构、组织制度三个层面梳理我国师范院校组织转型的历史结构和形成过程。

第一节　清末师范教育组织的初步建立

一、组织目标初步确立

鸦片战争后，“救亡图存”“富国强兵”成为国人的呼声。救亡图存首在富国强兵，富国强兵须更法变制。更法变制须人才，人才培养须教育，教育发展须师范学校，学校培养重在教师。因此，培养教师成为核

① 宝成关，田毅鹏. 从“甲午”到“庚子”——论晚清华夷观念的崩溃［M］//刘海峰，史静寰. 高等教育史. 北京：高等教育出版社，2010：164.

② 王维新，陈金林，戴建国. 中国百年师范教育图志［M］. 上海：上海辞书出版社，2009：13-14.

心目标。“中学为体、西学为用”便是在这种背景下提出的，主要见于张之洞的《劝学篇》。《劝学篇》分为内外两篇，内篇从人的思想出发，教人守法、遵循社会秩序等，其目的是从心灵、思想方面开启大众的智力；外篇主张学习西方的政治制度、科学技术等，从而打通中西壁垒，实现中西思想、技术的融通。这一思想成为清末师范教育的主要办学宗旨。这一宗旨是在中国积贫积弱的背景下提出的。

“中学为体”强调遵从传统文化的“忠君、尊孔、尚武”等传统儒家文化思想[①]，以富国强兵为目标，以巩固清末统治阶级政权为最终目的。盛宣怀在开办南洋公学师范院时提出三条建议：一是练兵，二是理财，三是育才。《论盛京卿创设师范学堂之善》论述道：“京卿知中国之不振，则因乎无人才；所以无人才，则因乎不能兴学，所以不能兴学，则因乎师之不得自教。”[②] 故特设师范学堂，以教人为师之道。“西学为用”主要指通过西方先进技术、法律制度的学习实现富国强兵的目标。《南洋公学章程》的办学宗旨是“以通过中国经史大义厚植根柢为基础，以西国政治家、日本法部文部为指归，略仿法国国政学堂之意”。其目的在于立足中国传统文化，运用西方先进法律制度，振兴中华民族，实现救亡图存。

二、组织结构：两级师范学堂的建立

1903 年，张百熙、张之洞等在《学务纲要》中提出，要建立初级师范学堂、优级师范学堂，初级师范学堂培养小学师资，优级师范学堂培养中学师资；各省可设简易师范科、师范传习所，在短期内培养师资力量，实现迅速培养人才的目的。

1904 年，清政府颁布《奏定学堂章程》，重视师范教育是其主要特点。高等教育主要划分为三个阶段：大学院、大学专门分科、大学预备

---

① 刘捷，谢维和．栅栏内外：中国高等师范教育百年省思［M］．北京：北京师范大学出版社，2006：7.

② 王维新，陈金林，戴建国．中国百年师范教育图志［M］．上海：上海辞书出版社，2009：12.

科及各省高等学堂，师范馆即设在最后一个阶段。师范教育体系主要由中等师范教育组织和高等师范教育组织构成。中等师范教育组织主要包括初级师范学堂、初级女子师范学堂、师范传习所等；高等师范教育组织主要包括优级师范学堂和实业教员讲习所等。初级师范以培养小学教师为目标，优级师范主要培养中学教师。截至 1917 年，全国共设师范学堂 541 所，其中优级师范学堂 22 所，初级师范学堂 243 所，传习所 276 所；在校生 36091 人，其中优级师范学堂 4024 人、初级师范学堂 22223 人、传习所 9844 人①。

第一所师范教育机构始建于 1897 年，为盛宣怀在上海设立的南洋公学师范院。南洋公学师范院是南洋公学的一个分支机构。南洋公学主要包括师范院，即师范学堂；外院，即附属小学堂，为师范学堂实验用；中院，即中学堂；上院，即大学堂②。师范院于 1897 年春开设，报名者 70 名，应考者 65 名，实际录取 40 人。

（一）初级师范学堂

1902 年，袁世凯在河北保定创办了直隶师范学堂，即保定师范学堂。袁世凯在《奏办直隶师范学堂暨小学堂折》中写道："育才莫先于兴学，兴学莫重于得师。如师道不讲，学术不免分歧。今各州、县虽筹办学堂，然教习无人，课程无定，名为设学，实为虚应故事。"其时袁世凯正值权势日重之际，奏折报上即准。

行政管理方面，学堂设总办一员，总理学中一切事务，类似于现在的校长一职；总教习一员，总理一切课程，类似于现在的教务长；监督一员，随同总办经理，类似于现在的校长助理一职，主要协助校长办理一些日常工作。

教师职称结构上，设正教习，每两班设置三名；副教习，两班设一

---

① 璩鑫佳，童富勇，张守智. 中国近代教育史资料汇编［M］. 上海：上海教育出版社，2007：639.

② 王维新，陈金林，戴建国. 中国百年师范教育图志［M］. 上海：上海辞书出版社，2009：3.

员；置斋长四员，主要负责监督学生的日常学习、行为举止等；置司事四员，负责杂务工作。

学制设置上，学堂课程设置分设四个阶段：第一个阶段学习年限为半年，半年即可毕业；第二个阶段学习年限为一年；第三个阶段学习年限为两年；第四个阶段学习年限为三年。半年毕业者即可去小学堂充当教习一年，再由各阶段毕业生依次执教，进行为期一年的教学实习。当时全国各省、府、州、县书院大都改为了新式学堂，教师极其短缺，师范生一年的教习经历可以有效弥补各地教师的不足，但最终仍定为三年毕业。

在学生管理上，把全堂学生视为一大队，称其为直隶师范学堂学生队，大队又分为四个中队，每个中队下又分设三个小队，每个小队又分为数个分队，各小队中设学长一名，具体管理每个小队。

（二）优级师范学堂

1902 年，京师大学堂师范馆成立，用于培养高等师范人才，我国高等师范教育从此开始。1907 年，京师大学堂优级师范馆第一期学生毕业，1908 年，第二期学生毕业。出于分科需要，当年 5 月，在张之洞的建议下，京师大学堂优级师范科改名为京师优级师范学堂，在厂甸五城学堂地方改建校舍，奏派陈问咸为监督，这标志着我国独立设置师范教育体系的开始。优级师范学堂以造就初级师范学堂及中学堂之教员、管理员为宗旨。从此我国有了独立设置的培养中学师资和行政人员的机构，我国师范教育不但有了完整的体系，而且有了独立的组织体系[①]。

在管理结构上，优级师范学堂主要采用了“三长三级”的行政组织系统。“三长”分别为斋务长、教务长和庶务长，斋务长主要负责检察、监学及卫生检查等监督性工作，教务长主要负责教学相关工作，庶务长主要负责杂务、会计、文案等工作（详见图 3-1）。

① 璩鑫佳，童富勇，张守智. 中国近代教育史资料汇编［M］. 上海：上海教育出版社，2007：758.

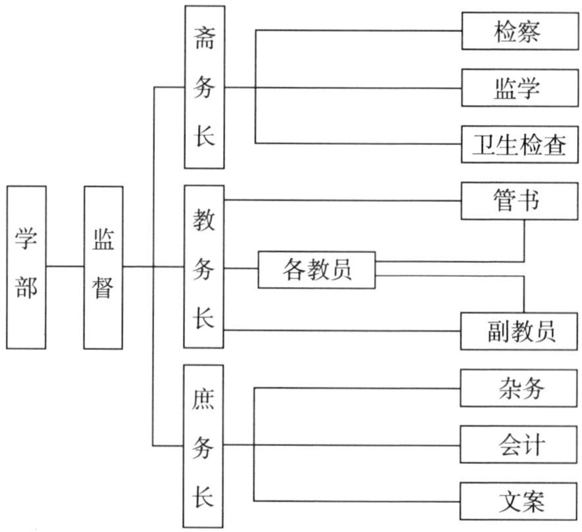

图 3-1　优级师范学堂组织结构

资料来源：璩鑫佳，童富勇，张守智. 中国近代教育史资料汇编［M］. 上海：上海教育出版社，2007：759.

三、组织制度：师范教育制度的初步形成

1903 年，《钦定学堂章程》（壬寅学制）的颁布是清末师范教育制度化的初次尝试。1902 年，张百熙拟定了《钦定学堂章程》，把师范教育分为高等学堂师范学堂和中学堂师范学堂两个层级，两者间并不存在上下级联系。此时的师范教育在壬寅学制中尚没有形成独立完整的体系，还只是依附于高等学堂或中等学堂下的一个二级组织。1903 年，张謇创办通州师范学校，标志着民办师范教育的开始。

《钦定学堂章程》发布不久便被《奏定学堂章程》（癸卯学制）所取代，《奏定学堂章程》的颁布，标志着我国师范教育取得独立地位，为我国师范教育的深入发展奠定了政策基础。1905 年，张之洞、张百熙指出，师范宜速造就也。各省学堂之不多，不在无款无地，而在于缺少教师，应整饬各省，分习速成师范及完全师范。1906 年，清政府实施新政，进一步制定了《优级师范学校选科章程》《女子师范学堂章程》等制度文件。《女子师范学堂章程》的颁布，进一步完善了师范教育

体制。

癸卯学制把学制划分为“三段六级”：第一段初等教育 5 年；第二段中等教育 5 年；第三段高等教育 3～5 年。“六级”指初等小学堂、高等小学堂、中学堂、高等学堂、分科大学和通儒院。初级师范学堂与中等教育平级，优级师范学堂与高等学堂平级。自此，师范教育系统初步形成了初级师范学堂和优级师范学堂二级师范教育体系。

第二节　民国时期高等师范教育的曲折发展

一、延续期：清末师范教育体系的继承与延续（1912—1922 年）

1912 年，中华民国临时政府成立。临时大总统孙中山令教育部通电各省，将初级师范学堂改为师范学校、优级师范学堂改为高等师范学校，师范教育系统得以恢复。沈恩孚在《龙门师范十周年纪念文》中写道：“立国以教育为根本，教育以师范为根本，夫人能言之，顾师范学校之根本又在师范生之前，师范生之范，则非可苟也。”①

这一时期民国刚刚成立，百废待兴，基本以继承和稳定社会为基线，主要沿袭了清末的二级师范教育体系，把初级师范学堂改称为师范学校，把优级师范学堂改名为高等师范学校。1912 年 5 月，教育部令京师优级师范学堂更名为北京高等师范学校，派陈宝泉（1874—1937）为校长。湖南优级师范学堂改迁至岳麓书院旧址，更名为湖南高等师范学校。1913 年，湖北武昌方言学校更名为武昌高等师范学校。

1912 年的《师范教育令》对高等师范教育的培养目标进行了规定：“高等师范学校以造就中学校、师范学校教员为目的，女子师范学校以造就女子中学校、女子师范学校教员为目的。”

《师范教育令》的颁布，明确了师范教育的目标，规定了各级各类

① 璩鑫佳，童富勇，张守智. 中国近代教育史资料汇编［M］. 上海：上海教育出版社，2007：788.

师范教育的办学方向。《普通教育暂行办法》进一步界定了中等师范教育和高等师范教育二级师范教育层次。1913 年公布的《高等师范学校规程》对学生的入学门槛作了进一步明确，高等师范学校分别设置公共科、分类科、加习科（加习科分为预科、本科和研究科）。预科生须在师范学校或中等学校毕业，本科则由预科生中转入，研究科由本科生中选取，这样进一步明确了师范教育的层次结构。至 1915 年，全国共有师范学校 141 所，在校生 21137 人，其中高等师范学校 10 所，在校生 1917 人；师范毕业生 3462 人，其中高师毕业生 719 人①。

1913 年 6 月，时任教育总长的源濂（1877—1928）将全国划分为六大师范区，以省为单位，将相近的省进行合并管理，归教育部统属，主要包括直隶区、东三省区、湖北区、四川区、广东区、江苏区六大片区。直隶区包括直隶、察哈尔、热河、绥远、山东、山西、河南等；东三省区包括奉天、吉林、黑龙江三省；湖北区包括湖北、湖南、江西等中南省份；四川区包括四川、陕西、甘肃、云南等省；广东区包括广东、广西、福建、贵州等省份；江苏区包括江苏、浙江、安徽等。内蒙古、青海、西藏等另行组织。

六大师范区每区设置一所高等师范学校，即北京高等师范学校、沈阳高等师范学校、武昌高等师范学校、四川高等师范学校、广东高等师范学校、南京高等师范学校。

以省为单位划分六大师范区在一定程度上缓解了中央师范教育的压力，有利于疏通地方师范与中央之间的联系，推动了全国师范教育的蓬勃发展。不仅可以为当地中学培养优秀的师资，也为地方教育行政机关提供教育咨询、指导等，是师范教育结构调整的一大创举。

二、争议期：学习美国模式的因果悖反（1922—1937 年）

美国模式是在学习德国的基础上加以本土化改造逐渐形成的。1919

① 璩鑫佳，童富勇，张守智．中国近代教育史资料汇编［M］．上海：上海教育出版社，2007：911-914.

年，实用主义教育家杜威来中国作教育演说。1921 年，美国教育家孟禄来华作教育情况调查。两个美国教育家的教育思想对中国新学制的制定产生了重要影响。这一时期有人质疑：高师毕业生是否比普通大学毕业生教书更好？师范真能教会学生怎样教书吗？对师范生的质疑声不绝于耳。通过综合类大学培养师范生，取代专门的师范院校培养师范生的模式（即美国模式）成为这一时期的主要思想，进而推动了“高师改大”（高等师范改为大学）运动。

为了进一步提高师范教育水平，整顿大学办学质量参差不齐的现象，尤其是专科学校设置泛滥问题，1922 年《学校系统改革案》规定，高等师范学校应提高办学水平，接受高级中学毕业生，设立师范大学或综合大学师范学院，一场轰轰烈烈的高等师范改为大学的运动拉开了帷幕。师范学校修业年限改为六年，高级中学设师范科，旧制五年毕业之师范学校逐渐改组，依照新制办理，亦设一、二、三年师范学校，以补充初级小学教员的不足（详见图 3-2）。这一时期，很多独立设置的师范院校相继合并或改为综合大学，如南京高等师范学校并入东南大学、广州高等师范学校改为国立广东大学、沈阳高等师范学校改为东北大学等。

“高师改大”运动，并没有达到提高师范教育的预期目标，反而破坏了独立封闭的师范教育体系，师范生的培养质量大幅下降。1930 年，中等学校教师中，师范生仅占 4.39%，高等师范毕业生仅占 11.42%，而大学毕业生则占到 24.83%，80%以上的中等学校教师没有接受过正规的师范教育。1937 年，全国中等学校学生数已经达到 4 万余人，而真正接受过师范教育的师资不足 1/3。

三、复兴期：战时师范教育体系的重塑（1938—1949 年）

这一时期正值抗日战争时期，师范教育在颠沛流离中艰难前行。“救亡图存”是这一时期的主旋律，教育亦然。

1938 年 4 月，《战时各级教育实施方案纲要》建立师范教育制度，强调“教育乃立国之本，整个国力构成依赖于教育，战时亦然”，并颁布了详细的《师范学院规程》，对高师教育的培养目标、入学资格和学

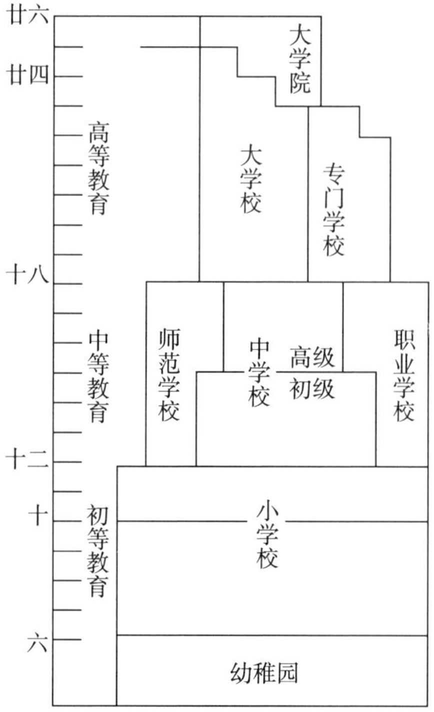

图 3-2　1922 年学制中的师范教育系统

资料来源：璩鑫佳，童富勇，张守智. 中国近代教育史资料汇编［M］. 上海：上海教育出版社，2007：898.

业年限等方面进行了详细的规定，提出“师范学院以养成中等学校之健全师资为目的”[①]，规定师范学院可单独设置，也可设置于大学内，可分男女两部，也可设女子师范学院。师范学院除招收本科生和体育、音乐、劳作、美术、家政等科学生外，还附设第二部、初级部、职业师资科等辅助师资训练，从而使办学形式更加丰富多样。

廖世承[②]认为，师范学院的使命就是要树立共同的普遍的教育信

① 李友芝. 中国近现代教育史资料（第二册）［M］. 北京：人民教育出版社，1983：545.

② 廖世承是中国近代心理学家、教育家，先后任教于上海第一师范学院、上海师范学院等学校。

念，培养师范生的同情与纯爱，重视专业和专业训练，为国储才[①]。

“高师改大”运动并没有达到预期效果，反而进一步削弱了师范教育系统。抗日战争爆发后，师范生的缺乏进一步凸显。1938 年，《战时各级教育实施方案纲要》提出建立师范学院制度。7 月，国民参政会第一届集会通过《各级教育实施方案》，提出把全国划分为若干区，每区设立师范学院的构想。

截至 1947 年，全国共有国立、省立师范学院 11 所；大学师范学院 4 所；国立、省立教育学院 3 所；大学及独立学院教育系 28 所；师范专科学校 13 所。到此，初步形成了以师范学院、教育学院、师范专科学校、师范专修科为主导的师范教育体系。1938—1945 年间，全国师范教育机构从 312 所增至 770 所，在校学生数从 56679 人增至 202163 人，师范毕业生从 11200 人增至 28163 人[②]。

第三节 新中国成立后高等师范教育的本土化探索

一、调整和恢复期：独立设置的师范教育体系（1949—1996 年）

新中国成立后，为了尽快建立新的高等师范教育体系，1950 年，教育部颁发了第一个高等师范教育的法令——《北京师范大学暂行规程》，明确规定了师范教育的首要目标是培养中等学校师资（包括普通中学教师、师范学校教师、文化教员等），其次是培养和训练教育行政干部和社会教育干部。1950 年，在苏联专家的帮助下，以苏联为样板，新中国开始进行院系大调整。其总方针是“以培养工业建设干部和师资为重点，发展专门学院和专科学校，增加工科和师范比重，取消学院建制，改为校系两级管理结构”[③]。

① 刘捷，谢维和. 栅栏内外：中国高等师范教育百年省思［M］. 北京：北京师范大学出版社，2006：107.

② 中华民国教育部. 第二次中国教育年鉴［M］. 北京：商务印书馆，1948：915-917.

③ 刘海峰，史静寰. 高等教育史［M］. 北京：高等教育出版社，2010：190-198.

1951 年 8 月，教育部召开第一次全国师范教育会议，要求师范教育与短期培训相结合，一方面培养正规的师范生；另一方面加强短期培训，补充正规师资的不足。同年 10 月，《关于改革学制的决定》以法定的形式把各类师范院校的学制确定下来。1953 年，教育部召开第二次全国师范教育会议，提出高等师范教育必须以满足中等师资要求为基础，各地区要扩大和发展高等师范学校，还要为建立新的师范学校做准备。

经过两次会议的讨论，确定了高师院校设置的原则：第一，各大区至少设一所师范学院，各省和大城市原则上设一所师范专科学校，条件允许的，可独立设置师范学院；第二，现有大学中的教育学院应逐渐走向独立设置，并相应增加基础学科（文、理科）；第三，根据地方需要，可依据现有条件，以文理学院为基础，成立独立的师范学院；第四，师范学院教育系的主要任务是为师范院校培养教育学、心理学师资。

新中国成立初期，高等师范院校的设置较为庞杂、混乱。1951 年，全国高师院校仅有 29 所，其中独立设置的为 17 所，综合大学师范学院占 12 所，全国高等师范院校毕业生仅为 1349 人①。经过结构调整后，师范院校整体结构发生了很大变化 ，到 1952 年底，独立设置的师范学院已经达到 21 所，设置在普通大学内的师范学院、教育学院、文教学院由 13 所减少至 8 所，普通大学内设置的教育系由 30 个减少至 1 个，而师范专科学校则由 1 所增加至 16 所（详见表 3-1）②。自此，师范教育系统进入了多形式、多层次、系统化的轨道，为我国后期师范教育的蓬勃发展奠定了良好的基础。

1953 年 10 月，全国共有独立设置的高等师范学校 31 所，其中师范学院（含师范大学）26 所，师范专科学校 5 所③。

---

① 李琦. 建国初期全国高等学校院系调整述评 [J]. 党的文献，2002 (6)：71-77.

② 王维新，陈金林，戴建国. 中国百年师范教育图志 [M]. 上海：上海辞书出版社，2009：75-81.

③ 中央教育科学研究所. 中华人民共和国大事记 (1949—1982) [M]. 北京：教育科学出版社，1984：90-91.

表 3-1　高等师范学校变化情况（1950—1952 年）

学校类型	学校（系）数	
	1950 年	1952 年
独立设置的师范学院	15	21
大学内的师范学院、教育学院、文教学院	13	8
大学内的教育系	30	1
师范专科学校	1	16
总计	59	46

资料来源：刘英杰．中国教育大事典（1949—1990）［M］．杭州：浙江教育出版社，1993：800.

我国 20 世纪 50 年代以院校调整为主要方式的教育改革，对师范教育的恢复和发展起到了推动作用。这次改革主要借鉴苏联教育模式，以专业教育为核心，重点发展专业院校和师范院校，在一定程度上促进了师范教育的迅速发展，使我国高等师范教育得到了空前的加强，从而形成了一套独立设置、定向培养、封闭管理的师范教育体系，为新中国的发展培养了大批专门人才。这种以工科教育、师范教育为主导的专门学院模式对于短期内恢复国民经济虽起到一定的作用，但破坏了教育的基本规律，尤其对综合类大学的建设产生了极大的破坏作用，违背了高等教育发展的内在生成过程，不利于高等教育的长期发展。

我国幅员辽阔，区域经济结构并不均衡，在当时条件下，各地师资培养结构并不均衡。从当时区域师资需求情况来看，除整体对师资需求较迫切外，老区师资短缺情况尤为严重，东北地区由于师资的缺乏中学已经无法运行，华北地区也遭遇同样的情况，按当时情况预算，全国 5 年内须增加中等师资 13 万人。

鉴于上述情况，中国借鉴苏联经验，确定在每一行政大区至少设置 1 所师范学院，以培养高级中等学校师资；各省和大城市设置 1 所师范专科学校，由省、市、教育厅直接领导，以培养初级中等学校师资（详见表 3-2 ）。

表 3-2　高等师范学校区域布局结构（1950—1952 年）

地区	各区域学校数							
	华北	东北	华东	中南	西南	西北	内蒙古	合计
1950 年	4	2	6	8	7	2	0	29
1952 年	9	10	9	7	7	2	1	45

资料来源：王维新，陈金林，戴建国．中国百年师范教育图志［M］．上海：上海辞书出版社，2009：145．

1949—1953 年间，我国主要学习苏联专业设置模式。而在本土化过程中，渐渐发现一些专业设置的水土不服问题。1952 年 7 月，教育部颁布《关于高等师范学校的规定》，对专业设置进行了调整，增加了一些中学教学需要的内容。到 1957 年，高等师范学校专业设置相对完备，全国 58 所高等师范学校中，设置专业 21 种，专业布点数达 485 个，其中本科专业 248 个，专科专业 237 个（详见表 3-3）。

表 3-3　高等师范学校专业结构（1957 年）

专业名称	专业点		
	本科	专科	合计
合计	248	237	485
中国语言和文学	29	32	61
中国少数民族语文	1	2	3
俄语	16	7	23
英语	11	2	13
历史学	27	25	52
政治教育	8	7	15
学校教育	4	—	4
学前教育	4	—	4
教育学	9	—	9
数学	31	33	64
物理学	25	26	51

续表

专业名称	专业点		
	本科	专科	合计
化学	28	25	53
生物学	19	27	46
地理学	17	19	36
体育	4	14	18
音乐	6	7	13
美术	5	8	13
图画制图	4	—	4
历史政治	—	1	1
数理	—	1	1
生化	—	1	1

资料来源：刘英杰．中国教育大事典（1949—1990）［M］．杭州：浙江教育出版社，1993：832.

1977年，“文化大革命”结束后，恢复师范教育成为当务之急。邓小平说：“师范大学要办好，省、市管的师范学校，教育部要经常派人去检查。不办好师范教育，教师就没有来源。”[①] 1978年10月，教育部颁布的《关于加强和发展师范教育的意见》提出，要大力办好师范教育，建立一支又红又专的教师队伍。1978年，全国共有高等师范院校157所，在校生达249940人。

1985年5月，《中共中央关于教育体制改革的决定》提出，建立一支数量充裕、合格稳定的师资队伍是实施义务教育的基础，是提高基础教育水平的根本大计。1986年4月，义务教育法再次强调发展师范教育，加速师资培养培训。1993年教师法要求各级政府办好师范教育，并采取措施，鼓励优秀青年从教。1996年，全国第五次师范会议提出，

① 中共中央文献研究室．邓小平论教育［M］．北京：人民教育出版社，1995：55.

必须把师范教育作为教育发展的战略举措，适度超前、优先发展。1987年，全国高等师范学校达260所，在校生人数达507963人，创历史新高[①]。

自院系调整至20世纪90年代，我国对师范教育的重视没有缩减，虽经历“文革”动荡，但独立设置师范教育体系一直延续，重视和加强师范教育一直是这一时期的主流。

二、巩固和模仿期：以提升质量为目标的综合化转型(1999—2015年)

随着市场经济改革的不断深入，市场对人才的需求日益变得多样化，师范院校封闭单一的人才培养模式越来越暴露其弊端。在1998年金融危机的冲击下，大学生就业困难日益凸显。同时，社会对教师培养质量、教师学术水平的要求日益提高，综合类大学参与教师教育的呼声也日益高涨。在这一背景下，如何改革现有师范教育的办学模式，成为新时期师范教育发展的重要问题。

早在1980年前后，在第四次全国师范教育工作会议上，就有会议代表主张把重点师范大学与综合类大学打通，将二者结合起来，打破师范的条条框框，鼓励综合类大学参与师范教育，提高师范教育水平。

长期封闭的师范院校主导下的教师教育模式，束缚了师范生的创新能力和学术水平，教师教育质量难以得到更深层次的提升。鼓励高水平综合类大学参与教师教育，既是为了进一步提高教师教育质量，也是为了提高师范生学术水平，使师范毕业生不仅具有专业化水平，也成为具备研究能力的研究型教师。独立设置的师范教育体系着眼于培养具有扎实的教育专业知识、技能与素养的师资，学生专业思想较为巩固，实践能力强，但学科专业课程较为单一，知识面窄，学科间交叉融合力不足，难以培养出学术水平较高的师资。教师学术水平难以提高是独立师范教育体系难以突破的障碍。

---

① 刘英杰．中国教育大事典（1949—1990）［M］．杭州：浙江教育出版社，1993：800.

随着我国市场经济的进一步发展，师范院校靠优惠政策生存挫败了师范院校办学的积极性。为了进一步提高师范院校的造血功能，鼓励非师范大学参与教师教育已成为新时期要求，同时，师范院校开办非师范专业，向综合类院校转型也是提高教师教育学术水平的重要途径。

随着学历水平的整体提高，小学教师开始走向专科化，中等师范院校培养的师资，其学历越来越无法满足新时期的要求，取消中等师范院校或中等师范院校，将其升格为高等专科学校成为时代发展的方向。

1999 年，国务院出台《关于深化教育改革全面推进素质教育的决定》，提出“鼓励综合性院校和非师范类院校参与培养培训中小学师资，探索综合性的高校试办师范学院”。综合类大学参与教师教育，其目的是借助综合类大学多学科背景，在更高平台上培养高素质教师，即培养具有一定学术水平的教师，培养“作为研究者的教师、作为专家的教师、作为学者的教师”①。

这一政策目的有两个：其一是向更高层次发展，即引导高水平大学参与教师教育，不仅培养本科、专科层次的教师，还要培养具有研究生学历的教师；其二是向开放型发展，即不仅在师范院校培养，还要在非师范院校培养，如综合类大学开办教育学院。不仅综合类大学，工科大学、农科大学都可以培养中小学教师。开放型师范教育还有另外一层目标，即鼓励师范院校参与非师范教育，设置非师范专业，从而实现学科间的交叉融合，更好地服务于教师教育。

在这一政策的引导下，师范院校一方面要面临综合类院校教育学院的竞争；另一方面，也要面临着自身转型的竞争。为了适应政策强制需要、社会发展的市场需求、院校自身发展的转型现实，很多地方师范院校开始尝试非师范教育的改革，开始开设一些管理学、经济学、工学类相关专业，以吸引更多的生源，获得更多的办学经费。曹丽君对河南 5 所地方师范院校的研究发现，淡化师范特色，强化综合化，是师范院校

① 陈克现. 地方高师院校教师教育模式的转型研究［D］. 武汉：中南民族大学，2010：21.

转型定位的共同特征[①]。郭芳芳等在对山西地方本科院校的研究中发现，师范院校设置非师范专业的比例高达61%[②]。2002年，共有475所高校招收师范专业本专科学生，这其中非师范院校就达到258所，占院校总数的一半以上[③]。可以看出，自20世纪90年代末开始，综合类大学通过教育学院办师范专业、师范院校通过综合化办学提高师范生的培养水平是院校综合化的两大特点。

师范院校综合化主要源于两大压力：一是综合类大学办师范，使师范院校的生存空间被挤压；二是高等教育大众化。1999年，高等教育扩招政策出台后，几乎所有的高校都进行了规模扩招，地方师范院校为了生存的需要，也进行了规模扩招。但师范专业的吸引力远不如经济学、管理学、工学等相关专业，为了吸引更多的生源，师范院校通过开设非师范专业走上了扩张之路。非师范专业的开设使师范院校最终走向了综合化。为了生存的需要，师范院校开设非师范专业是可以理解的。但师范院校办学实力有限，过度开设非师范专业，使师范院校无力应付庞大的专业体系，庞大的非师范专业体系使师范院校常常陷入办学经费危机，最终师范专业逐渐被边缘化，甚至消失。

我国师范教育综合化经过十几年的发展，其组织结构发生了很大变化，使我国师范教育系统从原来的“中师—师专—师院”（旧三级）迈向了“师专—师院—师大（综合大学）”（新三级）师范教育体系。中师教育被彻底摒弃。

到2002年，我国具有师范生招生资格的师范、非师范院校475所，其中非师范院校258所，占总数的50%以上。

---

① 曹丽君．地方师范院校的办学定位研究——以河南五所升格后的师范院校为例［D］．沈阳：辽宁师范大学，2014：9-24．

② 郭芳芳，牛源渊，郎永杰．新建本科院校趋同发展的新制度主义分析——以山西省12所新建本科院校为例［J］．复旦教育论坛，2016（1）：80-86．

③ 张勇军．地方师范院校综合化发展研究［M］．合肥：中国科学技术大学出版社，2017：38-41．

三、本土化探索期：以卓越乡村教师培养为主要切入点（2015年至今）

非师范大学与师范大学共同开设师范教育，综合类大学参与教师教育的积极性并不高，大多综合类大学开办教育学院，主要用于教育学学科建设和教育研究，几乎没有综合类大学开设本科层次的师范教育，如厦门大学教育研究院、华中科技大学教育研究院都是以研究生为起点的人才培养模式，并不是针对基础教育培养中小学教师的人才培养模式①。

这就使得以提高教师学术水平为目的的初衷难以实现，师范院校还失去了提前招生的资格。为了实现综合化转型，很多地方师范院校都开设了非师范专业，且非师范专业超过了师范专业的比重②。1996年，并轨的招生政策对师范生的生源质量造成了一定的冲击，挫伤了一些家庭困难而又愿意从教的优秀学子的积极性。师范教育弱化对整体师范教育系统造成了很大的影响，从而出现教师地位不高、师范生培养质量下降等情况。农村优秀生源流向城市、农村教师“向城性”使农村义务教育雪上加霜。王艳玲、李慧勤对云南省30个县10356位乡村教师的调查发现，80%的乡村教师有流动意愿，“向城性”是乡村教师流失的主要原因，其中45%左右的乡村教师希望流向县级以上城市，5.9%左右的乡村教师希望流向副省级以上城市③。汪婷玲、殷丽华、王艳玲对云南省师宗县623位教师流动意愿的调查发现，近80%的教师有调动或辞职的想法，仅有19.8%的乡村教师没有考虑过调动④。有学者对秦巴山

① 周彬. 教师教育变革40年：历程、经验与挑战［J］. 教师教育研究，2019，31（2）：3.

② 王俊，顾拓宇. 新建本科师范院校组织转型探究——基于61所院校统计数据的分析［J］. 现代大学教育，2019（5）：71-78.

③ 王艳玲，李慧勤. 乡村教师流动及流失意愿的实证分析——基于云南省的调查［J］. 华东师范大学学报（教育科学版），2017（3）：134-141.

④ 汪婷玲，殷丽华，王艳玲. 乡村教师流动及流失意愿的调查分析——基于云南省师宗县623位教师的调查［J］. 曲靖师范学院学报，2017（5）：80.

区和滇桂黔石漠化区西部院校5166名有从教意愿的师范生进行抽样调查，发现仅有12.8%的师范生愿意到乡村任教3年以上[①]。在师范生的培养上，当前地方师范院校存在过度重视知识能力，忽视恋乡情怀，重视基础教育的普适性，忽视乡村教育的特殊性，重视教师教育理论研究，忽视乡村教师培养实践经验的推广[②]的问题。

2015年，《乡村教师支持计划（2015—2020年）》把乡村教师发展放在优先的位置，以切实提高乡村教师质量。地方师范院校与中小学开始探索联合培养基础教育师资模式，出现了地方师范院校（university）与中小学（school）合作的US模式、地方师范院校（university）与政府（government）及中小学（school）合作的（UGS）模式。

2017年，教育部明确提出，“十三五”期间，现有师范院校不许更名、不“脱帽”，要聚焦师范专业。这就制止了很多师范院校盲目向理工类、工科类院校转型。同年，教育部出台《普通高等学校师范专业认证办法》，进一步规范了教师教育的评价机制，通过资源配置来提高师范教育的办学质量。

2018年1月，《全面深化教师队伍建设改革的意见》明确提出，要大力振兴教师教育，不断提升教师专业素质和能力。与此同时，《教师教育振兴计划（2018—2022年）》对我国教师教育发展作出了具体部署，提出了教师教育发展的五大任务、十大行动，并把师德教育放在首位。

相关政策的出台，为重新振兴教师教育指明了方向，明确了把师范教育放在优先发展的位置。探索适合中国本土发展的师范教育体系成为新时期师范教育的重要目标。新的历史节点，师范教育该走向何方、如何保证师范教育的质量仍是未来需要研究的课题。

---

① 陈祥梅．西部院校师范生乡村从教意愿影响因素调查研究［D］．北京：首都经济贸易大学，2018：18.

② 于海洪，王殿东．大数据时代地方师范院校培养乡村教师的供给侧改革［J］．大学教育科学，2017（2）：63.

第四章　现实探源：地方本科师范院校组织转型的现状、困境及原因

——基于 112 所样本高校的分析

通过对师范院校组织转型的历史考察，笔者发现，我国师范院校组织变迁的过程既有历史继承的痕迹，也有学习西方的外化过程。全球化与本土化交织发展是我国师范院校组织转型的主要特点。

地方师范院校作为高等教育的重要组成部分，承担着教师教育的主要任务。在不同历史时期，地方师范院校面临着不同的政治、经济及社会文化背景，不可避免地会发生适应经济社会发展的转型变革。截至 2019 年，我国地方本科师范院校有 112 所，这些地方师范院校的组织目标、组织结构有什么特征？作为教育组织，它们是如何在经济社会转型背景下进行组织转型的？本章以 112 所院校为样本，通过实证分析，从现实的视角，重点探讨地方本科师范院校组织转型的现状、困境及原因。

第一节　研究对象和方法

一、研究对象

本研究以 112 所地方本科师范院校为样本对象。地方本科师范院校主要指除 9 所“双一流”师范大学外的所有以师范命名的本科院校，主

要包括39所地方师范大学，73所地方师范学院。其中东部院校34所，中部院校38所，西部院校40所。样本对象不包括以师范命名的独立学院，如山西师范大学现代文理学院、江西师范大学科学技术学院、内蒙古科技大学包头师范学院等，也不包括以非师范命名的仍有教育学院和教师教育专业的综合院校，如保定学院、河池学院、石家庄学院等。

在测量变量上，主要从组织目标定位、组织结构布局和学科专业设置三个方面进行分析。组织目标定位主要包括人才培养定位、办学水平定位、服务面向定位三个方面。组织结构布局主要包括领导体制、办学体制、投资体制和学术组织四个方面。学科专业设置主要包括学科结构和专业结构两个方面。样本数据主要以样本院校《2019年本科教学质量报告》为基础数据，辅以各样本院校官方网站专业设置情况（数据截至2019年12月），并对有疑问、不清晰之处通过电话咨询、资料查询等进一步核实，以实现数据之间的三角互证。本研究选取有效样本112个，为地方本科师范院校全部样本，占样本总量的100%，能完全反映样本的真实情况（详见表4-1）。

表4-1　研究对象

	东部	中部	西部	合计
师范大学	14	12	13	39
师范学院	20	26	27	73
合计	34	38	40	112

二、研究方法

本研究选择的样本对象为112所地方本科师范院校，选择了全部样本数据，有效样本覆盖率100%。有的样本数据来自教育部高等教育教学评估中心发布的“教学质量报告（2018—2019年）”，信息采集方法科学、标准一致、数据真实客观，能真实反映各院校转型的实际情况。

本研究主要运用统计分析法对112所地方本科师范院校进行分类统计，统计指标主要采用绝对数、相对数（红牌率、趋同率、构成比）等常用统计量，反映某一研究对象（如趋同专业、红牌专业[①]）发生的频率或内部构成结构等。各统计量计算公式为：趋同率＝趋同专业数/样本总数；红牌率＝红牌年次/总年次；构成比＝频数/总频数（样本统计中，由于院校办学定位会出现交叉现象，各项构成比总和会出现大于100％的情况）。

第二节 地方本科师范院校组织转型的现状

一、组织目标定位

（一）人才培养定位

人才培养定位就是把受教育者培养成什么样的人。在师范与应用的关系问题上相对取得了较一致的看法，即教师教育也属于应用型（详见表 4-2）。

表 4-2 人才培养定位

定位类型	师范大学		师范学院		合计	
	频数	构成比（％）	频数	构成比（％）	频数	构成比（％）
立德树人	12	30.77	11	15.07	23	20.54
创新精神	21	53.85	21	28.77	42	37.50
实践能力	10	25.64	25	34.25	35	31.25
应用型人才	16	41.03	65	89.04	81	72.32
教师教育	14	35.90	26	35.62	40	35.71

构成比合计＝总频数/学校总数（112）；其中师范学院构成比＝频数/师范学院数（73），师范大学构成比＝频数/师范大学数（39）

应用型人才培养定位较为一致。70％以上的样本院校都定位于应用型人才培养，其中师范学院接近 90％，师范大学也达到 40％以上，

① 红牌专业指失业率较高，就业率、薪资和就业综合满意度较低的专业。

如闽南师范大学致力于培养德、智、体、美、劳全面发展，具有社会责任感和创新创业精神，实践能力强的应用型专门人才。淮阴师范学院致力于培养富有社会责任感、创新精神和实践能力强的高素质应用型人才。

创新精神和实践能力开始受到重视。在创新创业政策引导下，应用型转型基本形成共识的背景下，提高学生创新创业和实践能力成为地方师范院校新的办学思想和目标定位。30%以上的样本院校都开始提出了创新精神和实践能力培养的办学定位，其中师范大学更注重创新精神的培养，而师范学院则偏向于实践能力的培养。

“立德树人”是新时期人才培养的重要方向。坚持社会主义办学方向，培养具有爱国主义和教育家情怀的社会主义新人、把受教育者培养成社会主义的建设者和接班人是新时期师范院校的主要人才培养定位。如广西师范大学把立德树人作为根本任务，着力培养信念执着、品德优良、具有创新精神和创新能力的高级专门人才。河南师范大学注重培养具有爱国情怀、社会责任感、国际视野、创新创业能力、适应时代发展的高素质人才。信阳师范学院、广东技术师范学院、淮阴师范学院等也都把立德树人作为人才培养的主要定位和任务。

教师教育功能仍是师范院校的主要抓手。数据显示，教师教育定位占35%左右，处于较为稳定的状态，师范院校既没有过度重视师范教育的举措，也没有淡化师范教育的转向。

（二）办学水平定位

理性、实际、多样化。建设高水平地方院校是地方本科师范院校主要办学目标，但在具体定位上显示出多样化的特征。如湖州师范学院立足于湖州这一特定区域，定位为国内有一定影响、一定水平、一定地位的师范大学。南京晓庄学院立足于教师教育优势和应用型专业现状，定位为教师教育特色鲜明的地方高水平应用型大学。宁夏师范学院立足西部区域和教师教育特色，定位于教师教育特色鲜明、西部地区知名的教学型师范大学。

注重办学质量。60%以上的样本院校都把“高水平大学”作为新时期的办学定位，而新时期的“高水平”更加实际和恰当，不再盲目求高、求全、求大，而是在立足办学实际的基础上提出“高水平”。新时期提出的“高水平”是以现有办学基础为基点，目的在于提高办学水平定位。如内蒙古师范大学鉴于综合化办学的现状和师范特色，定位于特色鲜明的创新型高水平综合类师范大学。信阳师范学院力图把学校建设成为位于省内高校前列、在全国高校中有较大影响、特色鲜明的高水平师范大学。在区域上立足省内，在特色上突出“师范”，显然是切实可行的。

部分师范院校仍主要坚守师范特色，但综合性、应用型的追求无法回避。师范大学和师范学院都相对注重把学校建成师范大学，但整体比重不超过30%（详见表4-3）。也就是说，仍有一大部分师范院校并没有把师范大学作为自己的办学目标，一些师范院校坚持教师教育特色，但并不意味着要建设一流师范大学，也有可能把综合类大学、应用型大学作为办学的发展目标。部分院校办学定位既有师范又有综合或应用的色彩，多种目标定位混杂在一起。如山东师范大学发展目标为“国内一流综合类师范大学”，既有综合性，又有师范性。青海师范大学发展目标为高水平、现代化的应用型综合类大学。黄冈师范学院发展目标为特色鲜明的高水平综合类、应用型大学，两所学校既有应用性，又有综合性。

表4-3　办学水平定位

定位类型	师范大学		师范学院		合计	
	频数	构成比（%）	频数	构成比（%）	频数	构成比（%）
师范类大学	17	43.59	24	32.88	41	36.61
应用型大学	6	15.38	11	15.07	17	15.18
综合类大学	10	25.64	11	15.07	21	18.75
高水平大学	30	76.92	40	54.79	70	62.50

构成比合计＝总频数/学校总数（112）；其中师范学院构成比＝频数/师范学院数（73），师范大学构成比＝频数/师范大学数（39）

（三）服务面向定位

服务面向定位主要指地方师范院校服务的对象范围，如服务于所在区域、所在省份等。有些地方本科师范院校服务于所在省份，有些地方本科师范院校服务于所在行业。不同院校会根据自己的特点选择不同的服务面向。

所在地级市是大多师范学院的服务面向。近40%的师范学院以服务所在地级市为主。杭州师范大学定位于立足杭州、服务浙江、面向全国。除杭州师范大学外，其他地方师范大学都超出了所在地级市这一行政范畴。

所在省（区）乃至全国是大多样本院校的服务面向。师范大学中有40%以上、师范学院中有60%以上都以所在省（区）为主要服务面向。如江西师范大学立足江西、辐射全国、面向世界。江苏师范大学立足江苏、融入区域、服务全国。乐山师范学院提出立足四川、面向西部、辐射全国。宁夏师范学院定位于立足宁夏、面向西部、辐射周边。合肥师范学院定位于立足安徽、面向全国。

社会和行业是新时期部分样本院校的主要服务面向。部分样本院校增加了服务所在行业和基础教育的内容。如浙江师范大学以服务浙江教师教育、服务区域经济社会发展为主要服务面向。安徽师范大学提出服务基础教育及其他经济社会发展。宁夏师范学院定位于服务基础教育、服务区域经济社会。齐鲁师范学院提出坚持产教融合、校企合作、为基础教育和经济社会发展服务（详见表4-4）。

表4-4　服务面向定位

定位类型	师范大学		师范学院		合计	
	频数	构成比（%）	频数	构成比（%）	频数	构成比（%）
所在地级市	1	2.56	29	39.73	30	26.79
所在省（区）	17	43.59	46	63.01	63	56.25
面向全国	19	48.72	42	57.53	61	54.46
区域经济社会	9	23.08	14	19.18	23	20.54
教师行业	8	20.51	15	20.55	23	20.54

构成比合计＝总频数/学校总数（112）；其中师范学院构成比＝频数/师范学院数（73），师范大学构成比＝频数/师范大学数（39）

二、组织结构布局

组织结构是描述组织的框架体系，它反映了特定组织内部的部门组合及其相互间的责任权力关系①。本研究主要把组织结构分解为领导体制、办学体制、投资体制和学术组织四部分。学术组织结构主要对当前流行的直线职能式组织结构进行探讨，矩阵式、委员会式等组织结构不在本研究的范围。

（一）领导体制

领导体制是学校管理体制的重要组成部分。高校领导体制主要分为两种：一是集体领导制度，即委员会制度，主要指领导层对重大问题集体讨论决定。另一种是校长负责制，校长对决策负责是其主要原则。我国公办高校主要推行党委领导下的校长分工负责制。样本统计的 112 所院校中，其领导体制全部为党委领导下的校长分工负责制，趋同率为 100%。而校长负责制、董事会制等领导体制在新建本科师范院校中没有相关样本（详见表 4-5）。

表 4-5　领导体制及构成比例

领导体制	院校个数	构成比（%）
党委领导下的校长分工负责制	112	100
校长负责制	0	0
董事会制	0	0

构成比＝院校个数/学校总数（112）

（二）办学体制

办学体制指高等院校由谁来办，反映了办学主体的构成，主要指宏观上高等学校的举办主体和行政管理的隶属关系。按办学主体不同进行划分，目前高校主要划分为公立高等学校、民办高等学校和公立民办二元制高等学校。按行政管理隶属关系，高校可分为教育部直属高校、省

① 王孙禺．高等教育组织与管理［M］．北京：高等教育出版社，2008：110．

级政府所属高校和地市级政府所属高校。样本统计的 112 所院校全部为公办院校，没有一所院校为民间兴办，也没有一所院校实行公办、民办结合的二元制办学体制。可以看出，新建本科师范院校办学体制相对单一，且民间对师范院校投资办学的积极性不高（详见表 4-6）。

表 4-6　办学体制及构成比例

办学体制	院校个数	构成比（%）
公办	112	100
民办	0	0
二元制	0	0

构成比＝院校个数/学校总数（112）

（三）投资体制

投资体制主要指从何处、以何种方式获得教育经费，并且合理有效地配置教育经费。合理的教育资源配置是院校教学有效开展的重要保障，教育投资体制反映了教育投入的状况，反映了大学在国家发展战略中的地位。世界各国的教育经费来源一般由三部分构成：国家投入、民间投入和个人投入。国家投入依然是我国新建本科师范院校主要资源配置方式，112 所新建本科师范院校全部为国家投入办学，主要表现为政府投资拨款为主的投资体制，而民间投入和个人投入的院校数为 0。虽然新建本科师范院校也有校友捐赠、校企合作，但对于新建本科师范院校来说，这种投资所占比重极小，民间和个人对师范院校投资的积极性不高（详见表 4-7）。

表 4-7　投资体制及构成比例

投资体制	院校个数	构成比（%）
国家投入	112	100
民间投入	0	0
个人投入	0	0

构成比＝院校个数/学校总数（112）

（四）学术组织

学术组织主要是为学术目标服务的，因此，设置学术组织必须充分考虑到学术目标的实现。新建本科师范院校建立初期规模较小，在专科时期仅千人规模，以教学为主，为了管理的方便，采取“校—系—教研室”的直线职能式管理模式，便于上级对下级的管理。而 20 世纪 90 年代后，随着综合类大学学院制改革逐步深化，新建本科师范院校开始推行学院制，因此，大规模的地方院校采用了“校—院—系”的学术组织结构，主要是因为随着院校规模的扩大，学校无力管理庞大的二级学院，同时二级学院要求自治的呼声高涨，因此学校权力下移，二级学院成为院校发展的主要治理结构。112 所样本院校中，有 108 所院校都采用了“校—院—系”学术组织结构，占统计总量的 96.43％，仅有 4 所院校依然沿用“校—系—教研室”的组织结构，仅占 3.57％（详见表 4-8）。

表 4-8　学术组织结构及构成比例

“校—院—系”型		“校—系—教研室”型	
个数	构成比（％）	个数	构成比（％）
108	96.43	4	3.57

构成比＝院校个数/学校总数（112）

三、学科专业设置

本部分主要从学科规模、工学类专业设置、专业规模、师范专业比重、红牌专业比例几个方面呈现样本院校专业设置的特点，从而反映地方师范院校的专业结构、应用型专业转型的特点、师范特色的保留情况、热门专业的设置情况。

（一）学科结构

1. 学科规模

从规模来看，学科规模呈现巨型化特征，学科覆盖面大、涉及学科门类齐全是地方师范院校学科设置呈现的典型特征。70％以上的样本院校学科覆盖面达到 9 个及以上，达到 10 个及以上的占 40%以上。只有 5%左右的样本院校学科数在 7 个以下。

师范大学设置的学科数大都在 9 个及以上，9 个以下的样本院校个数不足 6%；师范学院设置的学科数大多在 7 个以上，仅有 8%左右的样本院校设置的学科数在 7 个以下，如琼台师范学院、汉江师范学院、豫章师范学院等升本时间较短的院校设置的学科数相对较少（详见表 4-9）。

表 4-9　学科规模

学科	学科规模	5个及以下	6～10 个					10个以上	合计
	学科个数	5 个	6 个	7 个	8 个	9 个	10 个	11 个	
师范大学	院校数	0	0	1	1	13	21	3	39
	构成比(%)	0.00	0.00	2.56	2.56	33.33	53.85	7.70	100.00
师范学院	院校数	3	3	8	12	26	20	1	73
	构成比(%)	4.11	4.11	10.96	16.44	35.62	27.40	1.36	100.00
合计	院校数	3	3	9	13	39	41	4	112
	构成比(%)	2.68	2.68	8.04	11.61	34.82	36.61	3.56	100.00

构成比合计＝院校数/学校总数（112）；其中师范学院构成比＝频数/师范学院数（73），师范大学构成比＝频数/师范大学数（39）

2. 工学类专业设置

从学科布局来看，工学、理学、艺术学是设置专业数量较多的学科，其中工学类专业位居各学科之首，设置专业总数高达 1157 个，约占专业总数的 20%，其次是文学、管理学和教育学，这六大学科设置专业数均在 600 以上，而法学、经济学、历史学等学科设置专业数都在 300 以下，与工学、理学、艺术学、文学、管理学、教育学有很大差距。医学、哲学仅有少数学校设置。

哲学虽是各大学科之首，但保留哲学相关专业的仅有 8 所师范大学，如上海师范大学、西北师范大学、山东师范大学等，但也仅仅设置了 1 个专业。而 73 所师范学院没有一所高校设置哲学类相关专业。

作为师范院校老牌专业的文学类、教育学类、历史学类专业本应处于重要位置，但文学专业所占比重仅居于第 4 位，位于工学、理学和艺术学之后，占专业总数的 12.97％；教育学作为师范院校的主打学科，其专业位次仅居第 6 位；历史学类相关专业设置仅 109 个，平均每所院校还不足 1 个专业（详见表 4-10）。

表 4-10　各学科设置专业情况

	工学	理学	艺术学	文学	管理学	教育学	法学	经济学	历史学	农学	医学	哲学	合计
师范大学	521	506	484	394	360	278	150	108	54	26	8	8	2897
师范学院	636	517	488	372	350	324	120	92	55	48	8	0	3010
合计	1157	1023	972	766	710	602	270	200	109	74	16	8	5907
构成比（％）	19.59	17.32	16.46	12.97	12.02	10.19	4.57	3.39	1.85	1.25	0.26	0.13	100.00

设置专业总数指所统计院校中每个学校设置该专业之和；构成比＝专业数/专业总数（5907）

（二）专业结构

1. 专业规模

从专业设置来看，专业规模庞大是当前地方本科师范院校的主要特征。其中近 70％的院校设置专业数达 50 个以上，50％左右的院校设置专业数达 60 个以上，甚至个别院校设置专业数接近 100 个，如河北师范大学、内蒙古师范大学设置专业分别为 96 个和 95 个。

其中师范大学的专业设置均在 40 个以上，40～50 个专业的仅为 2 所院校，分别是天津职业技术师范大学和伊犁师范大学；师范学院设置专业数大多在 80 个以下，70～80 个之间的仅有 3 所院校，分别为淮阴师范学院、河北科技师范学院和南阳师范学院（详见表 4-11）。

表 4-11 专业规模

专业个数	20及以下	21～30	31～40	41～50	51～60	61～70	71～80	81～90	91～100	合计
师范大学	0	0	0	2	1	13	8	12	3	39
师范学院	9	7	13	7	23	11	3	0	0	73
总数	9	7	13	9	24	24	11	12	3	112
构成比（%）	8.04	6.25	11.61	8.04	21.43	21.43	9.82	10.71	2.67	100.00

构成比＝学校个数/学校总数（112）

2. 师范专业比重

从师范专业与非师范专业设置数量看，师范专业设置总数为 1878 个，非师范专业设置总数为 4332 个。非师范专业所占比例是师范专业的 2 倍以上。其中师范大学中的非师范专业高达 74.01%，是师范专业的 2 倍以上；而师范学院的非师范专业占比也高达 66.04%，是师范专业的 2 倍左右。其中安徽师范大学 89 个专业中，师范专业仅 17 个，而非师范专业高达 72 个。内蒙古师范大学 95 个专业中，师范专业仅 23 个，非师范专业高达 72 个。淮阴师范学院 72 个专业中，师范专业仅 15 个，师范、非师范同时招生的 4 个，非师范专业高达 53 个。整体来看，师范院校师范专业弱化已成为不争的事实（详见表 4-12）。

表 4-12 师范专业与非师范专业占比分布

专业设置	师范专业		非师范专业		合计	
	个数	构成比（%）	个数	构成比（%）	个数	构成比（%）
师范大学（39 所）	753	25.99	2144	74.01	2897	100.00

续表

专业设置	师范专业		非师范专业		合计	
	个数	构成比（%）	个数	构成比（%）	个数	构成比（%）
师范学院（73所）	1125	33.96	2188	66.04	3313	100.00
合计	1878	30.24	4332	69.76	6210	100.00

构成比＝专业个数/专业总数

3．红牌专业比例

从专业设置来看，地方本科师范院校红牌专业所占比例较大。麦克思研究院统计的红牌率较高的前9个专业中，地方本科师范院校大多数都依然保留着这些专业。部分专业趋同率较高，所统计的9个红牌专业中样本院校有6个专业趋同率高达70%以上。

笔者对设置专业进一步分析发现，这些专业多是师范院校建校初期设置的专业，如法学、体育教育、英语、数学与应用数学、美术学等，这些专业是师范院校的传统和基础专业，是大多师范院校一直保留的专业（详见表4-13）。

表4-13　红牌专业设置情况

2011—2019年		样本院校设置专业	
红牌专业	红牌率（%）	趋同专业	趋同率（%）
生物科学	66.67	生物科学	79.46
法学	88.89	法学	71.43
生物工程	66.67	生物工程	22.32
生物技术	66.67	生物技术	50.89
美术学	66.67	美术学	84.82
体育教育	44.44	体育教育	88.39
英语	33.33	英语	94.64
数学与应用数学	33.33	数学与应用数学	94.64
动画	44.44	动画	35.71

红牌专业数据主要来源于麦克思研究院《中国大学生就业报告》（2011—2019年）；红牌率＝红牌年次/总年次（9）；趋同率＝布点专业院校数/样本院校总数（112）

第三节 地方本科师范院校组织转型面临的困境

地方本科师范院校综合化的办学格局，使其陷入资源不足的困境。缺乏教师教育特色，也将对我国基础教育师资造成不良影响。受传统专业初始路径的影响，趋同化发展短期内难以改变。

一、同质化困境

同质化发展是当前地方院校普遍存在的问题。高校作为强制度、弱技术环境的组织，为了获得社会广为流行的价值观念认可，往往会与社会环境相一致，以获得合法性存在①，如地方院校为了获得办学资源，往往与资源控制者要求的目标相一致，从而获得合法性存在，进而争得办学经费。

伯顿·R. 克拉克（Burton R. Clark）在对成人学校转型的研究中发现，成人学校面对生存压力时，为了获得生源以获得办学经费，不得不迎合外部的教育需求者，以争得他们的支持，这时的办学是基于功利主义逻辑下的回报递增的规制性要素，是基于取得外界认可的合法性需要，而非基于大学的学术发展逻辑②。顾拓宇以 12 所转型地方院校为样本对象，对其办学定位进行了文本分析，研究发现，以应用型人才为办学定位的趋同率是 58.33%，学科设置趋同率高达 100%，专业趋同率也高达 60%以上③。

教育部《关于全面提高高等教育质量的若干意见》提出，要探索建立高校分类体系，制订分类管理办法，克服同质化倾向。各省也相继出

---

① V. A. Schmidt. Discursive Institutionalism: The Explanatory Power of Ideas and Discourse [J]. Social Science Electronic Publishing, 2008, 11 (1): 303-326.

② H. P. Gouldner. Adult Education in Transition: A Study of Institutional Insecurity [J]. American Sociological Review, 1957, 22 (1): 114.

③ 顾拓宇. 新建本科院校组织趋同及扩散机制研究——以东、中、西部 12 所地方院校为例 [J]. 高教探索, 2017 (1): 11-16.

台了分类发展指导意见，如河南省教育厅《关于促进普通高等学校分类发展的指导意见》指出，为克服高等学校功能定位趋同、办学特色不清晰、人才培养同质化问题，引导高校分层次、出特色、创一流，实现分类与特色发展。但对样本院校进行统计分析后，笔者发现，同质化问题依然存在。第一，在办学定位上，72.32％的样本院校人才培养定位是趋同的；在国家倡导创新创业的背景下，37.50％和31.25％的样本院校选择培养创新精神和实践能力；在办学水平定位上，把学校办成高水平、一流大学仍是样本院校的长期目标，趋同率高达62.50％；在服务面向定位上，面向全国的高达54.46％，而面向教师行业的仅20.54％。第二，在学科布局上，70％以上的样本院校学科覆盖率高达9个及以上，这是综合类大学才具备的学科结构；在专业设置方面，近70％的样本院校设置专业数在50个以上，这也是综合类大学的典型特征。

庞大的专业规模使地方本科师范院校不得不考虑到各类学科、专业的发展。在政府投入资源有限的情况下，地方本科师范院校不得不采取分散资源投入的方式，无法集中资源办好优势学科专业，从而导致各专业都难以有效投入。地方本科师范院校不同于综合类院校。综合类院校有着先天的学科优势、有着扎实的学科基础，而地方本科师范院校则仅仅具备以教师教育为主导的多学科基础，非教师教育相关的学科积累短时间内难以形成。“双一流”建设并没有教师教育学科，这也使得很多高校撤销或合并了教育学院，这主要是因为教师教育类专业过于分散，如语文教育、数学教育、英语教育等专业很难归口到哪个学科，从而使得师范院校对教师教育专业缺乏热情，过度分散的专业资源导致办学资源严重不足。另外，在办学经费方面，综合类院校有工学、经济学、管理学等应用型学科相支撑，这些经济效益较好的专业可为其他学科发展提供资金支持。而师范院校不仅缺乏非师范类学科的学术性支撑，也缺乏其他收益较高学科的资金帮助。

二、去师范化困境

教师教育综合化往往伴随着以牺牲师范性为代价的“去师范化”的

过程。侯小兵对 48 所地方本科师范院校的调查发现，仅有 37.5%的院校定位于教师教育[①]。本研究也进一步证实了这一结论，样本院校的非师范专业数量基本上是师范专业的 2 倍以上（详见表 4-12）。“去师范化”办学是当前地方本科师范院校存在的普遍现象。“去师范化”的目的是使地方师范院校走向综合化道路，从而改变教师教育学术水平不高的困境。而当前的事实是，地方本科师范院校除了学科、专业和学生等在数量上显示出综合性特征外，并没有在内涵上显示出综合类大学的特征，与综合类大学还有很大的距离。这就意味着教师教育的学术性水平很难在短期内得以提高，然而其带来了负面后果——师范性特色却逐渐丧失，教师教育的专业性水平饱受诟病。在进行综合化或应用化转型后，大多师范院校不是专心于教师教育，而是沉迷于综合化转型或应用化转型。由于把过多资源投入于非师范专业，把自身的师范优势束之高阁，这不仅对院校自身的发展不利，也对区域中小学师资的培养造成不良影响。当大多师范院校醉心于非师范专业，过度迎合市场需要开办工学、经济学、管理学等非师范专业时，基础教育师资的缺口将会雪上加霜。这不仅对有志于从事中小学教师职业的大学生是一个心灵的伤害，同时也严重背离了我国教师教育的大政方针，与国家教师教育的整体导向是不一致的，对教师教育的发展是极为不利的。2018 年，广西、江西、贵州、云南四省的初中生师比例分别为 15.48∶1、16.07∶1、14.10∶1、14.07∶1，与我国《中小学教师编制标准》（中央编办发〔2014〕72 号）13.5∶1 的要求有较大的差距[②]。在当前中、西部地区基础教育师资严重不足的情况下，作为教师教育主体的地方本科师范院校如果失去了教师教育特色，对整个基础教育的发展都将造成不可预期的伤害。

---

① 侯小兵．师范院校办学定位的教师教育特色探析——基于全国 107 所普通本科师范院校“学校简介”的内容分析［J］．黑龙江高教研究，2014（5）：12-16．

② 国家统计局．中国统计年鉴 2019［M］．北京：中国统计出版社，2019：278-281．

三、结构化困境

历史制度主义者认为，人的行为不仅在制度脉络中形成，而且深深嵌植于社会经济结构中。制度是塑造和制约个体行为的脉络，在某一历史时期形成的制度会产生持续性的影响，并塑造着制度的变迁。历史并不意味着过去，历史特定时间点的选择、历史上的微小事件都会对现在甚至未来产生制约和影响，并制约着现在和未来的选择路径。

地方院校转型的过程往往受办学基础、转型初期的一些关键事件等因素的影响而导致转型路向的渐进性轨迹，呈现出路径依赖的特征，这就是邬大光所说的“车辙”里的大学①。如一些师范本科院校的办学起点往往是以师范为主导的学科专业基础，一些理工类院校往往是理工基础的学科起点。在转型进入深水区的今天，一些师范院校试图转型为理工类院校，往往遭遇很多困境，最终不得不放弃转型战略，如周口师范学院 2013 年试图更名为河南工商学院，最终还是放弃了更名工商类的战略。这里虽然有政策的因素，更重要的还是办学基础影响②。

自 1999 年我国大规模扩招以来，一批专科院校通过合并、独立升本、转设等方式发展为本科院校。受办学基础的影响，地方师范院校升本初期，多数是以师范命名的，1999 年升本的 10 所院校全部为师范院校，2000 年升本的 42 所院校中师范院校占 20 所，占当年升本数的 47.62%。截至 2019 年 12 月，全国 154 所以师范为起点升本的院校中，有 61 所仍以师范命名，占比 39.61%；79 所转型成了综合类院校，占比 51.30%；而转型为理工类的仅 5 所，转型为财经类的仅 4 所，转型为语言类的仅 2 所，转型为政法、语言、传媒类的各 1 所。也就是说，大部分以师范为起点的地方院校都转型为了师范类或综合类院校。可以看出，地方院校的转型不是盲目的，往往会根据自身的建校基础、历史

① 邬大光．“车辙”里的大学［J］．教育家，2019（8）：32．

② 吴静．河南 7 所高校拟更名，新校名去地方特色以省开头［EB/OL］．（2013-12-25）［2020-02-06］．https://henan.qq.com/a/20131225/001273.htm．

脉络等发展轨迹选择适合自身的转型模式。虽然我国在 2015 年出台了推动地方院校向应用技术类转变的意见，但以师范为起点的地方院校也很难转型为理工类、财经类等应用性较强的新型院校。受路径依赖的影响，地方院校只能根据自身发展历史脉络，选择渐进性变迁模式，进行适当的制度创新。

样本院校中的 73 所师范学院大多是 1999 年以来规模扩招的院校。相关研究结果表明，1999 年至 2019 年升本的地方师范院校为 63 所，占师范学院（73 所）的 86.30%，占地方师范院校（112 所）的 56.25%，占全部师范院校（截至 2019 年，我国共有师范院校 199 所，其中“双一流”高校 9 所，地方师范大学 39 所，师范学院 73 所，师范专科学校 78 所）的 31.66%。以师范为起点的地方师范院校虽然转型成了综合化的格局，且这种格局已经形成，但以师范专业为主导的办学基础并非仅靠转型就能改变，这种转型带来的负面问题也在日益凸显。从同质化较为严重的部分专业来看，多数是师范类相关专业，如生物科学趋同率为 79.46%、美术学趋同率为 84.82%、体育教育趋同率为 88.39%（详见表 4-13）。这些趋同率较高的专业是一把双刃剑，一方面为教师教育发展奠定了基础，另一方面也羁绊了师范院校综合化的进程。历史学新制度主义理论认为，初始事件犹如一块烙印，一次偶然的历史事件也可能对历史发展产生重要影响，并形成历史轨迹，规制着整个历史发展的进程，并形成路径依赖模式，很难改变。

第四节　地方本科师范院校组织转型面临困境的原因分析

虽然应用型转型的政策已经出台，为什么大多数地方本科师范院校依然坚持综合类的学科定位？为什么地方本科师范院校设置如此多的工学类相关专业？新制度主义理论认为，竞争性需要和合法性需要是导致多数组织同形发展的主要原因。在特定时期，以专业组织为主导的社会规范机制也发挥着强大的作用，甚至影响着政府的决策。那么，一些被多次红牌警告的专业为什么依然保留？路径依赖理论认为，历史脉络及转换成本会导致组织沿着初始路径走下去，受惯性影响而不易改变①。

一、外部束缚：迫于外在压力的合法性逻辑

强制性机制主要源于一个组织所依赖的其他组织向它施加的正式或非正式的压力，以及由其所运行的社会中存在的文化期待对其所施加的压力，这种压力可能源自组织场域中的一种强制力量，也可能是源自利益方面的诱惑性力量②。如我国当前环保部门对制造商环保指标有要求，制造商不得不遵守这些环保指标来满足政府的需要；非营利性组织坚持会计核算并雇用会计人员，以满足税务部门的相关要求。

高校和医院是强制度、弱技术环境的组织，基于政府为办学主体、政府投资办学的现实背景，高校一般会趋同于政策强制下的制度环境要求，会趋同于资源配置导向下的利益诱惑，而日益与制度环境相一致，以提高生存概率，取得社会认可的合法性。克拉克认为，无论何时，只要政府承担着高等教育的某种责任，某些公共机构必定会成为行政执行的所在地③。在拉美国家，行政对高等教育的介入被认为是比较高的；相反，在英国，由于大学拨款委员会（UGC）不属于教育部和科学部管辖，政府对大学的干预要少很多。而在我国，政府作为办学主体和投资主体，对院校直接管理和控制，这种管理主要表现为三种形式：通过领导体制实现制度合法化，通过投资体制实现利益诱导，通过政策机制实现方向引导。

（一）领导体制

本研究所调查的地方本科师范院校，其领导体制全部为党委领导下

① D. C. North. Institutional Change and Economic History [J]. Journal of Institutional and Theoretical Economics, 1989, 145 (1): 238.

② Paul Dimaggio, Walter Powell. The Iron Cage Revisited: Institutional Isomorphism and Collective Rationality in Organizational Fields [J]. American Sociological Review, 1983, 48 (2): 140-160.

③ 伯顿·克拉克. 高等教育系统——学术组织的跨国研究 [M]. 王承绪，徐辉，殷企平，等译. 杭州：杭州大学出版社，1994：132-137.

的校长负责制，这一领导体制是经过多年的院校管理与不断改革逐渐成熟和发展起来的，是被实践证明较为合理的适用于地方院校的领导体制。这一体制要求，党委是学校的主要决策者，党委对学校的重大问题和决策负有领导和监督的权力。

斯科特认为，组织生存不仅受环境的影响，还取决于行动者在组织中的位置。行动者处于科层制的顶端时，往往对于决策具有重要的作用。而在集权化的结构中，行政管理人员往往会安排和设计这种制度，把决策权安排在组织结构的顶端①。我国地方本科师范院校采取的是集权化的科层制结构，上级领导把政府意图和导向输送至院校主要决策者（党委书记、校长），党委书记和校长作为院校管理的主要行动者，通过合法化的形式把办学目标确定下来，进行执行和实施。

20 世纪末期，国务院出台《关于深化教育改革全面推进素质教育的决定》，提出“鼓励综合性院校和非师范类院校参与培养培训中小学师资，探索综合性的高校试办师范学院”。在这一政策引导下，地方师范院校开始模仿综合类大学，增设非师范专业，扩大招生规模等。从样本院校学科定位中可以看出，62.50%的样本院校定位于高水平大学；70%以上的样本院校学科设置在 9 个及以上，40%以上的样本院校设置学科在 10 个及以上；50%左右的样本院校专业规模在 60 个以上。可以看出，在国家鼓励综合类大学开办师范学院的政策引导下，大多数地方本科师范院校进行了综合化的转型。

2015 年 10 月 23 日，教育部、国家发展和改革委员会、财政部颁布《关于引导部分地方普通本科高校向应用型转变的指导意见》（教高〔2015〕7 号），明确提出办学思路向区域经济发展转移，向应用型人才培养上转移。这一标志性政策出台后，多数地方本科师范院校都进行了应用型转型的深度探索，72.32%的样本院校在人才培养定位中提出培养应用型人才，以应用型为主导的学科，如工学、管理学、经济学的趋

---

① W. Richard Scott. The Adolescence of Institutional Theory [J]. Administrative Science Quarterly, 1987, 32 (4): 493-511.

同率高达 98.33%、95%、68.33%。工学、管理学、经济学虽然不是师范院校的主打学科，师范院校也缺乏相关的办学基础，但为了迎合政策需要，地方本科师范院校还是设置了这些学科和专业。

地方本科师范院校主要投资者多是地方政府。地方政府有权决定由谁来担任地方院校的校长、副校长、党委书记、党委副书记等学校的高层职务。2012 年 3 月 16 日，《教育部关于全面提高高等教育质量的若干意见》（教高〔2012〕4 号）要求有关部门制定并落实坚持和完善普通高校党委领导下的校长负责制实施办法，健全党政议事规则和决策程序，依法落实党委职责和校长职权。也就是说，学校的最高决策组织是党委，学校的各项活动主要通过党委会讨论决定，这些活动包括学术活动和其他重要活动。

从地方院校与政府的关系来看，地方院校的权力是由地方政府授命的科层权威，地方政府在办学方向、学科专业设置等方面要根据地方的需要来决定；从学校内部来看，学校的教学、科研等活动主要由党委会决定，学校党委的决策决定着整个学校的发展方向。新建本科师范院校由于多由专科直接升本或是地方师专和教育学院合并而成，其起点较低、办学基础较为薄弱、教师科研水平与老牌本科院校[①]有一定差距，这就造成了以教授为主体的学院模式在地方本科师范院校无法实行。因此，地方本科师范院校仍然是行政模式处于主导地位，造成学术权力对行政权力的依附。甚至在一些地方院校中，或多或少有一些地方官员加入院校的高层群体，如县委书记或县长到地方院校当副书记，以此来解决行政级别问题。行政领导进入高校后，其管理模式必然会影响高校。但反过来分析，为什么会出现这种现象？为什么这种现象在地方高校并不鲜见，但在“985 工程”“211 工程”高校并不多见？如果深入分析，我们会发现，重点高校的校长大多是专家或德高望重的学者，而这些地方本科师范院校的教授还不足以担当起领导学校的重任，其学术影响力还远不能与行政权力抗衡。

---

① 老牌本科院校主要指 1999 年以前的本科院校。

从以上的分析可以看出，地方本科师范院校中行政权力主导模式是在长时间的历史变迁中形成的，有其历史背景和现实因素。一种体制的形成很多情况下是组织适应环境的结果。在新中国成立初期，我国一度实行过校长负责制——党委领导下的校长负责制，国家最初本意也是以尊重学术自由、大学自治为宗旨，但在权力的运行过程中出现了“一收就死、一放就乱”的现象。然而，官僚权力（院校权力）[①] 强调行政级别，在院校中，校长和书记为厅级，各职能部门为处级，各职能部门的各科室为科级，处在这些职位上的人被赋予了行政权威，这种权威赋予其相应的职能和权力。在地方本科师范院校中，由于各教学院（系）基础薄弱，尚无法独立运行，一些重大事务往往要集结全校之力量。如某院校申报中外合作办学专业，先要在学校行政会议进行讨论，会议通过后，由对外合作交流处牵头，由申办专业院（系）提交材料，再由对外合作交流处报教育厅审批，整个过程主要由对外合作交流处这一职能部门负责，而院系仅是提供材料支撑和技术支持，这就造成了行政权力的进一步加大和院（系）权力的有限。本研究统计的 112 所院校中，其领导体制全部为党委领导下的校长负责制，作为教授的学术群体往往处于话语权和决策权较弱的位置，为了取得与制度环境相一致的合法性，地方本科师范院校往往会采取政府所要求的组织结构或模式。

（二）投资体制

借鉴克拉克学术权力的分析框架，周光礼教授把院校战略规划分解为三种模式：官僚模式、市场模式和院校模式。在官僚模式控制下，大学一般会采取超越战略，以满足政府的期待和价值观。在市场模式下，大学会采取比较优势战略，以获取生存所需要的资源，往往以迎合社会需求和市场需要为原则。在院校模式下，大学一般会采取学术导向战

---

① 约翰·范德格拉夫把高等教育权力模式分为十种：个人统治（教授统治）、集团统治（教授统治）、行会权力、专业权力、魅力权威、董事权力（院校权力）、官僚权力（院校权力）、官僚权力（政府权力）、政治权力、学术寡头权力。详见约翰·范德格拉夫. 学术权力：七国高等教育管理体制比较［M］. 王承绪，张维平，徐辉，等译. 杭州：浙江教育出版社，2001：186-198.

略，遵循学科发展的逻辑，追求学术自由[①]。地方本科师范院校在制订战略规划时往往以获取更多资源为主要目标，因此会采取赶超战略。本研究在描述新建本科师范院校的组织定位、组织结构与规模、组织行为时已经指出，新建本科师范院校的办学定位偏高，办学规模偏大，学科专业设置求全。经过对地方院校官僚模式的分析可以看出，定位偏高采取的是赶超战略。当前我国院校的资源配置标准主要依据院校的综合实力，往往以“985 工程”“211 工程”重点院校为参照标准进行经费拨款，这就导致了新建本科师范院校往往会模仿重点师范大学或综合类大学的办学模式，而战略定位中就会按综合类大学的办学标准进行定位，从而导致办学定位偏高。

1999 年 6 月，国务院总理办公会决定，大幅度扩大高等院校的招生规模，这一决定对高等院校，尤其是地方本科师范院校具有决定性的意义，使地方院校可以通过规模扩招来获得办学经费，从而迎来了一次发展的重大机会。在政府投入有限的情况下，通过扩大招生可以有效地缓解地方院校办学经费短缺的现状，正如本研究统计的 112 所地方本科师范院校 80%以上都是万人以上规模。按照政策要求扩大招生规模，政府按照院校的学生数进行了相应的教学投入，使地方本科师范院校获得了规模收益，一定程度地缓解了经费困境。

随着生源的增多，由于部分新建本科师范院校建校时间短，办学资源较少，学校在校园面积、校舍面积、教学用地等方面出现了新的困难。这种情况下，政府出台了相关的优惠政策，对地方院校购买土地在政策上给予了不同程度的优惠。这一时期，很多地方院校抓住了这一机遇，扩大了学校的占地规模。样本统计的部分本科师范院校中，80%的院校占地规模都达到了千亩以上。当然，有些地方政府在这一时期并没有给予土地优惠政策，也有一些学校面对优惠政策并没有积极争取到优惠，但大部分地方院校在这一时期充分抓住了政策机遇，实现了院校占

---

① 周光礼. 经费配置模式与大学战略选择：中国大学趋同化的经济学解释［J］. 中国高教研究，2015（9）：4-13.

地规模的扩张，为院校的发展赢得了土地资源。

在向应用技术类高校转型的过程中，地方本科师范院校通过设立应用型专业，如工学、管理学、艺术学等专业扩大了生源规模。样本统计的院校中，工学类专业设置种类为82个，艺术学、管理学类相关专业设置也都在30种以上。Z师范学院在2014—2016年三年内，新增7个专业，全部为工学类专业。2015年，学校成立了三个新的学院：网络工程学院、机械与电器工程学院和设计学院，这三个学院均为应用型学院，其中两个为工科类学院。应用型专业的开设使新建本科师范院校获得了市场收益。虽然这一办学策略有一定的功利主义倾向，不利于师范院校的长期发展，但对于解决眼下师范院校的办学困难，不失为短期的明智之举。

假如高等教育是私人投资，那么政府的影响可能被剥夺；但如果高等教育是一项公共事业，是由公共资金资助的，那么，政府不能不拥有某些决定权①。今天，没有任何一个国家的高等教育系统中没有这种形式的权力，而在中国的当下，这种组织形式表现得更为突出。由于新建本科师范院校的师范性特点，民间投资集团奉行经济效益至上原则，对投资师范院校的积极性并不高。样本统计的112所院校中，100%为政府投资办学，在师范需求日益得到满足的情况下，师范院校办学效益逐渐下降，政府迫于投资的压力，也开始压缩对地方院校的财政投入。地方院校，尤其是新建本科师范院校迫于生存压力不得不开始向应用型办学转型。由于没有现成的经验可以照搬，地方本科师范院校不得不迎合政府需要进行相应的变革。

政府拥有院校生存所需要的办学资源。新建本科师范院校为了生存与发展，在自生性资源有限的情况下，不得不依靠政府偏好的办学方式进行学科专业设置。迈耶在对美国学区组织结构的研究中发现，各个学区在接受政府的财政拨款时必须接受政府所制定的法律要求，这种物质

① 伯顿·克拉克. 高等教育系统——学术组织的跨国研究［M］. 王承绪，徐辉，殷企平，等译. 杭州：杭州大学出版社，1994：134.

和利益的诱使，导致了各学区间组织结构的趋同现象。政府通过配置资源可以实现对院校有效管理的目的，而院校为了获得资源又不得不接受政府偏好的办学方式，也就导致了院校间办学的趋同行为发生。

二、内部诱因：迫于内在需求的效率逻辑

政策的压力和资源的诱惑会迫使组织日益与制度环境相一致以提高生存概率。而组织在进行决策时一般也是有意识地进行制度设计，而不是盲目地模仿其他组织的做法。但当组织目标模糊、方向并不明确的时候，组织往往会环顾四周，观看周围组织在做些什么，以确定哪些是可以学习的，哪些做法是值得效仿的，从而采取适当的做法[①]。布林特·史蒂文（Brendt Steven）和杰罗姆·卡拉贝尔（Jerome Carrabelle）在对美国社区学院转型的研究中发现，两年制社区学院在最初采取社会认可的学术型转型战略（强调人文素质、追求学术上的“尊敬”）时，并没有取得成功，后来，根据社区学院的实际情况，选择向职业教育转型时，取得了成功[②]。

市场主导模式可有效克服在政府主导模式下的政商勾结和腐败等消极因素[③]，从而有效地提高市场效率，达到资源的优化配置。市场逻辑下的模仿往往是自下而上进行的，是学校基于自身的考虑自发进行的模仿，这种模仿往往是基于效率的逻辑，以获得办学经费和办学资源，设置一些市场所需要的专业，如软件工程、网络工程、通信工程等，以满足市场的需要。帕梅拉·豪斯查尔德和安妮·曼纳对组织间的模仿采用了更加细化的分析视角，提出了三种组织间模仿形式：频率模仿（效仿非常相同的实践）、特征模仿（效仿具有特定特征组织的实践）、结果模

---

① W. R. Scott. Institutions and Organizations: Ideas, Interests and Identities [M]. CA: SAGE Inc, 2013: 126.

② W. P. Walter. The New Institutionalism in Organizational Analysis [M]. Chicago: University of Chicago Press, 1991: 337-357.

③ 河连燮. 制度分析：理论与争议 [M]. 李秀峰，柴宝勇，译. 北京：中国人民大学出版社，2014：134-135.

仿（模仿对其他组织产生积极结果的实践）[①]。

（一）频率模仿

基于频率的模仿，主要指组织倾向于模仿那些被大量的其他组织所采取的行为。这一理论被大量的经验研究所验证。尼尔·弗拉斯丁（Neil Fligstein）发现，一个组织采用多部门形式的可能性与已经采用这一形式的公司数量密度有关[②]。帕梅拉·托尔波特（Pamela Tolbert）和林恩·朱克（Lynn Zucker）对美国19世纪末期公务员改革的制度扩散的研究表明，当一项新的制度还没有完全制度化时，制度扩散的过程是缓慢的；然而，当制度扩散到一定程度，即制度为大多数组织所采纳时，制度扩散就会加剧，并迅速为大多数组织所效仿[③]。当少数组织采用某一制度时，并不为社会所认可，其合法性程度也相对较低；但当大多数组织采用某一制度时，其合法性就得到了加强。基于合法性的需要，其他组织也会纷纷效仿，这种效仿可能是一种无意识的行为，并被大多数组织理所当然地采纳和接受。

地方本科师范院校由于其办学时间较短、办学目标不清晰，往往会采取广为流行的做法，以提高生存合法性。从样本统计的112所院校的办学定位中可以看出，70%以上的院校都提出了应用型人才的培养目标，这一办学定位的过度趋同现象是源于组织间基于频率的相互模仿。新建本科院校在2000年之前多是“校—系—教研室”三级管理体制，权力重心在学校；2000年之后，在国家“撤系设院”政策主导下，部分院校进行了撤系设院的改革，起初仅有少数院校把系改成了院，但随

① Pamela R. Haunschild, Anne S. Miner. Interorganizational Imitation: The effects of Outcome Salience and Uncertainty [J]. Administrative Science Quarterly, 1997, 42 (3): 472-500.

② Neil Fligstein. The Spread of the Multidivisional Form among Large Firms (1919—1979) [J]. American Sociological Review, 1985, 50 (3): 377-390.

③ Pamela Tolbert, Lynn Zucker. Institutional Sources of Change in the Formal Structure of Organization: The Diffusion of Civil Service Reform [J]. Administrative Science Quarterly, 1983, 28 (1): 22-39.

着这一制度的进一步扩散，在短时间内被大批院校模仿，进行了“撤系设院”的改革。在本研究所统计的112所院校中，仅有4所师范院校是“校—系—教研室”管理体制，其他大多院校都已经实行了学院制设置，取消了以系为中心的建制，建立了“校—院—系”的管理结构。学科专业设置也类似于这一情况，当一些院校设置一些新兴学科或专业时，起初并不会引起其他组织的效仿，但当越来越多的院校开办这一学科或专业，并扩散到一定规模，形成制度化规则时，便会以一个质变的速度引起其他院校模仿。

对于组织本身来说选择并不是清楚的，而选择的原则往往看大多数组织都做了什么。本研究所调查的112所新建本科师范院校，全部都是公办性质，为什么民办院校不愿办师范教育？很明显，家长和学生等教育投资者对师范院校热情不高、师范院校就业率不高、师范院校地位低等传统观念制约着投资者对师范院校投资的积极性。尤其是地方师范院校的地理位置不佳、升本时间短等劣势，使教育投资者对其投资的积极性大打折扣，我们不能奢求投资者投资教育的公益性和奉献性，按照市场的逻辑，没有递增的利益回报是无法调动市场投资者的积极性的。

因此，基于地方本科师范院校的现实情况，为了在竞争中求得生存，在政府投入不足的情况下，部分地方师范院校不得不通过规模扩招、设置营利专业以求得办学经费。本研究中的112所院校，80%以上都达到了万人规模，部分师范大学在30000人以上。

当大多数组织都采取某一种做法时，模仿这一做法往往被认为是安全的，这也就导致了更多的组织采取这一做法。地方师范院校的学科专业设置也印证了这一解释，从统计数据可以看出，教育学、文学趋同率高达100%，工学、理学的趋同率高达98.33%，管理学、艺术学趋同率也高达95%。如果说教育学、理学、文学是师范院校的传统学科，其趋同率高被视为理所当然的话，那么工学、管理学、艺术学其趋同率高该如何解释？仔细分析可知，工学是获得办学效益的主要学科，是受社会欢迎的学科，管理学是社会需要的学科，且办学成本较低，艺术学不仅社会需求量大，且师范院校有其自身的优势，同时投入不高。因此，这三大学科是师范院校偏好的学科，这一观点可以从专业统计中进一步得到验证。趋同率较高的专业是工学中的计算机科学与技术、信息与计算科学、物联网工程、电子信息工程等，管理学中的市场营销、旅游管理、财务管理等，以及艺术学中的视觉传达与设计、环境设计等，这些专业都是社会需求量较大，且就业较好、投入成本较低的专业。通过这些分析，新建本科师范院校设置这些专业就不难理解了。

（二）特征模仿

特征模仿指小型组织模仿大型组织或较有声望的组织的做法或实践。伯恩斯和赫雷对声望较高的医院进行了相关研究，发现当声望较高的医院采用某一管理结构时，一些小规模的医院便纷纷效仿[①]。一些新的组织特征起初并不受市场欢迎，而尝试新事物的往往是一些声望高、社会影响力大、有一定实力的组织。它们经过考察、研究，率先尝试一些做法，当这些做法被证明是有效的做法后，就会有更多的组织采纳。

然而，由于区域、组织自身特点等因素的限制，这种模仿的适合性却很少有组织去考量，也就是说，只要是大型组织或声望高的组织的典型做法，其他组织一般都会效仿。在本研究中，人才培养定位为创新精神人才的有 42 所，占院校总量的 37.50%；办学水平定位以“高水平”为核心词汇的有 70 所，占院校总数的 62.50%；服务面向定位中，大多院校都提出服务所在省（区），以所在省（区）为服务面向定位的占 56.25%。为什么地方本科师范院校办学定位如此一致？它们难道没有考虑到自身的办学特色吗？其实，并非如此，地方本科师范院校在设计自己的战略规划时，这些因素都曾考虑过，但在院校转型的大背景下，很多院校办学思路是模糊的，国家的战略是长远的，而地方本科师范院校的战略却不得不面对现实。地方本科师范院校无法预测未来十几年、几十年或更长的时间，更多的是考虑 3 到 5 年，或更短时间内的眼前利

① Martin Ruef, W. Richard Scott. A Multidimensional Model of Organizational Legitimacy: Hospital Survival in Changing Institutional Environments [J]. Administrative Science Quarterly, 1998, 43 (12): 877-904.

益。它们观望四周一些优秀组织的做法，如常熟理工学院、温州大学等都采取了校企合作、创新创业教育，并取得了成功。那么，较落后的地方院校也会跟随它们采取同样的做法，这样风险相对较小，而且容易成功。而“高水平”“前列”“一流”等词汇则更多是寻求一种心理上的安慰，这些提法能给学校带来的收益是非常有限的，也仅仅是因为优秀的院校大多都提出了这些定位，作为相对落后的院校也不愿“落后”，也觉得应在规划上跟上时代的步伐，其是否能带来实际效益并不是院校最为关心的内容。

（三）结果模仿

结果模仿指模仿其他组织采用的积极的或成功的实践，而消极的或失败的实践不会被模仿①。结果模仿更强调效率而非合法性，至少在模仿者看来这种做法是可以获得效率的实践。本研究中的新建本科院校进行规模扩招的行为则是解释这一现象的有力证据。这些地方院校为什么进行扩招？当然，不可否认国家扩招政策的因素，但更为重要的是，通过扩招可以扩大更多的生源，从而增加学校的办学经费。众所周知，办学经费和资源的短缺是新建本科师范院校面临的一大困难。

地方本科师范院校的办学经费主要来源于政府财政投入、单位事业性收入和其他收入。其中，政府财政投入是地方本科师范院校办学经费的重要组成部分，单位事业性收入根据各个学校的学生人数及学费、住宿费的收费标准情况略有不同，而其他收入则相对多样，各个学校不尽相同。从政府的财政投入来看，主要包括一般预算拨款、经常性专项拨款、机动性专项拨款三部分。一般预算拨款和经常专项拨款主要根据教职工和学生人数来决定，这本无可厚非，但中央高校和地方高校却并非同一投入标准，例如：2010 年、2011 年、2012 年地方高校生均教育经费分别为 6360.68 元、7302.79 元、9054.12 元，而中央高校生均教育

① Pamela R. Haunschild, Anne S. Miner. Interorganizational Imitation: The Effects of Outcome Salience and Uncertainty [J]. Administrative Science Quarterly, 1997 , 42 (3): 472-500.

经费投入这三年分别为 37961.79 元、41111.86 元、45963.72 元[①]。如果说中央院校为社会培养了研究型人才，而地方院校同样也为社会培养了大批大众化人才，这种投入的差距显然有失公允。财政拨款除经常性专项拨款外，还有追加性专项拨款，而追加性专项拨款相对灵活，有时根据各地方政府的财政收支情况而定，有时根据政府的偏好而定。政府往往偏好于区域内影响力较大、办学水平较高的大学，为了扶持几所区域内重点大学，以增加区域的影响力，扩大区域的知名度，因此，往往会重点追加区域内重点大学的拨款。

同时，不同区域间政府财政收入的不同，其对地方院校的投入也千差万别。发达地区（如上海、广东、浙江、江苏等）对其所在地的地方本科院校投入会高于欠发达地区（如广西、新疆、西藏等），这种区域经济发展水平差距所带来的院校投入的差距是地方院校面临的结构化障碍，这种长期形成的经济差距的结构化已经广为接受，短期内无法改变，从而造成了事实上的各地方院校发展的巨大差距。本研究统计的 112 所样本院校全部为公办院校，这就意味着地方本科师范院校的经费来源主要依靠政府。在政府投入有限的情况下，地方本科师范院校该如何发展？办学经费遇到困难该怎么办？这就促使地方本科师范院校开辟增加办学经费的其他渠道，而规模扩招是吸收办学经费的有效方式。这些经费可用于学校的基础设施建设、购买图书、引进教师等，进一步提高教育质量，使学校向一个更良性的方向发展。作为师范院校，本来不应设置太多的工科类、管理学类专业，但新建本科师范院校却设置了软件工程、网络工程、通信工程、广告学、电气工程及自动化等相关专业。深入分析后，我们会发现，这一做法遵循的是表面上的合法性、实质上的效率性逻辑。新建本科师范院校其学科专业本身的经济效益并不明显，更多的是社会效益，且多数新建本科师范院校其地理位置相对偏僻，一个地级市一般也仅有一所本科院校，区域经济的发展急需相关人

---

① 根据《全国教育经费统计年鉴（2011—2014 年）》“中央教育经费支出和地方教育经费支出”相关资料整理而得。

才和技术的支撑，因此，设置一些被证明可以获得社会效益的专业是可行的。事实上，这样也给学校带来了经济效益。这些专业的毕业生就业率高，受社会欢迎度远高于师范专业的毕业生，且建设这些专业所需的成本也不高，这就导致了地方本科师范院校中大多数都开设了这一类的专业。从样本统计中可以看出，以工学为主导的各类专业设置数量均居各学科之首，专业数高达 1157 个，其中师范大学 521 个，师范学院 636 个；艺术学和管理学设置专业数也分别达到 972 个、710 个（详见表 4-10）。这些专业都是与市场连接较为紧密的、与区域产业结构对接较强的应用型专业。如视觉传达与设计、物联网工程、环境设计等专业都是一定时期较为热门的专业，当大多数院校都模仿选择这些专业时，这些专业就变成了趋同率较高的专业，其办学效益也会随之下降。如在大数据背景下，样本院校中有 8 所院校设置了数据科学与大数据技术专业，当大多数院校认为这门专业是效率较高的专业时，就会有更多院校设置该专业，当这一专业趋同率较高时，地方院校不得不更新思路，转而设置新兴专业。如玉溪师范学院结合自身与老挝交界的特点，开设了老挝语专业（2018 年设置）；衡阳师范学院开设了风景园林专业（2018 年设置）；周口师范学院开设了机器人工程专业（2018 年设置）。

虽然样本院校都以师范命名，但大多数样本院校都设置了非师范专业，非师范专业数量几乎是师范专业的 2 倍，部分师范院校非师范专业甚至是师范专业的 3 到 4 倍，如衡阳师范学院师范专业、非师范专业分别为 18 个、41 个，洛阳师范学院分别为 16 个、52 个。即使在师范专业的设置中，地方本科师范院校也会有目的地选择效率较高的专业，如学前教育专业，虽然趋同率较高，但由于社会需求量大，很多院校依然继续扩招。哲学专业虽然是教师教育的基础专业，但由于就业率不高，样本院校鲜有设置。

三、行业规约：迫于专业标准的规范化逻辑

规制性机制强调成本和收益的作用，把物质利益作为制度扩散的基础因素，忽视了思想观念和价值的重要意义，强调工具理性，把具体化

的目标和正式结构作为组织扩散的重要考量，忽视了人的作用，忽视了组织运作中的有限理性。规范性机制把组织看成一个开放的系统，组织与外部环境间存在着相互信任、互相忠诚、彼此承诺递增的过程，只有相互信任、彼此忠诚才能赢得进一步的合作，实现双方的共赢。塞尔兹尼克认为，组织实现制度化，第一种靠正式的结构和规则，制度经济学家威廉姆森等提供了治理模式；而除此之外，第二种靠“浓”的制度化，强调高度分化的单元，松散的组织结构，各单元既得利益者形成的权力中心，各自的行动仪式、符号、意识形态，强化“目的性”，即形成统一的目标，把组织嵌入社会背景中等[①]。克里斯蒂安·努森(Christian Knudsen)指出，组织结构的扩散过程，不再是由其交易成本来决定，而是由其积累的能力来完成。詹姆斯·P. 沃玛克(James P. Womack)在研究20世纪70年代丰田汽车公司与其供应商之间的合作时发现，丰田公司与供应商间存在着灵活的合作关系，具有互惠、信任和关心对方收益等特征，具有承诺和忠诚的特征。地方本科师范院校组织转型的过程不再仅仅是单一的靠政府指令的规制性过程，随着行业协会、专业协会的发展壮大，以民间组织、教育协会为主导的专业化组织发挥着越来越多的规范作用。

1. 评估机制

政府通过拨款或授予合同等方式认可核心组织，使这些组织具有合法性和地位上的显赫性，导致竞争对手复制这些核心组织的相关结构或运行程序，以期待获得相应的回报[②]。在我国，教育行政部门主要通过组织专家或委托第三方专业机构对高校进行专业评估、资格认证等[③]。

① Philip Selznick. The Moral Commonwealth: Social Theory and the Promise of Community [M]. Berkeley: University of California Press, 1992: 235.

② Paul Dimaggio, Walter Powell. The Iron Cage Revisited: Institutional Isomorphism and Collective Rationality in Organizational Fields [J]. American Sociological Review, 1983 (4): 147-160.

③ 祁占勇，罗澜，陈鹏. 高等教育评估权的行政法透视 [J]. 高等教育研究，2017 (3): 18-24.

相关教育法规规定，国家实行教育督导制度和教育机构评估制度。《普通高等学校教育评估暂行规定》第六条提出，普通高校教育评估是国家对各类高校实行监督的重要形式，由各级人民政府和教育主管部门负责实施。具体来说，国家对各类高校办学水平的认证主要通过高等教育合格评估、水平评估来实现。由于新建本科师范院校发展时间较短，对此类院校的认证主要通过合格评估的方式实现。合格评估主要是办学水平的一种认可，达到评估指标认可的水平，就会得到相应的教育经费投入；相反，如果达不到合格评估标准，会限期整改，甚至降格为专科层次。

2012 年 3 月 16 日，《教育部关于全面提高高等教育质量的若干意见》（教高〔2012〕4 号）指出，2000 年以来升本的新建院校要进行合格评估，对办学条件、教师结构、生均教学用房、生均教学仪器等都作了明确的要求。如果达不到相应的指标，就会受到相应的惩罚。这些硬性指标体系的规定，使新建本科师范院校不得不按照评估要求的标准进行相应的教学建设、人才招聘、校园改造等。本研究所统计的院校中，其生师比例、教学仪器设施、图书规模等基本都在评估指标要求的范围内，如 80%以上院校的专任教师在 500～1000 人之间，70%以上的院校占地面积在千亩以上，70%以上院校的图书在 100 万册以上，为了获得合法性，85%的样本院校都设置了教学评估组织这一专门机构。这里无法得知这些教学用地能否得到充分利用、教学仪器是否提高了学生的学习效果、图书的增加是否扩大了学生的阅读视野。这里要分析的是，院校实施各方面教学资源的引进和增扩的目的是什么，是为了提高效率，还是为了满足制度的需要。很显然，新建本科师范院校对相关条件的满足，更多是基于评估制度的需要，是为了满足评估指标，获得合格办学的标准认定，从而得到相应的教育资源投入，以及由此带来的社会认可及相关的生源增量。相反，如果不能达到相应的标准，新建本科师范院校就会面临整改、降格的风险，就不得不面对社会否定的强大压力，势必也会影响到学校的招生。这对于一所新建院校，尤其是师范类新建院校来说，在招生并不乐观的情况下，其影响往往是致命的。在这一逻辑下，新建本科师范院校往往不会基于院校发展的效率逻辑进行相关教学建设，而是基于院校发展的制度需要逻辑进行教学建设。

2. 专业组织、行业组织主导的社会规范机制

随着社会的发展，院校自治呼声不断高涨，以社会为主导的第三方评估组织越来越受到青睐。社会权力的日益扩展也显示出国家至上、国家权力至上神话的日益瓦解，人类社会权力走向复归于社会，还权于人民的方向[①]。致力于大学评价的英国 QS（Quacquarelli Symonds）、上海交通大学高等教育研究院、武汉大学中国科学评价研究中心等，通过设定相应指标体系进行大学整体排名、特色排名、学科排名、专业排名等，对院校的建设与发展产生了不同程度的影响。

在大学的综合排名中，师范类院校往往排在综合、工科、理科等院校之后；在师范类院校的排名中，地方师范院校往往处在本科院校排名的末端，这对于招生本来就不理想的地方师范院校来说，更是雪上加霜，这也势必影响到这些院校的生存和发展问题。近几年，师范院校就业率持续走低，师范类相关专业就业困难已经成为师范院校的主要问题。为了改变这一劣势，师范类院校通过设置工学、艺术学、管理学等应用类专业来吸引生源，这就导致了学科专业设置的趋同。在教师队伍建设上，为了提高学校声誉及大学影响力，最近几年，一些地方院校开始与地方合作培养“双师型”教师，通过高层次人才招聘来提高教师学历水平，甚至出现了“挖人”现象。众所周知，大学评价指标主要以论文引用率、教学成果奖、科技奖励等作为权重，而这些重要的指标主要靠知名学者或知名教授创造，因此，“跳槽”和“挖人”现象就不难理解了。一个杰出的学者可以给院校带来声望和影响力，甚至大学排名，从一个有声望的学校挖走一个杰出学者是抬高一个院校地位的典型手段。为了赢得声望，新建本科院校还会通过“高层次人才引进”项目，与重点院校合办硕士点、实验室等项目来提高其社会声望。院校声望会直接或间接影响学校的生源和就业，雇主往往偏好于选择从声望较好的

① 郭道晖. 社会权力：法治新模式与新动力 [J]. 学习与探索，2009（5）：137-143.

院校毕业的大学生。

2017 年，教育部下发的《普通高等学校师范类专业认证实施办法(暂行)》，是我国实施师范类专业认证的重要文件。师范专业认证通过行业标准引导师范院校开展师范类专业教育，从而减少部分师范院校“去师范化”的问题。在这一标准的引导下，很多师范院校重塑师范特色，社会对师范教育的热情再次高涨，最近几年，陆续出现“师范热”现象。2022 年，华南师范大学师范类历史专业最低投档分比非师范历史类最低投档分高出 10 分，杭州师范大学师范专业最低投档分均在 600 分以上。在中国历史上，曾出现过以全国教育联合会和各省教育学会为主导的“教育独立”现象。1916—1922 年间，军阀割据、政治动乱，大多数军阀并不关心教育的发展，仅 1922 年一年内教育总长就换了 7 位。政治动荡对教育的发展有一定影响，但也给行业协会——全国教育联合会和各省教育学会的独立发展提供了机会。1915 年，全国教育联合会在天津成立，到 1920 年，联合会形成了从全国到省、县的网络体系，作为中央、省县教育机构的替代系统进行运作。这一时期正是联合会里的专家主导了教育的发展。从 1915 年起，联合会每年都要举行全国会议，联合会通过的决议，报送教育部时，一般都会批准施行。例如 1918 年会议上，与会者号召推进女子教育，教育部马上批准①。

专业组织、行业标准对行业的发展起着至关重要的作用，我国重视政策引导的强大规制性作用，但在专业领域通过行业标准引导行业发展还略显不成熟，但近几年各行业的专业认证迅速推动了行业的发展，为行业发展指明了新的方向。师范类专业认证就是一个很好的尝试，它不仅规避了部分师范院校“去师范化”的风险，也使师范院校重新树立师范自信，这对于推动中小学优秀师资培养，实现教育公平起着至关重要的作用。

① 从小平. 师范学校与中国的现代化［M］. 北京：商务印书馆，2018：108-109.

第五章　个案探究：地方本科师范院校组织变迁的过程分析

本章以Z师范学院作为典型个案，通过对其不同时期的办学定位、组织转型的分析，探究其是如何在环境的作用下生存的，在面对不同时期的政治、经济、文化环境时是如何作出制度安排的。国内的大多研究仅仅对组织转型的原因或机制进行了分析，而较少有对组织变迁的研究。组织变迁是探究组织在不同时期如何适应环境并作用于环境的一个重要变量，只有对其历史演进过程进行深度分析，才能进一步发掘组织生存的内在逻辑。本章以Z师范学院的组织变迁为个案，对其不同时期的生存样态及其与环境的博弈关系进行深度考察。着力点在于挖掘其为何与大多数地方本科师范院校一样，组织目标、组织结构、组织行为会趋于一致，重点探索历史形成过程，在不同的历史节点所作出的制度选择。

新建本科院校作为高等教育的重要组成部分，在高等教育大众化的进程中起到了举足轻重的作用。从1999年第一批升本至今，已有400多所新建本科院校经过适应、调整、变迁，转变成为理工、财经、综合、师范、语言等类型的新型本科高校。升本初期，这批院校大部分以师专为基础进行第一次转型升级，即从专科升格成本科，有些院校根据自身所处的地理优势、建校基础，经过本科阶段的初期建设，最终演变成了大学，如长江大学、井冈山大学等，实现了华丽转身；有些则转型成为实力较强的理工院校，如常熟理工学院；而有些师范类院校却依然坚守自己的特色，如南京晓庄学院、郑州师范学院等。

然而，在市场经济的冲击下，面对改革发展的洪流，政府投入的相对不足，这些坚守的地方本科师范院校无法固守初衷，不得不迎合市场需要设置一些应用类的专业，以赢得更多的生源，来填补办学经费的不足，这就导致了院校组织趋同现象的发生。通过对趋同原因的分析，我们发现，院校间组织趋同源于政策和政治的强制性因素、源于专业化的规范性机制、源于办学目标模糊导致的模仿因素。对一些办学效益不好、就业率不高的专业，各院校却依然兴办，其趋同率依然较高的现象，我们没有清晰的解释，只能将其理解为院校自身惯性所形成的路径依赖，及长时间的锁入（lock-in）效应。但为什么会产生这种锁入效应？为什么这些趋同专业、学科无法从路径依赖中解脱出来？如果仅从横向层面进行分析，不仅无法具备较强的说服力，也很难准确地还原事实的真相。

横向的大数据可以使我们宏观地概览事物的全貌，得到一个概率性的结论，但却很难观察事物的细小变化和组织变迁的细节，也就很难清晰地解释历史发展的来龙去脉。这就需要借助个案的分析来深层次地解析复杂的问题，以“解剖麻雀”的方式研究事物的每一细节。本章我们试图通过对Z师范学院这一个案的分析，来进一步通过历史的脉络还原一个学校是如何适应政治、经济、文化等外界环境变化，并与环境博弈，实现在复杂组织场域中生存的过程。

第一节　Z师范学院的历史演进

Z师范学院地处H省偏东南的Z市。该市是农业大省中的一个农业大市，其下包含1市1区8县，人口1300多万，版图面积11959平方千米，四季分明，气候适宜，小麦产量占全省的1/4，占全国的1/25。如果仅仅满足于温饱，那么这里的人民还算安居乐业。然而，随着改革浪潮的袭来，这里也走向开放。2010—2019年，大批农民涌入城市赚取额外的收入，以填补家用的不足，或者为子女婚嫁做准备。这些农民工在外收入相当可观，人均月收入6000～10000元，相当于一个大学生月收入的 3 倍。

Z 市的公办教育非常发达，下辖 D 县第一高级中学每年都有几十人考入北大、清华。2000 年以前，Z 师范学院培养的师范生还能充实到各县高中或行政部门就业，并逐渐成为中坚力量。但随着高等教育的大众化，Z 师范学院的毕业生不得不走向县初中，甚至小学。直到最近几年，每年仅有的几个招教名额已成为众多师范学子激烈竞争的对象，“编制”似乎象征着身份和地位，而不管收入的多少，而进入行政部门谋个一官半职似乎更是一种奢望。在这个偏远小城，在名牌大学、重点院校毕业生的竞争下，Z 师范学院毕业生的就业面临着更大的挑战。图 5-1 为 Z 师范学院地理位置图。

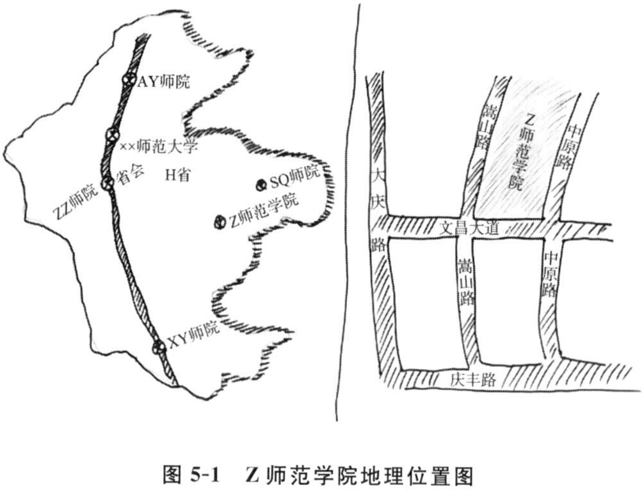

图 5-1　Z 师范学院地理位置图

Z 师范学院的发展大致可分为以下几个阶段：第一个阶段为创业期（1973—1999 年），主要指建校伊始到升本前的专科发展时期；第二个阶段为扩张期（1999—2012 年），主要指 Z 师范学院在办学规模上的极度扩张时期，这一时期迈出了两大步，第一步是筹建本科，第二步是本科建设，也称第一次转型，即专科向本科的过渡；第三个阶段为转型期（2012 年至今），主要指 Z 师范学院从外延扩张向内涵式发展的第二次转型时期（详见表 5-1）。

表 5-1　Z 师范学院组织变迁历史节点表

时间	校名	备注
1973 年 5 月	Z 地区师资培训学校	Z 地委建立 Z 地区师资培训学校
1974 年 6 月	Z 师范学校	上级批准建立 Z 师范学校，属于中专层次
1975 年春	Z 师范学校	这一时期社会上所说的“Z 师范（大专班）”，就是 Z 师范学校，但办学层次仍属中专
1982 年 4 月 8 日	Z 师范专科学校	H 省人民政府下文，将“Z 师范（大专班）”改为“Z 师范专科学校”
1992 年 4 月 20 日	Z 师范高等专科学校	国家教委下文，学校校名由“Z 师范专科学校”改为“Z 师范高等专科学校”
2000 年	Z 师范高等专科学校	Z 教育学院并入 Z 师范高等专科学校
2002 年 3 月	Z 师范学院	教育部同意建立 Z 师范学院

一、初创期的艰难创业（1973—1999 年）

（一）Z 师范学校时期（1973—1982 年）

“文化大革命”结束以后，全国处于百废待兴的状态，教育千疮百孔，人才青黄不接。地处 H 省东南部的 Z 市（当时叫 Z 区）急需大量的师资来弥补“十年动乱”给教育带来的创伤。从当时 Z 市的客观情况来看，Z 市的高中学校数由“文化大革命”前的 10 所增至 153 所，增长了 14.30 倍；高中学生由 1965 年的 3375 人增至 38932 人，增长了 10.54 倍；初中学校由 1965 年的 75 所增至 2193 所，增长了 28.24 倍；初中学生由 1965 年的 24251 人增至 194964 人，增长了 7.04 倍；小学学校由 1965 年的 2156 所增至 7688 所，增长了 2.57 倍；小学生由 41 万人增至 98 万人，增长了 1.39 倍。

（二）Z 师范专科学校时期（1982—1999 年）

为了适应经济发展的需要，H 省拟筹建一所经济学院，且已经得

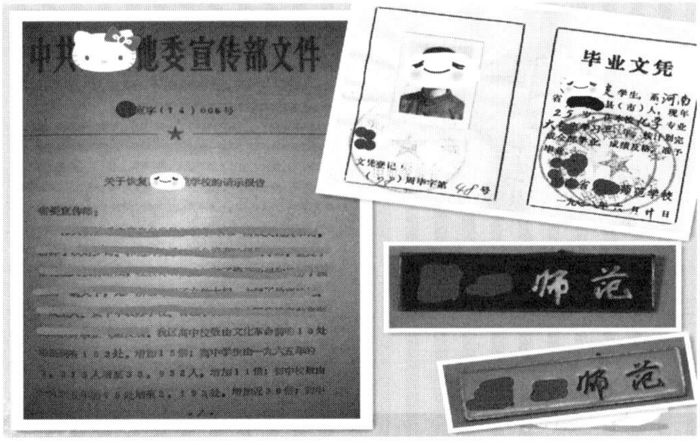

图 5-2　Z 师范学校时期相关图片

图左侧为恢复 S 学校筹建 Z 学校的请求报告；图右上为 Z 师范学校时期第一届毕业生的毕业证书；图右下的两个校徽分别是教师校徽和学生校徽

到国务院的批复，校址拟定在 H 省 ZZ 市（ZZ 师专校址），而将现有的 ZZ 师专迁往 Z 市，与 Z 师范（大专班）合并成立 Z 师范专科学校，原 Z 师范（大专班）不再保留。

按照教育部、省政府、教育厅的指示，Z 师范学校着力筹备 Z 师范专科学校的兴建工作，并着力推进与 ZZ 师范专科学校的合并事宜。从此，Z 师范（大专班）不仅从办学层次上得到了提升，即中专层次向大专层次的升格，并且在办学规模上也实现了进一步扩大。Z 师范学校原有专职教师 123 人，设有中文、数学、物理、化学、英语、政治、艺术七个专业；ZZ 师范专科学校设有中文、数学、物理、化学、英语、生物六个专业，除生物专业不能招生外，其他专业均正常招生，Z 师范（大专班）的艺术、政治专业仍予以保留。

国务院国发〔1978〕68 号文件《国务院批转教育部关于高等学校改为学院审批权限的请求》规定："高等学校在科类、性质、归属和领导体制等方面不变的情况下，只改变名称时……，由省市自治区革委会或部委审批，报送教育部备案。"

1982 年 5 月 5 日，H 省教育厅向教育部提交备案报告，拟将 ZZ 师范专科学校迁至Z师范（大专班），改名为Z师范专科学校，Z师范（大专班）不再保留。

从此，Z师范（大专班）实现了从中专向大专的过渡，也从此更名为Z师范专科学校。

图 5-3　Z师范专科学校时期相关图片

二、升本期的华丽蝶变（1999—2012年）

H省是人口大省，20世纪90年代人口已经达到9300万，而本科院校仅有18所，社会大众对高等教育，尤其是本科教育的需求极为强烈，如何实现“精英化”高等教育向“大众化”高等教育的转变成为摆在H省亿万人民面前的难题。H省按照国务院“积极发展高等教育”的战略决策，对H省高等教育布局作出调整，计划将本科院校由18所增至25所。

Z师范高等专科学校（以下简称“Z师专”）所在市是一个超过1000万人口的大市（当时“市”称为“区”），在全省第二大人口大区，人口密度比省均密度多230人/平方千米，却只有一所全日制普通高等专科学校，6所中专，一所成人高校。从基础教育对师资的需求来看，Z市高中教师学历不达标的有1246人，占44.4%；职业高中教师学历不达标的为1246人，占72.1%；初中教师学历不达标的为5833人，占24.7%[①]。1999年，Z师专的招生规模仅1100人，在校生2321人，共有10个系、17个专业，专任教师仅267人。规模小、办学层次低成为制约Z师专的主要瓶颈。

1999年4月，Z地区行政公署向H省政府递交了依托Z师专省、地共建Z师范学院的报告，并成立了Z师范学院筹建工作领导小组，领导小组组长由地委副书记担任，副组长由地委主要领导和Z师专校长担任。

筹建初期，Z师专校园占地面积仅为480亩，校舍建筑面积8.6万平方米，馆藏图书36万册，13个专科专业，招生规模1100人。教师队伍建设也略显不足，专任教师仅267人，其中教授6人，副教授88人，专任教师中硕士研究生仅62人，没有博士研究生学历的教师。由于师资队伍、教学用地、仪器设施等方面与本科要求存在一定差距，1999年的升本目标未能实现。

2000年，Z师专与Z教育学院合并，两校合并后，Z师专占地面积达到736亩，校舍建筑面积达到19.1万平方米，馆藏图书达到74.4万册，专业数达到21个，招生人数为2376人。教师队伍建设也得到了大幅度提高，专任教师达到了487人，其中教授13人，副教授155人，博士研究生12人，硕士研究生91人。

在相应条件基本达标后，2000年4月20日，Z区行署再次向H省人民政府提交了设置Z师范学院的请示，同时提交了申报建立Z师范学院的论证报告。2000年6月，H省人民政府向教育部提交了设置Z师范学院的文件。2002年3月21日，教育部向H省人民政府发出同意建立Z师范学院的通知，通知指出，根据《普通高等学校设置暂行条例》和全国高等学校设置评议会的评议结果，同意在Z师范高等专科学校与Z教育学院合并基础上建立Z师范学院，并对办学投入、办学规模、办学性质、办学体制、专业设置作了相应的规定。同年5月，Z师范学院

① 当时初中学历按大专、高中学历按本科进行统计。

图 5-4 Z 师范学院升本时期相关图片

首批 6 个本科专业（汉语言文学、思想政治教育、英语、数学与应用数学、物理学、化学）获批，至此，学校有了 12 个系、29 个专业。其中师范专业 21 个，非师范专业 8 个。招生计划 3200 人，其中本科 600 人，专科 2600 人。至此，Z 师专完成了由专科向本科的转型。

三、转型期的上下求索（2012 年至今）

由于办学规模的过度扩张、人才培养过度重视理论教学而忽视实践教学，学科专业、人才培养同质化严重，新建本科院校毕业生就业困难，尤其是师范类院校的毕业生就业状况更是令人担忧。教育部对 2012 年毕业生就业率统计排名显示，排名第一的是“985 工程”高校，第二是高职院校，第三是“211 工程”大学，第四是独立学院，第五是科研院所，第六是地方普通高校①。到底是什么原因使新建本科师范院校毕业生就业出现了困难？我们不得不反思人才培养问题。经过反复讨论和论证，达成的共识是：人才培养过度重视理论，轻视应用。向应用技术转型成了地方本科院校发展的方向。《国家中长期教育改革和发展

① 李剑平．地方本科高校就业率垫底现象引关注［N］．中国青年报，2013-07-03．

规划纲要（2010—2020年）》要求，要重点扩大应用型、复合型、技能型人才培养规模，以现实问题为导向，加强应用研究。教育部印发的《关于普通高等学校本科教学评估工作的意见》（教高〔2011〕9号）明确提出，本科教学质量评估的目的在于增强本科教学主动服务区域经济社会发展的需要，合理定位，办出自己的特色和水平，促进政府对高校的分类指导与宏观管理。

Z师范学院于2012提出了建设“高水平应用型本科高校”的办学目标；2013年，学校召开第二次党代会，确定了建设特色鲜明的高水平应用型本科高校的发展目标；2014年1月，学校教代会通过学校转型发展规划，规划通过了转型发展实施方案、转型发展专业实施方案、转型发展产学研合作教育实施方案、转型发展教师队伍建设实施方案、转型发展实验室建设实施方案、转型发展学生发展工作实施方案。2014年10月，学校被确定为H省转型发展试点高校。试点高校确立后，Z师范学院转型方向基本明确，也从此开始了以“工学、经济学、管理学”为主导学科的方向转型，并逐渐淡化师范专业。2015年10月，教育部、财政部、发改委出台了《关于引导部分地方普通本科高校向应用型转变的指导意见》，引导地方本科院校以服务地方经济社会发展为目标，实现向应用技术型院校的转型。2015年11月，Z师范学院被确定为H省4所“示范性应用技术型本科高校”之一，并获得省政府财政各项补助等资金近3000万元。

2015年8月，Z师范学院先后成立了网络工程学院、机械与电器工程学院和设计学院，从2014—2016年学校新设置的专业来看，三年内共新增7个专业，全部为工学类专业。至此，Z师范学院初步形成了以理学、工学、商学类学科专业为主体，以师范和非师范类的文学、艺术、人文社科类学科专业为两翼的学科专业布局。截至2016年10月，学校共有55个本科专业，其中非师范专业占71.4%，工学、经济学、管理学专业占38%。但这种转型也仅仅是个开始，未来深入转型将何去何从，转型的方向是否正确，都有待时间的检验。

第二节　Z 师范学院的组织变迁

自 1999 年以来，一些地方专科院校通过合并、直接升格、转设等方式成立了大批地方本科院校，在国家扩招政策的引导下，这批新建本科院校迅速扩大校舍面积、招生规模和在校生人数，我国高等教育迅速迈进了大众化阶段。但新建本科院校的办学质量如何？如何进一步引导新建本科院校向规范的方向发展？这些都是高校管理者、教育行政部门必须思考的问题。2008 年，教育部开始了本科高校评估工作，主要对 1999 年以来升本的高校进行合格评估，对老牌本科院校进行审核评估，对一些不合格的院校进行限期整顿甚至降格，这给新建本科院校带来巨大的压力。一方面，大多新建本科院校由于办学时间较短，多以师范院校为起点升格而成，很难达到评估指标要求的生师比、研究生以上学历结构、高级职称比例结构等条件；另一方面，一些以师范院校为起点的新建本科院校在规模扩张后，由于强制性、规模性和办学目标模糊形成的互相模仿，其教学质量、就业质量大幅下滑，在这种背景下，新建本科院校不得不进行学校组织结构的调整与转型。

Z 师范学院在不同时期面对不同的组织环境，只能不断调整自身的办学定位以适应环境的变化。在高等教育大众化时期，Z 师范学院与大多地方院校一样，采取了规模扩张的战略，实现了办学规模的扩张，赢得了发展机遇。规模扩张使学校在教师队伍、学生规模、办学经费等方面都得到了大幅提升，也为学校从专科向本科跃迁创造了条件。Z 师范学院升本后，进一步加快了规模扩张的步伐，使学校在一个较短的时间内实现了专科向本科的转型。过度规模扩张使学校陷入了办学危机，办学经费紧张、学生就业困难、师资缺乏、就业质量下降等问题，使 Z 师范学院不得不以市场为导向进行应用转型的变革，但转什么？如何转？转型是否适合师范院校？针对这些问题，Z 师范学院在管理体制、院系结构、学科专业设置、教师队伍建设等方面进行了大胆的探索。

一、组织定位变迁

办学定位是一个学校发展的宏观性、前瞻性的把握，是一所学校未来发展的方向。潘懋元先生是较早对院校办学定位提出意见的学者之一。潘先生认为，办学定位应从“目标定位、服务面向定位、学科专业定位、人才培养定位、教学定位、科学研究定位”六个方面[①]进行考虑，为院校制订战略规划提供了相关的分析框架。顾永安对地方本科院校办学定位的特质进行了论析。顾永安认为，办学定位要考虑到“服务面向的区域性、办学类型的应用性、发展模式的校地互动性、办学特色的鲜明性、办学质量的著称性、办学目标定位的导向性”六个方面[②]。由于Z师范学院的特殊性，以及研究目标的特殊性，本部分仅对人才培养定位、办学水平定位、办学规模定位、服务面向定位、学科专业定位五个方面进行例证和论述，其他定位类型将在后面部分进行探讨。

（一）人才培养定位

人才培养定位主要指院校培养人才的方向，是院校最根本任务的确定。从Z师范学院的人才培养定位来看，在不同时期定位存在着很大的不同。

1. 从重视“中小学师资”的人才培养定位向重视“应用型”人才培养定位的转变

在“十五”计划文本中可以看到，Z师范学院人才培养主要定位在为基础教育培养中学、中等职业技术学校师资，而在“十三五”规划文本中就不再有培养师资的文字，取而代之的是应用型人才为主导的内容。

2. 从培养“高级专门人才”向“综合素质人才”的转变

在“十五”计划文本中，明确提出为Z区域经济建设发展培养高级专门人才；而在“十一五”期间，则提出了培养创新型人才，在“十二五”期间，提出培养适合学生个性发展的人才，在“十三五”期间，提

① 潘懋元．做强地方本科院校——地方本科院校的定位与特征研究［J］．中国高教研究，2009（12）：15-18．

② 顾永安．新建本科院校办学定位的特质性分析［J］．江苏高教，2009（2）：66-68．

出培养德、智、体全面发展，综合素质优良的人才。

3. 从重视理论向偏向实践的转变

"十三五"规划文本之前的三个文本都没有明确提出对学生实践能力的培养，提出更多的是"专门人才""技能人才"等传统本科院校甚至重点院校的人才培养标准，而只有"十三五"规划文本才提出培养具有较强社会责任感和实践能力的应用型人才。可以看出，进入"十三五"后，Z师范学院开始重视以实践能力为基础的应用型人才的培养。

4. 以工具理性教育为主，忽视人的培养

四个文本中，只有"十二五"规划明确提出重视学生的主体地位和个性发展，培养适合学生个性发展的人才，其他三个规划都是以社会为导向，培养区域经济发展和社会发展所需要的人才，规划文本过度强调了工具性的教育而忽视了对人本身个性的培养（详见表5-2）。

表5-2　Z师范学院人才培养定位

	"十五"计划	"十一五"规划	"十二五"规划	"十三五"规划
人才培养	为基础教育培养具有本、专科学历的中学师资和中等职业技术学校师资，为地区经济建设和发展培养适用的高级专门人才	基础宽厚、特长鲜明、技能突出、素质高、能力强的创新人才	高度重视学生的主体地位和个性发展，遵循教育规律和人才成长基本规律，培养适合学生个性发展的人才	培养德、智、体全面发展，基础理论扎实，专业技能过硬，综合素质优良，具有较强的社会责任感、较强创新和实践能力的应用型人才

资料来源：Z师范学院"十五"至"十三五"期间各年事业发展计划或规划。

（二）办学水平定位

1. 由"师范型"向"应用型"的变迁

从"十五"计划和"十一五"规划文本可以看出，师范本科院校是其主要定位，而"十二五"规划文本仅提出"教师教育特色"，而没有把师范本科院校作为主要办学定位，文本最后明确提出建立"具有雄厚办学实力的现代化应用型地方本科高等学校"。在"十三五"规划文本中，不再有"师范"二字，而是明确提出建立"应用型"本科高校。

2. 由“多科性”向“综合性”的变迁

在2002年升本初期，即“十五”时期，Z师范学院仅有三大学科门类，而这一时期，Z师范学院就开始提出使学院成为具有相当规模、学科门类齐全的本科院校，可见“十五”时期，Z师范学院已经不安于多科类的办学方向，开始规划向综合类院校发展。2005年，Z师范学院已经有七大学科门类；在“十一五”规划时期，虽然仍提出建设“多科性本科师范院校”的办学定位，但实际上，“十一五”初期，Z师范学院学科门类已经达到7个，“十一五”末期，学科门类已经达到8个。“十二五”期间，学科门类已经达到9个，完全迈向了综合类院校。

3. 从“合格本科”到“加强特色”再到“树立品牌”的转变

“十五”期间，Z师范学院处于升本初期，其规划仅限于依托师范优势，提出办“师范本科院校”。“十一五”时期，学校经过几年的本科发展，具备了一定的本科办学经验和师范专业的优势，因此，规划文本开始提出“教师教育优势明显”“国内外有一定影响力”等这样的词汇。可以看出，学校在本科办学中开始走向自信，立足于办出师范特色，立足于办好本科教育。“十二五”期间，学校更加明确地提出“教师教育特色”，同时，提出了“应用型”这一办学类型，开始树立品牌意识。“十三五”规划文本，明确提出建立“应用型本科高校”，表明学校已把“应用型”作为自己的办学特色（详见表5-3）。

表5-3　Z师范学院办学水平定位

	“十五”计划	“十一五”规划	“十二五”规划	“十三五”规划
办学水平	成为具有相当规模、学科门类齐全、师资队伍稳定、办学条件较好的师范本科院校	教师教育优势明显，综合实力较强并在国内外有一定影响力的开放性、多科性本科师范院校	以本科教育为主体、教师教育特色鲜明、多学科协调发展，具有雄厚办学实力的现代化应用型地方本科高等学校	到2020年，把我校建设成为特色鲜明、优势突出的地方性、综合性、高水平、应用型本科高校

资料来源：Z师范学院“十五”至“十三五”期间各年事业发展计划或规划。

（三）办学规模定位

1. 学生规模：规模扩张是主旋律

按照规划，学生规模2005年达到7000人，2010年达到13000人，2015年达到22000人，2020年达到26000人。

“十五”计划对学生规模就有了明确的规定，2001年达到5000人，2005年达到7000人，而Z师范学院的学生数1999年是2321人，2000年为3681人，2001年则达到了5610人。可以看出，Z师范学院到2001年超额完成了规模扩张规划。2005年实际在校生数达到10544人，远远超出了“十五”计划。

“十一五”末，Z师范学院实际在校生数为19508人，远远超出了13000人的规模扩张规划；“十二五”末，实际在校生数为23715人，也超出了当初规划人数。截至2017年9月，Z师范学院实际在校生数已经达到25000人以上，2020年，在校生数达到25479人，基本达到了2020年预期26000人的目标。

2. 校园规模：扩大校园面积是现实需要

随着学生人数的增加，校园占地面积与实际建筑面积都有待进一步扩展，以满足学生的学习和生活需要，校园占地面积从“十五”计划的750亩左右到“十三五”规划的1800～2000亩。学校前期已对教学用房、图书馆、风雨操场、教职工生活用房等进行了明确规定，在“十三五”规划中就不再详细叙述教学设施建设问题，可以推断，“十三五”末期，Z师范学院基本完成了校园基本设施建设。

3. 师资规模：扩大教师队伍，优化教师队伍结构

其一，教师数量不断扩大。“十五”计划中，2005年专任教师规模达到580人；“十一五”规划中，2010年专任教师规模达到842人；“十三五”规划中，2020年专任教师规模达到1400人。

其二，具有高学历、高级职称教师比重不断提升。“十五”期间，具有研究生学历的教师达到40%以上；“十一五”期间，教授、副教授比例达到30%以上，其中具有博士学位教师达到10%；“十二五”期间，专任教师中具有高级以上职称的达到30%以上，其中教授达到100

人左右，具有研究生学历的教师达到 80% 以上，具有博士学位的教师达到 150 人；“十三五”规划对高层次人才更加重视，实施“1135 计划”，规划具有博士学位的教师达到 500 人左右（详见表 5-4）。

表 5-4　Z 师范学院四次规模扩张规划

	“十五”计划	“十一五”规划	“十二五”规划	“十三五”规划
学生规模	2001 年达到 5000 人（2000 年专科在校生 3881 人）；2005 年在校生规划达到 7000 人（其中本科 5000 人，专科 2000 人）	到 2010 年，全日制在校生规模达到 13000 人，成人教育各类在校生达 10000 人	2015 年，全日制普通本、专科在校生规模稳定控制在 22000 人左右，成人教育在籍学生达到 5000 人，联合培养硕士研究生 40～60 名	2020 年，办学规模达到 26000 人
校园规模	2005 年，校园占地面积达到 750 亩左右，2001—2005 年计划建校舍 7.42 万平方米	2010 年，校园占地面积达 1200 亩以上，重点建设图书馆、艺术楼、实验楼等教学用房和风雨操场，使教学行政用房面积达到 20.8 万平方米	新建教学行政用房 7.31 万平方米，学生公寓 2.74 万平方米，教职工生活用房 8.10 万平方米，完成总建筑面积 18.15 万平方米。启动征地工作，完成 272 亩预留土地征地任务，到“十二五”末，教学行政用房总面积达到 31.1 万平方米	学校占地面积达到 1800～2000 亩

续表

	“十五”计划	“十一五”规划	“十二五”规划	“十三五”规划
师资规模	2005年专任教师达到580人，其中具有高级职称教师232人，具有研究生学历教师达到40%以上	2010年，专任教师达到842人，生师比控制在18∶1以内，教授、副教授比例占教师总数的30%以上，其中具有博士学位的教师达到10%。为教师营造一流的学术环境和生活环境	2015年，生师比控制在18∶1以内，专任教师中具有高级职称的达到30%以上，其中教授达到100人左右，实现二级教授聘任的突破。具有博士、硕士学位的教师达到80%以上。其中具有博士学位的教师达到150人，努力实现中青年教师硕(博)士化	专任教师达到1400人左右，具有博士学位的专任教师达到500人左右，实施“1135人才工程”：即柔性引进10名左右院士、长江学者等国内知名专家，培养10名左右中原学者、省管优秀专家、享受省政府特殊津贴专家或省级学术技术带头人；引进300名博士，到“十三五”末，具有博士学位的教师达到500人左右

资料来源：Z师范学院“十五”至“十三五”期间各年事业发展计划或规划。

（四）服务面向定位

服务面向主要指院校在人才培养、科学研究、社会服务时所涉及的地理区域和服务范围，我国地方院校多数分布在所在的地方城市，少部分分布在所在的省会城市，因此，服务所在城市是其主要服务面向①。而一所院校服务面向的定位可以反映这所院校在办学定位上的格局，反映这所院校与区域经济社会联系的密切程度。Z师范学院服务面向定位有以下几个特点。

1. 始终把“立足Z市、面向全省”作为主要服务面向

从“十五”计划到“十三五”规划，四个文本中有三个都提出了

① 潘懋元，车如山．做强地方本科院校的理论与实践研究［M］．北京：高等教育出版社，2016：2-5.

“立足Z市，面向全省”，可以看出，为区域建设发展培养所需要的人才是地方本科院校的基本职能。我们在前期的研究中也发现，在所统计的112所地方本科师范院校中，26.79%的院校都提出了立足所在地级市，有56.25%的院校提出服务面向所在的省（区）。可以看出，Z师范学院在这一点上与大多数院校是一致的。

2. 从“立足Z市”到“放眼世界”的转变

在“十五”计划中，Z师范学院提出“立足Z市，面向全省”；而在“十一五”规划中，Z师范学院服务面向定位已经扩大到“辐射全国”的范围；在“十三五”规划中，服务面向开始“放眼世界”。服务面向范围的扩大反映了Z师范学院办学格局定位的变化，同时也反映了Z师范学院办学思路求大这一特点，出现了不切实际的定位偏高的问题。

3. 开始与区域经济和新兴产业对接

在“十五”计划和“十一五”规划中，Z师范学院并未提出与区域经济发展的关系。而进入“十二五”规划后，Z师范学院明确提出“服务地方经济社会”，在“十三五”规划中开始注重与区域和国家主导产业、新兴产业的联系，其服务面向开始注重与区域产业的对接，为区域经济社会发展提供所需要的人才和智力支持。从而可以看出，Z师范学院从抽象的服务面向转向具体的为区域经济发展服务，开始注重与产业之间的关联，以发挥推动区域经济发展的人才支持、科研支持、服务支持等具体的大学职能（详见表5-5）。

表5-5　Z师范学院服务面向定位

	“十五”计划	“十一五”规划	“十二五”规划	“十三五”规划
服务面向	立足Z市，面向全省	立足Z市，面向全省，辐射全国	服务地方经济社会	立足Z市，服务全省，面向全国，放眼世界。为区域和国家主导产业、新兴产业提供有力的人才和智力支持

资料来源：Z师范学院“十五”至“十三五”期间各年事业发展计划或规划。

（五）学科专业定位

1. 学科门类求全

从“十五”计划开始，Z师范学院就开始了向综合类发展的学科定位。“十五”期间，Z师范学院原有实际学科门类仅3个，而规划在2005年，学科门类达到7个；“十一五”规划也提出了“学科门类齐全”的规划目标；“十二五”“十三五”时期，Z师范学院学科规模已经达到了9个，已经形成了门类齐全的学科布局。

2. 专业规模求大

“十五”时期，Z师范学院就开始了增扩专业的规划，规划到2005年，专业规模达到21个。实际上，到2005年，Z师范学院专业规模达到了24个，超额完成了“十五”计划；规划到2010年，专业数量达到46个，而在2010年实际专业数量达到42个，基本完成了专业规划；规划到2015年，本科专业达到49个，实际在2015年，本科专业达到了48个，基本完成规划任务；规划到2020年，本科专业达到60个，而实际到2020年，专业规模达到64个。可以看出，专业规模求大是Z师范学院专业定位的主要特点。

3. 从“师范型”向“应用型”的转变

从“十五”计划开始，Z师范学院就开始了非师范专业的建设规划，规划到2005年建成非师范专业9个。需要指出的是，“十五”期间，师范专业在计划文本中还具有相当比重，但“十一五”规划文本仅提到“巩固基础教育学科”，未再提“师范”二字，而是重点提到“着力发展非教师教育类应用学科”。“十二五”期间，与“师范”“教师”有关的文字就再也没有提及，规划文本也相对模糊。“十三五”规划文本，虽提到强化“教师教育”等基础学科，但重点已转向“工学、经济学、管理学”等与地方经济社会发展联系紧密的学科专业，且明确提出“工学、经济学、管理学”类专业达到专业总数的50%左右。2020年后，师范专业已经淡出规划文本，以“工学、经济学、管理学”为主导的学科专业布局已经成为Z师范学院发展的主旋律（详见表5-6）。

表5-6 Z师范学院学科专业定位

	“十五”计划	“十一五”规划	“十二五”规划	“十三五”规划
学科专业	2005年，达到7大学科门类21个专业，其中师范类4大学科12个专业，非师范类4大学科9个专业。在现有12个系18个专业的基础上，拟首批开设6个师范本科专业，2005年本科专业逐步达到14个左右	巩固和提高基础教育学科，着力发展非教师教育类应用学科。调整学科专业结构，形成门类齐全、结构合理的学科专业布局。到2010年，本科专业数量达到46个。形成以理学、文学等学科专业群为主干，学科结构更加科学、门类更加齐全、布局更加合理的学科专业结构	强化现有学科优势，积极推进特色鲜明、优势突出的学科群建设。加强新兴学科、交叉学科培育，不断寻求新的学科亮点。到2015年，建设4～6个省级重点学科、9～12个校级重点学科以及2～4个具有自身特色优势学科群。优化专业结构，强化专业特色。到2015年，本科专业达到49个，建设2～3个国家级特色专业建设点，6～8个省级特色专业建设点，12～15个校级特色专业建设点	强化文、理、教育等基础学科，突出教师教育与艺术类专业优势；重点发展工学、经济学、管理学等与地方经济社会发展相适应的专业，工学、经济学、管理学类专业达到专业总数的50%左右。本科专业达到60个

资料来源：Z师范学院“十五”至“十三五”期间各年事业发展计划或规划。

二、组织规模扩张

1999年Z师范学院就开始了规模扩张之路，但由于受办学层次的限制，只能以专科生为主进行招生，招生规模扩张是非常有限的，且受师资、校园占地面积等多方面因素的制约，学校可发展的空间极其有限。2002年升本后，学校制订了扩招计划（详见表5-7）。

表 5-7　Z 师范学院升本期的扩招计划①

阶段	时间	全日制在校生			
		专科	本科	研究生	合计
第一阶段	2003—2005 年	7000	4000		11000
第二阶段	2006—2010 年	—	14900	100	15000
第三阶段	2011—2020 年	—	15000	1000	16000

（一）学生规模的变化

从招生规模来看，从 1999 年到 2019 年，Z 师范学院的招生规模从 1999 年的 1100 人扩大到 2019 年的 7383 人，其规模增长了 5.71 倍，从 1999 年到 2009 年，招生规模增长明显。到 2009 年，Z 师范学院的招生规模已经达到 7016 人，从 2009 年到 2019 年，则相对平稳，每年保持 7000 人左右的招生规模（详见图 5-5）。

从在校生人数来看，Z 师范学院 1999 年仅为 2321 人，而在规模扩招之后，2005 年，达到 1 万人以上，2011 年则达到了 2 万人以上，2019 年在校生规模已达到 25758 人，成为新建本科院校中人数较多的高校之一（详见图 5-5）。在本研究所统计的 112 所地方本科师范院校中，在校生 2 万人以上的院校有十余所，如长江师范学院、洛阳师范学院、南阳师范学院、安阳师范学院等。

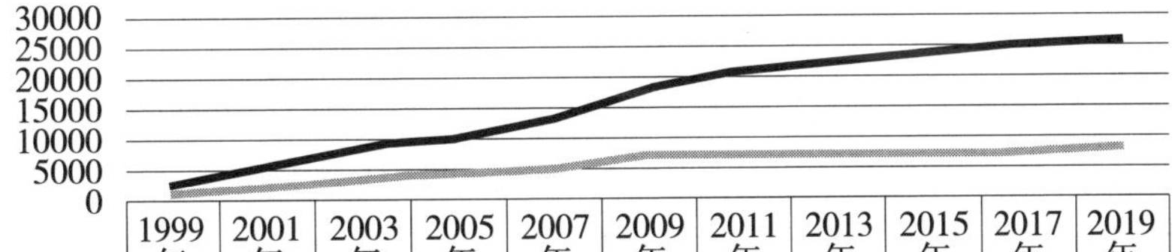

	1999年	2001年	2003年	2005年	2007年	2009年	2011年	2013年	2015年	2017年	2019年
招生人数	1100	2376	3282	4200	4681	7016	6981	6494	6625	7716	7383
在校生数	2321	5610	8751	10544	12783	17532	21123	22185	23715	25784	25758

图 5-5　Z 师范学院招生规模和在校生数的变化（1999—2019 年）

① Z 师范学院升本期的扩招计划是针对升本工作作出的，与学校不同时期的正式规划有一定出入，有些计划并没有得到有效落实。

从现有数据可以看出，Z师范学院与其他同类院校一样，一直在不断扩大招生规模，如2013年，为了适应Z市产业结构调整的需要，Z市政府同Z师范学院签署战略合作协议，Z市政府对Z师范学院的光电信息科学与工程、生物工程、生物技术、材料化学专业给予一定的资金支持，而这几个专业当年并没有扩招计划，于是报请教育厅，对这几个专业扩大招生500人，而在实际的招生中，几乎每年实际招生数都远远超出了计划招生数。

（二）教师队伍的壮大

随着学生规模的不断扩大，师资的短缺成为Z师范学院面临的一大难题。从2002年升本以来，Z师范学院就推行了一系列吸引优秀师资的政策。为了吸引师资，Z师范学院在各大报纸刊登招聘广告。如2002年在《光明日报》上刊登招聘优秀教师的信息，对院士、国家级学术带头人给予30万～50万元安家费、180平方米的住宅、10万元年薪、5万～30万元的年津贴；对博士给予6万元的安家费、120平方米的住宅、副教授待遇、2万～5万元的年津贴；对硕士甚至优秀的本科生也给予相应的待遇，以吸引优秀教师。在“十五”计划中，Z师范学院提出2005年师资规模达到580人（后改为600人），其中高级职称教师达到232人，且有研究生学历的教师达到40%以上。“十一五”规划提出，到2010年，专任教师达到842人，生师比控制在18∶1以内。“十二五”规划再次提出生师比控制在18∶1以内。为什么Z师范学院多次在规划中要求生师比达到18∶1？这是因为教育部评估机构对本科师范院校进行合格评估时，要求本科师范院校生师比在18∶1以内才为合格，因此，进一步吸引师资，扩大教师队伍规模成为Z师范学院的必然选择。

1999年，Z师范学院专任教师仅267人，2011年专任教师达1012人，2019年专任教师已经达1253人。教职工队伍则更为壮大，从1999年的378人增加到2019年的1519人，增长3倍以上（详见图5-6）。

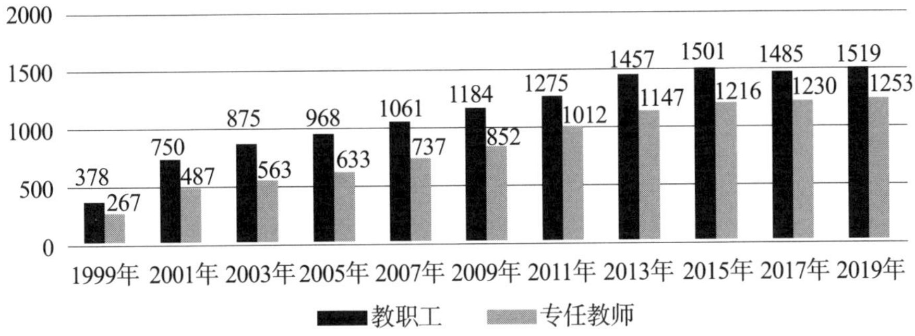

图 5-6　Z 师范学院教师队伍规模变化（1999—2019 年）

（三）院系、学科、专业的增加

院系、学科、专业是一个统一的整体，院系是学科、专业建设的平台，学科、专业支撑着院系的建设和发展。学科是专业建设的龙头，专业又是学科建设的载体和工具。从总体上看，Z 师范学院从 1999 年开始，尤其是 2002 年升本后，在院系规模、学科专业规模上都进行了大规模的扩展。

从院系的发展规模来看，Z 师范学院从 1999 年的 11 个院系扩展到 2019 年的 20 个院（系），增幅近一倍，这与国外高校的院系规模形成了鲜明的反差。刘少雪、程莹等调查的哈佛大学、牛津大学、东京大学等 30 所世界名校，其院系规模平均为 9.7 个，而调查的北京大学、复旦大学、南京大学等 7 所国内名校，院系设置平均为 16 个[①]。Z 师范学院作为一所地方本科院校，2017 年就已经达到了 20 个院（系），一直持续到 2019 年，其规模之大，远远高于国内名牌院校，更高于世界名校。

从学科专业规模来看，Z 师范学院从 2002 年升本以来便进行了学科的扩张，从 2002 年的 3 个学科扩展到 2019 年的九大学科门类[②]。我

---

① 刘少雪，和莹，刘念才．创新学科布局，规范院系设置［J］．清华大学教育研究，2003（10）：67．

② 学科数据从 2002 年升本后进行统计，1999—2001 年，Z 师范学院还处于专科时期，其学科分类与本科学校划分不是同一类属。

国高等教育共设十三大学科门类，而Z师范学院学科扩张比例就达到了69.23％。

从专业规模变化来看，2002年升本伊始，仅设置6个本科专业，而到2019年，本科专业设置已经达到62个（详见图5-7）。

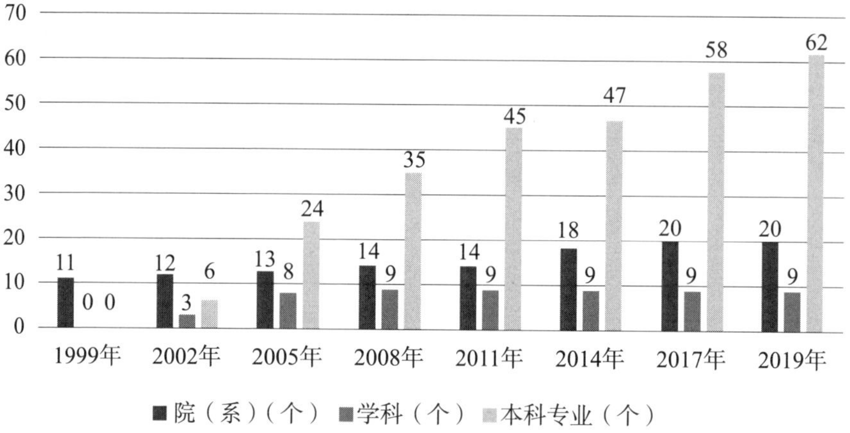

图5-7　Z师范学院院（系）、学科、本科专业增长态势图（1999—2019年）①

（四）学校占地面积、校舍建筑面积及馆藏图书的变化

从1999年开始，Z师范高等专科学校就开始升本的准备工作。但在学校占地面积、校舍建筑面积、馆藏图书等方面都无法达到本科院校的标准。在学校占地面积方面，1999年Z师范高等专科学校占地仅480亩，为了达到本科院校的规模，2000年，Z师范高等专科学校与Z教育学院合并，至此，学校占地面积达到了636亩。2004年11月8日，学校新征658亩教学用地，占地面积达到1400亩。2008年，学校占地面积达到1500亩以上，此后处于一个相对稳定的阶段。

在校舍建筑面积方面，升本期是一个变化较大的时期，2000年，两校合并，校舍建筑面积从8.60万平方米上升为14.65万平方米。

① 1999年为专科阶段，本研究统计学科以本科学科数为统计单位，由于专科专业与本科专业的差异性，没有本科专业阶段学科数按零进行统计。

2004年，学校新征658亩教学用地，校舍建筑面积在此基础上得到了大幅扩展。2008年至2012年，是校舍建筑面积迅速扩大的几年，校舍建筑面积从34.84万平方米上升为51.54万平方米。这主要是由于2008年下半年，教育部启动了本科院校教学评估工作，规定凡1999年以来升本的院校都要进行教学合格评估，对达不到评估要求的，限期整改或降为专科学校。因此，Z师范学院加快了校园建设的步伐。

在馆藏图书方面，与校舍建筑面积的增长类似，除升本期和评估期有较大的变化外，其他时期较为稳定。1999年馆藏图书为36.10万册。2000年，两校合并，馆藏图书达到66.40万册。2008年，本科院校合格评估开始后，为了达到本科院校馆藏图书的标准，Z师范学院引进、购买了大量图书，2008年至2010年两年间，图书数量从99.09万册上升为120.05万册，2012年再度上升为137.97万册（详见表5-8）。2013年，Z师范学院顺利通过本科院校教学评估。

表5-8　Z师范学院占地面积、校舍建筑面积、馆藏图书的变化（1999—2019年）

年份	占地面积（亩）	校舍建筑面积（万平方米）	馆藏图书（万册）
1999年	480	8.60	36.10
2000年	636	14.65	66.40
2002年	736	19.10	66.40
2004年	1400	19.10	85.30
2006年	1394	33.20	87.03
2008年	1511	34.84	99.09
2010年	1511	45.54	120.05
2012年	1525	51.54	137.97
2015年	1525	52.94	156.20
2017年	1525	57.72	160.81
2019年	1550	66.09	179.35

三、组织层次升格

（一）专科向本科转型的艰辛

为了提高办学质量、吸引优质生源、获取办学经费等，实现专科向本科的转型是Z师范学院现实而迫切的选择。但如何实现专科向本科的转型是Z师范学院面临的具体而棘手的问题。在建立的初期，组织的方向往往是模糊的。该不该升本、如何升本、升本需要哪些步骤等是困扰Z师范学院的主要问题。在不断探索和学习中，Z师范学院主要经历了以政府为主导的政策引导、以专家团队为指导的专业认可、同类院校的学习、合法化的流程等规制、规范、模仿的过程，最终实现专科向本科的转变。

校名的确定。就当时情况来看，Z市需要一所本科院校来提升办学层次，以满足区域师资的需要。但Z师专的办学条件与本科院校的标准尚有一定的差距，为此，Z师专提出了三年升本规划，争取用三年的时间，达到本科院校要求的标准，在这三年里，严格按照本科的标准进行办学设计、学科专业建设等，争取早日达到本科要求的办学水平。

1999年2月6日，Z师专提出了创建YD科技学院的请求，并提交到Z地区行政公署，H省政府认为“科技”二字并不适合，在师资力量较为薄弱的时期，地方高校还是应以培养师资为主。Z师专党委会重新讨论，于1999年4月15日，由Z地区行政公署向H省政府呈送了共建YD师范学院的请求，并向时任副省长进行了汇报，并得到了支持。当年9月16日，H省政府向教育部报送了申报设置Z师范学院的请示，但在报请教育部时，教育部考虑全国的院校名称的规范性，不允许Z师专使用“华北”“华中”“华南”这种大区域的冠名，只能用Z字开头，并保留师范类属，因此，Z师专升本只能用“Z师范学院”这一名称。经过多方协商后，Z师专最终确定把升本名称定为“Z师范学院”。

政策的引导和支持。1999年3月，教育部在杭州召开“全国师范教育改革座谈会”，提出师范教育“适度超前，优先发展”的原则，要求一个省办好一所大学，一个地市建好一所师范学院或师专，师范教育体系由本科、专科、中专三级向本科、专科二级过渡，并在二至三年内完成调整计划。

1999 年 10 月，H 省政府召开全省教育工作会议。会议决定，积极稳妥地推进高等教育管理体制改革和布局结构调整，用 3～5 年的时间，将 H 省本科院校由目前的 18 所发展至 25 所左右。当时主抓教育的副省长强调，要争取用最短的时间完成包括 Z 师专在内的 6 所师范专科学校的升本工作。

Z 地委、行署高度重视 Z 师范学院的申办工作，地委书记、行署专员和地委、行署其他领导同志多次听取汇报，指示一定要加强组织领导、做好申办工作，并成立了以地委副书记、行署专员为组长的“Z 师范学院筹建工作领导小组”。1999 年 4 月初，地区行署向省政府呈报了依托 Z 师专省地共建 Z 师范学院的请示，并向副省长做了详细汇报。行署副专员等领导同志也多次召开会议研究协调申办工作。由于 Z 师专办学条件还不足以达到本科的标准，为了能迅速地升本，Z 地委、行署牵头推动了 Z 师专与 Z 教育学院的合并，Z 教育学院并入 Z 师专可以在教师队伍、办学设施等方面给予 Z 师专很大的支持。对 Z 师专和 Z 教育学院合并升本工作，Z 地委、行署制定了切实可行的支持措施。

第一，两校合并后，地方政府对 Z 教育学院在每年 150 万拨款不变的情况下，同时按照教育法规定的教育经费的“三个增长”的比例，增加经费投入；第二，地委、行署决定对 Z 师专征用的 400 亩教学用地费用给予最大限度的减免，减免后的费用政府负担 70%，学校负担 30%，在办理征地及建设项目有关手续时特事特办，保证其用地随用随征，项目随建随办；第三，行署从 1999 年起连续 5 年每年财政拨款 450 万元，用于 Z 师专的基本建设；第四，2001 年，地方政府筹措资金为学校建设一幢建筑面积为 1 万平方米的师资培训楼；第五，Z 师范学院建成后，按照省地共建的原则，继续保持学院建设投入，投入资金每年不少于 500 万元。

政府主管，上级领导正式、非正式认可。在官方正式文件下达之前，往往需要主要领导的非正式认可。一般情况下，上级主要领导会到学校进行考察，并提出建议，看一看学校是否达标，还有哪些需要改进之处。如果上级领导同意并到学校视察，也就意味着领导认可学校升本的行为；如果领导拒绝，就意味着升本的希望不大。Z 师范学院也深知这一非正式的规则，为此，Z 师专首先邀请时任 H 省教委主任来学校考察，教委主任应允，并于 1999 年 12 月 11 日来 Z 师专听取汇报，Z 市行署专员、副专员、教委主任，Z 师专书记、校长、副校长等参加了汇报。汇报结束后，H 省教委主任提出三点意见：肯定了 Z 地委、行署对 Z 师专升本的支持；对落后地区的 Z 市办教育表示认可；认同作为人口大区的 Z 区需要一所本科院校。最终结论认为，Z 师专升本是很有希望的。

从教委主任的讲话可以看出，他对 Z 师专升本基本肯定，至少没有反对意见，但 Z 师专的升本还任重道远，也就是说，Z 师专当时还达不到本科的要求。

随后，Z 师专党委书记和校长多次到省政府汇报升本情况，Z 地区行署专员和地委书记也多次邀请时任副省长到该校视察，最终副省长答应并来到了 Z 师专，并就 Z 师专省地共建 YD 师范学院提出四点意见：①Z 师专省地共建 YD 师范学院符合高等教育发展需要，符合 Z 市的实际情况，省政府积极创造条件；②H 省高等院校较少，生源较多，Z 市需要一所本科院校；③希望 Z 地委、行署关心、支持 Z 师专发展，在软件建设和硬件建设上给予支持；④省政府理解和支持升本工作。

上级主要领导的认可是 Z 师专升本取得合法性的重要仪式性特征，虽然没有明确的文件规定，但这一做法往往是必不可少的。如果能够事前与相关主要领导通气，并得到主要领导的认可，那么事情也就成功了一半。

专家论证。Z 师专的升本工作不仅需要政策和官方的认可，也需要专业领域的规范性认可，从而取得合法性的地位。科林斯（Collins，1979）认为，专业化是指一个职业中的成员集体地界定他们的工作和方法以控制“生产者的培育”的努力[①]。由于专业领域的人员倾向于用同样的方式看待问题，把同样的政策、程序、结构视为规范许可和具有合法性，并以同样的方式进行决策[②]，因此，专业领域的认可是院校获得社会承认的资格证明、约束期待。

Z师专为了顺利升本，聘请了相关专家对学校的人才培养、科学研究、社会服务、软硬件设施的达标情况进行评估，论证其是否符合本科办学标准，如果存在差距，差距在哪里。相关专家的认可是Z师专升本的最为关键的因素之一，因此，Z师专极度重视，分别在南校区和北校区安排了接待专家的具体工作，由专职副校长负责，对住宿房间的预订、座谈会人员的参与、考察线路的设计等细节方面都进行了极为精心的安排。

专家组考察后提出两点看法：第一，Z市作为农业大市、教育大市，组建一所本科院校是十分必要的；第二，组建Z师范学院是切实可行的。同时提出了几点细微的不足，如教师精神不够饱满、某个学院的设备数量不够、学校章程缺少教授名单等。

通过专家的结论可以看出，Z师专升本工作基本得到了专家的认可，这是Z师专升向Z师范学院的规范性认可，是Z师专实现办学层次跃迁的合法性标志。

合法化仪式和流程。升本的过程不仅需要官方法律层面的认可，社会的合法性认可也显得非常重要。举行隆重的升本仪式被认为是取得社会认可的重要形式。仪式需要重要行政领导、国内有影响力的专家、地方主要党政领导出席，升本院校的全体师生等参与。

第一，相关政策文件的仪式流程。2000年4月20日，Z地区行署向H省人民政府提交了Z地区行政公署关于设置Z师范学院的请示，

---

① W. 理查德·斯科特，杰拉尔德·F. 戴维斯. 组织理论：理性、自然与开放系统的视角[M]. 高俊山，译. 北京：中国人民大学出版社，2015：20-37.

② Paul Dimaggio, Walter Powell. The Iron Cage Revisited: Institutional Isomorphism and Collective Rationality in Organizational Fields [J]. American Sociological Review, 1983, 48 (2): 147-160.

同时提交了申报建立Z师范学院的论证报告。2000年6月，H省人民政府向教育部提交了关于申报设置Z师范学院的报告。2002年3月21日，教育部向H省人民政府发出同意建立Z师范学院的通知。通知指出，根据《普通高等学校设置暂行条例》和全国高等学校设置评议会的评议结果，同意在Z师范高等专科学校与Z教育学院合并基础上建立Z师范学院，并对办学投入、办学规模、办学性质、办学主体、专业设置等做了相应的规定。至此，Z师专完成了向本科层次迈进的跃迁。

第二，举办升本仪式。2002年5月24日，Z师专举行了升本仪式，教育部、省、市领导，北京大学、南京大学等数十家高校领导及知名教授、博士生导师出席仪式。Z师范学院全体师生参加了升本仪式。仪式庄严隆重，出席仪式的有H省副省长、教育部师范教育司副司长、省教育厅厅长、省委组织部副部长、省委宣传部副部长等行政主管领导。出席仪式的专家有中国科学院院士、“两弹一星”元勋、北大方正集团董事长、全国高校设置委员会委员、北京大学教授等。中共甘肃省委书记，H省委常委、副省长，H省人民检察院检察长等发来贺电。上午9：30，Z市副市长宣布庆典仪式开始，教育部师范教育司副司长宣读了教育部关于同意建立Z师范学院的文件，H省教育厅副厅长发表了讲话。随后，由H省副省长、教育部师范教育司副司长、H省教育厅副厅长、Z市市长四人进行了揭牌。至此，Z师范学院完成了专科向本科层次跃升的合法化仪式流程。

（二）申报硕士点的尴尬

Z师范学院升本后，在办学规模、教学设施、师资队伍建设等方面都实现了大幅度的跨越。新建本科院校外延式的扩张迅速回应了市场对高等教育的需求，社会对办学层次和办学质量的要求也水涨船高，Z师范学院开始从规模扩张转向内涵式发展的道路。提高教学质量，申报硕士点是实现内涵式发展的重要路径。

Z师范学院从2008年就启动了申报硕士点的准备工作，2012年成立了学科建设办公室，由原科研处处长担任负责人，充分显示了Z师范学院对申报硕士点工作的重视。但时至今日，该校仍然没有一个硕士点。硕士点的申报工作不仅受自身办学条件的约束，还受国家学位办相关政策的限制。

政策约束的困境。国家对申报硕士点、博士点都有相关的政策要求。2017 年，国务院学位委员会出台了《博士硕士学位授权审核办法》（学位〔2017〕9 号）、《新增硕士学位授予单位申请基本条件》与《新增硕士学位授权点申请基本条件》（学位〔2017〕12 号），对硕士点的申报条件又做了重新规定，具体如下：

一、已列入省级学位委员会新增硕士学位授予单位立项建设的普通高等学校。

二、原则上应是已获得学士学位授权 8 年以上。拥有国家科研平台，承担国家科研任务、具有国内高水平师资队伍的普通高等学校，可不受年限限制直接申请。

三、坚持社会主义办学方向，全面落实立德树人根本任务，办学定位清晰、目标明确、特色鲜明，党建和思想政治工作落实到位。拟开展硕士生教育的学科或专业学位类别，必须是服务本地区经济社会发展急需的应用型学科或专业学位类别。

四、应有师德高尚、业务水平优良的师资队伍。专任教师中具有博士学位教师的比例不低于 25%（艺术、体育类高校的比例不低于 5%），具有硕士以上学位教师的比例不低于 80%。在校学生人数与专任教师的比例不超过 17∶1（艺术、体育类高校的比例不超过 15∶1），部分教师担任过硕士生导师，拟聘导师中应有一定比例的双师型教师及行业、企业专家。

五、现有本科生培养质量高，社会声誉良好。近五年内一般应获得多项省部级及以上教学奖励、精品课程、卓越计划和通过专业认证，无重大学术不端事件。已制定科学完整的硕士研究生培养方案，能够按方案开设高水平硕士生课程。

六、应具有一定的科学研究基础，目前承担多项省部级以上科研项目，以及若干项产教结合的横向科研项目。近五年来，教师年均科研经费不低于 4 万元（文科单科性高校和艺术体育类高校不低于 1 万元）。一般应获得多项省部级及以上科研奖励，有多项科研成果直接服务经济社会发展，取得较好的社会经济效益。

七、具有支撑硕士研究生培养所必需的实验室、基地等教学实践平台；拥有充足的教学科研仪器设备、图书文献资料；国内学术交流与合作活跃，与行业、企业等部门有实质性合作成果；学校生均经费收入不低于 3 万元（艺术体育类高校不低于 4 万元）。

八、学校研究生教育管理机构健全，专职管理人员配置合理，规章制度完善，执行情况较好。有完善的研究生奖助体系，公共服务体系完备。

从相关标准要求来看，Z 师范学院除升本年限（8 年以上）达标外，其他各项条件都不达标，如《新增硕士学位授权点申请基本条件》要求专任教师中具有博士学位教师的比例不低于 25%，Z 师范学院现有专任教师 1230 人（2016 年），其中具有博士学位教师 189 人，占专任教师的 15.37%；生师比要求不超过 17∶1，Z 师范学院生师比为 21.50∶1（2016 年）。Z 师范学院学科办主任（Z2）向笔者介绍了相关情况：

2011 年有个“特殊人才培养计划”，但只让报专业硕士，我省其他两所师范学院都已经提交了申报材料，我们学校今年没提交。到了 2012 年，政策做了调整，我们学校又错过了机会。也就是说，政策变化太快，我们老是错过最佳时机。但没有政策又没法申报。今年（2017 年）政策又变了，条件要求更苛刻，这对西部有利，对我们不利，如教师年均科研经费要达到 4 万元，我们才 2 万多元；学生生均经费不低于 3 万元，我们才 2 万多元。

从与学科办主任的交谈中笔者能感觉到，Z 师范学院 2017 年申硕的希望并不大。果然，2017 年 11 月公布的硕士点院校名单中没有 Z 师范学院。

实际需求与形式需求的困境。从Z师范学院的实际需求来看，申报材料科学与工程、生物科学硕士点是比较合理的，2014年，Z师范学院就把这两个专业列为了硕士点培育专业。Z师范学院在这两个专业方面有一定的办学基础和相关研究成果，师资力量也较为雄厚，具有较深厚的优势专业基础。Z师范学院规划处处长（Z1）概括地告诉笔者：

材料科学与工程是全校最好的专业，这个专业起点高，但社会不认可，考生都不报这个专业。

虽然材料科学与工程专业实际上很有优势，但由于社会认可度低，发展时间较短，并不适合作为申报硕士点的候选专业。生物科学是Z师范学院原副校长牵头的一个重点专业，但现在这位副校长调离了Z师范学院，该专业失去了一个重要的带头人。同时，H省有农业大学和其他生物科学专业很强的院校，Z师范学院并没有太大的优势。

也就是说，这两个专业是Z师范学院较强的专业，但却不是H省有突出优势的专业，并不具备竞争优势。Z师范学院学科办主任（Z2）进行了扼要说明：

学校首先考虑哪个专业能申报成功，其次考虑生源，最后考虑招生。

也就是说，再优势的专业，如果不能保证申报成功，那对于学校来说没有实际意义。经过权衡后，Z师范学院选择了申报农学硕士。申报农学硕士主要考虑到区域经济社会发展的需要，如地处沿海地区的院校申报与水产相关的硕士点获批的可能性就大些，地处工业发达地区的院校申报工程硕士成功的概率就大一些。从大多数人的认知来看，这一看法是合理的，Z师范学院也是按照合乎情理的逻辑进行操作的。Z师范学院地处农业大市，粮食产量占全省的1/4，占全国的1/20，因此，在硕士点的申报上选择了农学硕士。Z师范学院的一位学科办职员（Z4）

向笔者介绍了相关情况：

> 咱们本身就是一个农业大市，从感觉上讲，应该有需求，现代农业发展需要农业相关技术，但农民种地还是简单的一家一户，我们离现代农业还有相当大的距离，农业管理人员也没有评职称的需求，对农学硕士的需求量事实上是比较小的。但不申报农学硕士好像又说不过去，大家都认为申报农学硕士是适合区域发展需要的，申报后获批的可能性也大，符合指标要求。但实际上，并没有太大的农学硕士需求。

后来又经过多方面的权衡，Z 师范学院选择了教育学、艺术学、农学三大学科作为主要申报学科。教育学硕士依托师范专业的优势，且符合社会对教师学历的要求不断提高的趋势；艺术学硕士依托 Z 师范学院长期的学科基础，艺术师资在 H 省同类院校中也有优势，且 H 省招收艺术学硕士的院校比较少；农学硕士依托区域农业较为发达的优势，服务于区域经济社会发展。

在申报硕士点的问题上，Z 师范学院不得不依靠传统学科，如教育学、艺术学，虽然这些学科并不能为应用型转型提供多少有力的支撑，但在办学层次转型上，这些传统的师范学科却发挥着重要的作用。虽然农学不是 Z 师范学院的传统学科，Z 师范学院的农学基础也并不具有优势，但出于顺应政策的需要，不得不采取“有意设计”行为。

科研经费的困境。国务院学位委员会出台的《新增硕士学位授予单位申请基本条件》与《新增硕士学位授权点申请基本条件》（学位〔2017〕12 号）要求“近 5 年来，教师年均科研经费不低于 4 万元”，这一点对于大多新建本科师范院校来说都是可望而不可即的。Z 师范学院 2002 年升本，年均科研经费从来没有超过 500 万元，按现有专任教师 1230 人计算，每位教师年均科研经费在 4000 元左右，与 4 万元的要求相差 9 倍。Z 师范学院财务处副处长（Z9）说出了他的感受：

科研经费很少，2000 年基本没有什么科研经费，最近几年也从没有超过 500 万元，去年（2016 年）200 多万元，是较高的一年。

博士分拨的 10 万元科研起动经费目前还没有几个人能拿到。

上面的谈话透露出 Z 师范学院科研经费不足的状况以及相关人员对引进博士质量的担忧，高水平的博士又难以引进。那么，教师的科研水平又是什么情况呢？Z 师范学院文学院副院长（Z10）介绍了相关情况：

有些教师自从评上教授后，七八年都没发一篇 CSSCI，连基本的科研工作量都难以完成，个别教师科研积分甚至是负数，科研负数也才扣除大约 600 元的绩效，对这些教师根本产生不了压力。

就目前来说，Z 师范学院的科研主要靠为数不多的有一定科研水平的具有博士学位的教师支撑，虽然 Z 师范学院近几年推行了“高层次人才引进计划”，但由于其偏僻的地理位置、办学质量的尴尬水平，仅科研一项要具备申报硕士点基本条件绝非短期内能完成。

四、二级学院改革

高等教育质量标准一般以人才培养为逻辑起点，遵循四种逻辑：一种是学术导向的知识逻辑；二是社会导向的市场逻辑；三是本质导向的“人”的逻辑；四是行政导向的权力逻辑[①]。院系、学科、专业建设与发展也无外乎这四种逻辑导向，Z 师范学院院系调整的变迁过程主要经历了由学术导向的知识逻辑向社会导向的市场逻辑的历史演进过程。当然，以行政导向的权力逻辑始终伴随着整个组织转型的过程，并始终处于支配地位。

---

① 于慧. 高校本科专业设置的依据：内在逻辑的追问 [J]. 现代教育管理，2014 (3)：22-27.

（一）撤“系”设“院”：由“校—系”二级管理向“校—院—系”三级管理转变

从20世纪80年代开始，我国进行了新一轮的院系调整，主要由传统的系改为学院制，最早开始的是大连理工大学、中国人民大学、华中理工大学等。学院制改革的目的是简政放权，提高基层组织的积极性。而新建本科院校的学院制改革则是21世纪之后开始的，Z师范学院在升本初期并没有进行大规模的院系调整。这一方面是由于院校自身处于升本初期，刚刚由师专升格为师院，学校的自信度还不够；另一方面是由于学校的自身发展实际，还没有达到由“系”到“院”的水平。但进入2012年后，学校已经升本10年，在办学规模、教师队伍建设、学科专业设置等方面都基本达到了本科建设水平。2012年，教育部出台的《关于全面提高高等教育质量的若干意见》（教高〔2012〕4号）提出以学院为基本实施单位，进行综合性改革，探索创新人才培养模式。此时，教育部本科合格评估也已迫在眉睫，为了顺利通过合格评估，接受教育部这一合法性机构的认可，Z师范学院决定进行大规模的院系调整。2013年，Z师范学院党委会研究决定，对学院院系进行重新整合，如把历史专业合并至中文系成立文学院，新设视觉传达与设计、环境设计专业，把原有的美术学院改为美术与设计学院等，整合内容如下：

成立文学院、政法学院、教育科学学院、经济与管理学院、美术与设计学院、新闻与传媒学院、数学与统计学院、物理与机电工程学院、化学化工学院、生命科学与农学学院、思想政治理论教研部。同时撤销中文系、政法系、教育科学系、经济管理系、美术系、新闻系、数学与信息科学系、物理与电子工程系、化学系、生命科学系、公共理论教研部。

Z师范学院实施大规模的学院制改革，更多是基于合法性的需要，而非效率的逻辑。学院制改革后，二级学院的权力并没有发生实质性的改变，其财权、人事权仍然在学校层面。

Z师范学院教育科学学院院长（Z5）和原人事处副处长（Z8）就具体情况作了介绍：

人事、财务等主要权力仍在学校层面，各二级学院投入的多少由党委决定，财务处执行，人事政策由党委会决定，由人事处执行，具体招聘人员的选定虽交给了二级学院，如鼓励引进博士，并有一定的资金，硕士原则上不再引进，但具体需要多少由学校决定。现在博士招不进来，硕士想要又没有编制，如今年想招两个优秀的学前教育专业的硕士，但学校不给招聘名额。

过去，学校规模小，编制比较宽松，每年进一部分人，不存在缺编问题。后来，学校想扩大规模，申请编制时，就有限制了，开始提高门槛，上面给得少。原来进本科生就给编制，后来硕士生才给，现在博士生才给。编制权力在省里面，受省里政策影响大，额定编制的总人数控制死了，博士生可以优先招聘，硕士生只有20个指标，在有限指标内，就得权衡每个学院分配多少才合适。

在国家推行人事制度改革后，高校引进人才除了博士可以走“绿色通道”[①] 外，硕士以下全部采用人事代理制度[②]。但偶尔学校也会下放几个硕士编制指标给二级学院，因此，硕士列编成为众多二级学院争夺的人事权力。但无奈“僧多粥少”，学校在硕士列编这一问题上从不放权，权力一直掌握在学校层面。

2013年进行大规模的院系调整，一方面是迎接评估的需要，另一方面也是转型发展的需要。2013年1月27日，《光明日报》刊发文章，文章明确提出Z师范学院由“本科教育为主体，教育教育特色鲜明、多学科协调发展的教学型地方本科院校”的办学定位走向“地方性、师范性、应用型”的办学特色。随后，《中国教育报》（2013年6月11日）刊发《地方院校应立足地域文化形成特色》，《中国高等教育》（2013年第9期）刊发《依托地方文化，走出地方高校特色发展之路》，从各个

① H省为了吸引高层次人才，特规定高校引进博士及以上层次人才可以走“绿色通道”，直接入编。

② 人事代理制度是人事制度改革的一种新形式，新进人员享受“三险一金”，但不列入省财政编制。

层面和视角阐述了Z师范学院转型的方向和思路。

（二）建立应用型新型学院

为了进一步推进Z师范学院向应用型转型，2015年8月，依托现有资源，学校同时成立了网络工程学院、机械与电器工程学院、设计学院。三个学院都以应用型专业设置为中心，其目的是为学校向工商学院转型奠定基础。

网络工程学院主要依托学校计算机科学与技术学院的教学资源，设有网络工程、物联网工程、网络工程（大数据方向）三个本科专业，并聘请姚建铨院士（双聘院士）为学术带头人，组建H省物联网关键技术院士工作站、网络舆情检测与分析大数据技术工程实验室、智慧农业协同创新中心等，主要培养以工科专业为主打专业，以就业为导向的应用型人才。

机械与电器工程学院是主要依托物理与电信工程学院部分资源和机电工程训练中心成立的工科学院，设有自动化、机械设计制造及自动化、电气工程及其自动化、电气工程及其自动化（电缆设计制造方向）、建筑电气与智能化五个本科专业（方向）和电线电缆制造技术一个专科专业，主要培养机械设计、电气工程技术开发等领域的工程技术、工程管理类人才。

设计学院主要依托美术与设计学院部分资源，把侧重于理论和基础训练的美术类专业与侧重于实践、设计方向的专业分离开来，美术学院侧重于基础理论学习，为设计学院提供艺术设计相关的理论指导。而设计学院以应用型专业为导向，注重培养学生的动手操作能力，依托地方文化资源，并以服务地方为服务面向，培养服务地方的高素质设计人才。

三个学院都是在进一步深入转型改革的背景下建立的，都以应用型人才培养为目标。机械与电器工程学院和网络工程学院明确提出设置工科专业，兴办工科学院的理念，这两个学院投入较大，也是学校主要投入和重点支持发展的两大学院。设计学院也凸显了应用型人才的办学宗旨，以服务区域为导向。与前两个学院不同的是，设计学院办学成本相对较低，且艺术学是学校的优势学科，是省级重点学科。事实证明，设计学院办学两年来，取得了较好的效果，生源质量较好、社会认可度较高，师生也都较为满意。

Z 师范学院宣传部副部长（Z6）说出了他的心里话：

> 我们经常到院系调研，学校正在发展的生科、机电、化学专业，每年上一个检测线投入几千万，但每年只招四五十个学生，专业没优势，花十年的时间还赶不上综合类大学的一个学院。

上述谈话从一个侧面反映了 Z 师范学院建立新型学院的困难局面，如机械与电器工程学院和网络工程学院由于办学成本较高，且师范院校创办工科专业社会认可度不高，其初次招生就遭受冷遇。

五、学科专业调整

学科是知识的类别或科学分支，是人类在认识和研究活动中根据所研究的对象，将知识划分出来的集合。专业是指范围大小不同的专门领域，高等学校的专业是根据社会分工需要而划分的学业门类[①]。一所学校学科专业结构的设置反映了该校的办学方向和办学水平，从一所学校的学科专业设置上可以分析其在社会的历史变迁中如何调适以适应环境的变化。

（一）以工学为主导的应用型专业设置过多

Z 师范学院 2002 年升本第一年，没有设置工学专业。2004 年开始设置工学类专业，当年设置 2 个工学专业，分别是生物工程和计算机科学与技术。2005 年工学类专业已经增至 5 个，占当年专业设置总数的 12.50%。2008 年后其专业设置比例已经达到 20%。增长最快的一年是 2016 年，从 2014 年到 2016 年的三年间，工学类专业数从 10 个增长到

---

① 潘懋元，车如山．做强地方本科院校的理论与实践研究［M］．北京：高等教育出版社，2016：77．

16 个，2016 年工学类专业比例达到了 30.19%。到 2019 年，工学类专业达到 22 个，占专业总数的 34.92%，新增专业主要为工学类专业，可见工学类专业在最近几年已经成为 Z 师范学院的主要发展专业。

（二）理学和文学依然是 Z 师范学院的主要学科

理学和文学是 Z 师范学院的优势学科和基础学科，但其学科地位日渐式微。2002 年升本，理学和文学分别占学校学科总数的 50.00% 和 33.33%，但随着学校转型的深入发展，理学和文学优势逐渐受到挑战。到 2016 年，理学和文学所占比例分别下降为 16.98% 和 15.09%，到 2019 年，理学专业已经下降到 7 个，文学专业下降到 6 个，其主导学科地位逐渐受到挑战，最终被工学、艺术学所取代（详见表 5-9）。

（三）教育学缺少师范学科应有地位

教育学专业作为师范类院校必须开设的专业在 Z 师范学院有一定的比重，但整体呈下滑趋势。Z 师范学院 2002 年升本，2003 年开设教育技术学和体育教育 2 个教育学专业，2006 年和 2007 年共增加了 3 个教育学专业，至此教育学专业达到 5 个，也止于 5 个。2012 年，为了迎接本科教学评估，教育技术学专业由于生源不足，停止招生，教育学专业也由此降为 4 个。2019 年，教育学专业从 4 个增加到 5 个，主要源于国家对师范教育的重新重视，但作为以师范命名的特色院校，教育学的学科地位远没有得到有效彰显，对师范特色的支撑作用还远远不够。

（四）师范专业日渐式微

从变化趋势来看，师范专业逐渐弱化，所占比例从升本当年的 100% 降到 2019 年的 25.40%。升本初期，师范专业是学校的支柱专业，由 2002 年的 6 个专业，升至 2004 年的 11 个专业，增长幅度近 1 倍。但随后变化不大，到 2014 年，也仅有 15 个师范专业，2015 年甚至下降为 14 个，所占比例下降为 29.17%。2018 年国家重新重视师范教育后，各院校师范专业开始增加，到 2019 年，Z 师范学院师范专业设置数增加到 16 个，但所占比例也仅为 25.40%（详见表 5-10）。

表 5-9　Z 师范学院各学科历年新增本科专业变化及构成比例(2002—2019 年)

年份	2002 年		2005 年		2008 年		2011 年		2016 年		2017 年		2019 年	
学科	专业数量	构成比(%)	专业数量	构成比(%)	专业数量	构成比(%)	专业数量	构成比(%)	专业数量	构成比(%)	专业数量	构成比(%)	专业数量	构成比(%)
经济学	0	0.00	0	0.00	1	2.86	1	2.22	1	1.89	1	1.79	1	1.59
管理学	0	0.00	2	8.33	2	5.71	2	4.44	3	5.66	4	7.14	5	7.94
法学	1	16.67	2	8.33	2	5.71	2	4.44	2	3.77	2	3.57	3	4.76
教育学	0	0.00	2	8.33	5	14.29	5	11.11	4	7.55	4	7.14	5	7.94
文学	2	33.33	3	12.50	5	14.29	8	17.78	8	15.09	8	14.29	6	9.52
历史学	0	0.00	1	4.17	1	2.86	1	2.22	1	1.89	1	1.79	1	1.59
理学	3	50.00	7	29.17	7	20.00	8	17.78	9	16.98	9	16.07	7	11.11
工学	0	0.00	3	12.50	7	20.00	10	22.22	16	30.19	18	32.14	22	34.92
艺术学	0	0.00	4	16.67	5	14.28	8	17.79	9	16.98	9	16.07	13	20.63
合计	6	100.00	24	100.00	35	100.00	45	100.00	53	100.00	56	100.00	63	100.00

构成比=各学科专业数/当年学科设置专业总数

表 5-10 Z 师范学院师范、非师范专业所占比例及变化趋势（2002—2019 年）

年份	专业总数	师范专业		非师范专业	
		数目	占比（%）	数目	占比（%）
2002 年	6	6	100.00	0	0.00
2003 年	12	11	91.67	1	8.33
2004 年	18	11	61.11	7	38.89
2005 年	24	11	45.83	13	54.17
2006 年	26	12	46.15	14	53.85
2007 年	32	13	40.63	19	59.37
2008 年	35	13	37.14	22	62.86
2009 年	39	13	33.33	26	66.67
2010 年	42	14	33.33	28	66.67
2011 年	45	14	31.11	31	68.89
2012 年	44	14	31.82	30	68.18
2013 年	46	15	32.61	31	67.39
2014 年	47	15	31.91	32	68.09
2015 年	48	14	29.17	34	70.83
2016 年	53	14	26.42	39	73.58
2017 年	56	14	25.00	42	75.00
2018 年	58	14	24.14	44	75.86
2019 年	63	16	25.40	47	74.60

资料来源：Z 师范学院历年专业设置相关资料。

六、教师队伍转型

2002 年升本后，Z 师范学院进行了大规模的扩招，但扩招带来了校园拥挤、教学设施不足、校舍建筑面积狭小等问题。最为突出的是，师资短缺问题，尤其是具有高级职称、高学历师资的短缺成为制约 Z 师范学院发展的障碍。从 2002 年开始，Z 师范学院就在《中国教育报》《光明日报》等媒体进行了高层次人才招聘的宣传，这一招聘工作直至今日，从未停止过。到 2019 年，Z 师范学院教师队伍在职称结构、学历结构、类型结构、生师结构等方面发生了巨大的变化。

（一）职称结构：具有高级职称教师数量不足

职称在某种程度上可以反映教师在教学经验、学术创造上对学校和社会的贡献程度。高等学校教师职称结构一般分为教授、副教授、讲师、助教四个等级。具有高级职称教师的多少在一定程度上可以反映一个学校的教师队伍建设水平的高低。

从高级职称教师的结构变化来看，2001 年变化较大，当年教授人数为 13 人，比 1999 年增加了一半以上，副教授人数也由 1999 年的 88 人增加到 155 人，增加一半多。从所占比例来看，1999—2001 年间，具有副教授以上职称专任教师所占比例整体在 30％以上。2003—2011 年间，教授和副教授的绝对数整体呈上升趋势，但其中教授所占比例略有增长，副教授所占比例却整体呈下降趋势，最后跌到了 30％以下。2011 年，具有副教授以上职称专任教师所占比例略高于 30％，随后至 2017 年，具有副教授以上职称专任教师所占比例在 30％以下。2019 年，具有副教授以上职称专任教师所占比例又超过了 30％。

从中级职称教师的结构变化来看，1999 年，讲师所占比例最高，占当时教师总数的 60.30％。2000 年 Z 师范高等专科学校与 Z 教育学院合并筹建 Z 师范学院，致使 2001 年教师队伍结构发生极大变化，讲师所占比例下降至 36.14％，随后讲师所占比例徘徊在 30％左右，直到 2009 年，讲师人数比 2007 年增加近 80 人，所占比例达到 36.50％。此后，讲师数量和比例快速增长，一度达到 2015 年的 605 人，占当年教师队伍总数的 49.75％。

从以上教师职称结构的变化可以看出，变化较为明显的几个时间节点为 2001 年、2008 年、2013 年。这是因为 2000 年 Z 师范高等专科学校与 Z 教育学院合并，筹建 Z 师范学院。两校合并后，其教师队伍结构发生极大变化。为了实现专科向本科层次的跃迁，Z 师范学院加大了对高层次人才的引进力度，一度使具有高级职称教师人数迅速增加。2008 年，教育部下达了对新建本科院校进行合格评估的通知，为了达到合格评估要求的教师数量和结构比例，从当年开始，Z 师范学院便开始引进年轻的硕士生和博士生。从 2009 年开始，教师队伍中具有中级职称教师数量便大幅度增加，直至 2013 年合格评估验收，这就导致了具有高级职称教师所占比例下滑，具有中级职称教师所占比例上升现象的发生。评估指标要求师范类本科院校具有副高级以上职称教师所占比例要达到 30%以上，为了达到评估合格的要求，Z 师范学院扩大了教师队伍建设规模，致使整体教师队伍职称结构发生变化，具有副高级以上职称教师的绝对数有所增加（详见表 5-11）。

表 5-11　Z 师范学院专任教师职称结构（1999—2019 年）

时间	专任教师	教授		副教授		讲师		助教		未定职级	
		人数	占比（%）	人数	占比（%）	人数	占比（%）	初级	占比（%）	人数	占比（%）
1999 年	267	6	2.25	88	32.96	161	60.30	12	4.49	0	0.00
2001 年	487	13	2.67	155	31.83	176	36.14	73	14.99	70	14.37
2003 年	563	12	2.13	163	28.95	178	31.62	157	27.89	53	9.41
2005 年	633	17	2.69	169	26.70	186	29.38	235	37.12	26	4.11
2007 年	737	27	3.66	156	21.17	235	31.89	314	42.61	5	0.68
2008 年	798	38	4.76	169	21.18	275	34.46	307	38.47	9	1.13
2009 年	852	49	5.75	189	22.18	311	36.50	290	34.04	13	1.53
2011 年	1012	67	6.62	247	24.41	442	43.68	256	25.30	0	0.00
2013 年	1147	66	5.75	262	22.84	541	47.17	278	24.24	0	0.00
2015 年	1216	87	7.15	261	21.46	605	49.75	263	21.63	0	0.00
2017 年	1230	72	5.85	268	21.79	578	46.99	292	23.74	0	0.00
2019 年	1253	88	7.02	299	23.86	592	47.25	241	19.23	33	2.63

资料来源：Z 师范学院高等教育基层统计表（1999—2019 年）。

（二）学历结构：博士层次人才缺乏

一所高校教师队伍的学历结构在一定程度上反映了这所学校在教学、科研和社会服务方面的能力和水平，学历结构主要包括博士研究生、硕士研究生、本科毕业生、专科毕业生四个层次。详细分析如下：

博士研究生所占比例整体呈上升趋势。2001 年变化较大，实现了零的突破，引进博士学位教师 12 人，占教师总数的 2.46%。到 2009 年，博士研究生达到 33 人，占专任教师总数的 3.87%。此后增长率加快，到 2015 年，博士研究生绝对数突破 100，达到 125 人，占专任教师总数的 10.28%，2019 年博士研究生人数突破 200 人，占专任教师总数的 18.60%。

硕士研究生变化最为明显，从 1999 年的 62 人，占比 23.22%，上升到 2019 年的 952 人，占比 75.98%，硕士研究生已经成为 Z 师范学院教师队伍的骨干，截至 2019 年，硕士研究生及以上教师已超 90%。硕士研究生的增长速度是各学历层次中速度最快的，从升本初期的次要地位逐渐演变成为 Z 师范学院教师队伍的主力军。

本科学历的教师所占比例整体呈下降趋势，从 1999 年的 76.78% 下降到 2019 年的 19.39%，从升本初期的主导地位逐渐演变为次要位置（详见表 5-12）。

从教师队伍学历结构分析可知，博士研究生逐渐受到重视，硕士研究生逐渐成为教师队伍的主力军，本科及专科学历教师日渐退出历史舞台。

表 5-12　Z 师范学院专任教师学历结构（1999—2019 年）

时间	专任教师	博士研究生		硕士研究生		本科毕业生		专科毕业生	
		人数	占比（%）	人数	占比（%）	人数	占比（%）	人数	占比（%）
1999 年	267	0	0.00	62	23.22	204	76.41	1	0.37
2001 年	487	7	1.44	96	19.71	381	78.23	3	0.62
2003 年	563	12	2.13	91	16.16	457	81.17	3	0.53
2005 年	633	19	3.00	165	26.07	449	70.93	0	0.00
2007 年	737	22	2.99	227	30.80	488	66.21	0	0.00
2009 年	852	33	3.87	340	39.91	479	56.22	0	0.00

续表

时间	专任教师	博士研究生		硕士研究生		本科毕业生		专科毕业生	
		人数	占比（%）	人数	占比（%）	人数	占比（%）	人数	占比（%）
2011 年	1012	52	5.14	547	54.05	413	40.81	0	0.00
2013 年	1147	85	7.41	610	53.18	452	39.41	0	0.00
2015 年	1216	125	10.28	673	55.35	414	34.05	4	0.33
2017 年	1230	189	15.37	772	62.76	264	21.46	5	0.41
2019 年	1253	232	18.52	774	61.77	243	19.39	4	0.32

（三）类型结构：外聘教师比例过大

一所学校的教师队伍主要由两部分构成：自有教师和外聘教师。自有教师主要指学校自己招聘和培养的教师，外聘教师主要指学校在师资不足的情况下从其他学校或企业聘请的兼职教师。一个学校的自有教师的发展状况从一定程度上反映了这所学校的教师队伍建设水平，兼职教师所占比例反映了一所学校对外来教师的依赖程度。

自有教师一直都是 Z 师范学院的主力军，2013 年，自有教师所占比例下滑至 90%以下，2015 年跌破 80%，2017 年又上升到 80%以上，2019 年略有下降。

兼职教师 2011 年以前一直未超过 70 人，所占比例也仅为 5%左右；而到 2013 年，兼职教师达到 150 人，所占比例也超过了 10%，2015 年，兼职教师达到 260 人，所占比例超过了 20%，2019 年达到 271 人，所占比例也超过了 20%（详见表 5-13）。

从以上数据可以看出，随着 Z 师范学院的规模发展，其对兼职教师的依赖性越来越强。2013 年迎来教育部本科合格评估，兼职教师的比例进一步加大。2020 年，Z 师范学院又将迎来审核评估，为了优化教师队伍结构，在专任教师有限的情况下，对兼职教师的依赖性越来越大。

表 5-13　Z 师范学院专任教师类型结构（1999—2019 年）

年份	专任教师	自有教师		兼职教师	
		人数	占比（%）	人数	占比（%）
1999 年	267	—	—	—	—
2001 年	487	—	—	—	—
2003 年	563	537	95.38	26	4.62
2005 年	633	606	95.73	27	4.27
2007 年	737	695	94.30	42	5.70
2009 年	852	805	94.48	47	5.52
2011 年	1012	951	93.97	61	6.03
2013 年	1147	997	86.92	150	13.08
2015 年	1216	956	78.62	260	21.38
2017 年	1230	1014	82.44	216	17.56
2019 年	1253	982	78.37	271	21.63

资料来源：Z 师范学院高等教育基层统计表（1999—2019 年）。

（四）生师结构：生师比例难以达到合格要求

生师比例指一个学校学生的折合数与教师折合数之比，反映了一所学校人才培养的质量与水平。一般情况下，生师比越高（学生所占比例越大），教学质量也就越低，生师比越低（学生所占比例越少），人才培养质量就越高。教育部合格评估指标体系要求师范类本科院校生师比在 18∶1 以内是合格的，生师比超过 22∶1 则限制招生。

为了达到教育部本科合格评估的要求，Z 师范学院一直都力争生师比控制在 18∶1 以内，从 1999 年规模扩招初期，直到 2007 年，其生师比一直控制在 18∶1 以内，但即便如此，其生师比在 H 省排名仍处于 20 名之后。2009 年后就超过了 20∶1，此后一直在 20∶1 以上，2019 年已经达到 23∶1。

为了迎接 2013 年教育部合格评估的验收工作，Z 师范学院“十二五”规划明确提出，到 2015 年，生师比控制在 18∶1 以内。但由于扩招，生师比在短期内难以改变（详见图 5-8）。

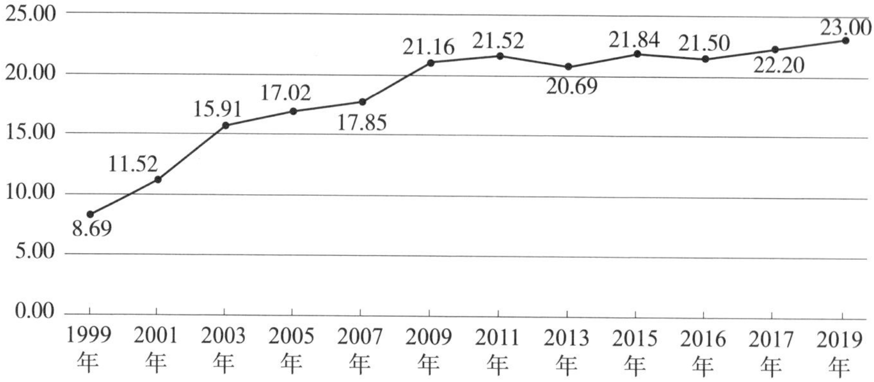

图 5-8　生师比变化情况（1999—2019 年）

第三节　组织变迁的扩散过程分析

在对 112 个样本院校组织转型研究中，通过对组织目标、组织结构、组织行为间的比较，运用相关理论对问题产生的原因进行了解释。大样本研究得出了普遍性结论，但却难以揭示组织变迁的具体过程。本部分选取的 Z 师范学院是从 112 所样本院校中选取的典型个案。通过对 Z 师范学院制度建立、制度扩散到制度转型三个主要时期的详细考察发现，三大机制（规制性机制、规范性机制和文化—认知性机制）贯穿 Z 师范学院制度变迁的全过程，但在不同时期不同机制表现强弱有所差异。在升本初期，政府主导作用尤为强盛，规制性机制处于主导优势；在制度扩散过程中，以院校为主导的力量占据主导地位，规范性机制影响着院校的转型方向；在转型期，院校内部相关人员（校长、教师、学生等）认知观念从冲突到融合，最终趋于一致，形成共享，在这一过程中，文化—认知性机制是主旋律。

一、规制性过程：基于回报递增的制度化

规制性过程主要指来自政策的强制性因素和资源的诱惑导致的变迁

行为。具体来说，指组织为了适应外在环境的变化，从环境中获得所需的资源，不得不采取制度环境中广为流行的做法以获取合法性，提高生存概率。Z 师范学院从升本初期的制度建立，到制度扩散期的规模扩张，以及转型期应用型二级学院和应用型专业的设置等，与政策的引导和追求办学效益的回报是分不开的。

（一）制度建立与政策引导

制度建立的初期首先是理念的建立，进而把理念通过编辑的方式转化成某种脚本，从而使各项编辑理论化，再把理论化的脚本运用于实践，是整个组织执行制度的过程①。Z 师范学院在充分考虑到政府的政策导向、区域经济社会发展的需要、同类院校的做法后，制订了扩大规模、调整师资结构等“十五”战略计划，为升本做准备。Z 师范学院“十五”计划提出，2005 年，在校生规模达到 7000 人（“九五”末为 1841 人）；教师规模达到 580 人（“九五”末为 337 人）；2001—2005 年间，计划新建校舍 7.42 万平方米。Z 师范学院的计划完全是遵照国家本科办学标准制订的，“十五”期间，升本是 Z 师范学院的主要战略目标。而升本过程中，主要能动者是谁？谁在升本的过程中发挥了重要的作用？这些能动者积极筹建升本工作的目的是什么？这些有待我们作进一步的分析。

Z 师范学院在筹建本科的初期，主要是由政府牵头进行的，最初由 Z 市委副书记担任筹建 Z 师范学院工作领导小组组长，Z 市人大、市委宣传部、市政协等主要领导担任副组长，而 Z 师范高等专科学校党委书记（兼校长）仅担任领导小组副组长，且位次排在最后，可以看出 Z 市行政部门对 Z 师范学院升本工作的重视。从担任的主要职务来看，Z 市行政部门在升本过程中起着主导作用，Z 师范高等专科学校校长仅扮演着执行者的角色。各项筹备工作完备后，在报送省政府审批时，主抓教育的副省长和教育厅厅长来学校视察，体现了政府的强大权威。可以看

① Doug McAdam, Sidney Tarrow, Charles Tilly. Dynamics of Contention [M]. Cambridge: Cambridge University Press, 2001: 26.

出，制度建立初期，以政府为主导，源于政治的合法性是Z师范学院升本的关键。H省政府的主要领导、Z市政府的主要领导在升本过程中对各项工作决策有意识地设计是Z师范学院升本的核心要素。

（二）制度维持、扩散与利益拓展

制度往往意味着稳定性和持续性，并且一旦完成，不需要进一步的努力就可以自我维持①。Z师范学院升本后，如何建设本科院校，维持学校各方面的正常运行，实现由专科向本科的过渡，是Z师范学院升本初期的主要任务。

首先，学校面临的是硬件设施问题。在办学规模、学校建筑面积、图书馆设施、人均教学资源等方面都与老牌本科院校有很大的差距，这对于刚刚升本的Z师范学院来说，压力是巨大的。学校在硬件建设上，如教学资源投入、教学仪器的改善、图书资料的购买等都需要大量资金的投入，而国家是按照学生人数的规模进行投入，对于刚刚升本的Z师范学院来说，无疑极为不利。从1999年开始，国家就作出了大规模扩招的决定，在扩招政策的影响下，Z师范学院也开始了大规模的扩招，招生人数从1999年的1100人上升到2017年的7716人，在校生数从1999年的2321人上升到2017年的25784人。招生规模的扩大为学校赢得了办学经费，这些经费既有国家事业性经费投入，也有学生的学费收入，还有学生住宿、消费等各方面的收入。这些经费为学校扩大校舍建筑面积、购买教学设施提供了经费支持，学校占地面积从1999年的480亩上升到2017年的1525亩；校舍面积从1999年的8.60万平方米上升到2017年的57.72万平方米；馆藏图书从1999年的36万册上升到2017年的160万册。

Z师范学院通过增加招生人数，实现了巨大的办学回报。在这一过程中，政策的引导和效益的驱使加速了制度的扩散过程，使Z师范学院迅速完成了专科向本科阶段的过渡。如果Z师范学院拒绝规模扩招，坚

① W. 理查德·斯科特. 制度与组织——思想观念与物质利益［M］. 姚伟，王黎芳，译. 北京：中国人民大学出版社，2012：135-136.

持小规模办学方式以保证生源的质量，那么它将错过学校规模扩张的机会，并面临被淘汰的风险。当时，几乎所有新建本科院校都选择了规模扩张。斯科特认为，如果一个组织想要获得合法性，并因此使自己的社会资源诉求能够得到认可，那么这个组织所奉行的价值观就必须与更宽泛的社会价值观相一致①。Z 师范学院为了取得更大范围的认可，选择了规模扩张之路。

（三）制度转型与回报递增

在规模化建设的过程中，Z 师范学院与大多新建本科院校一样，以热门专业、学校优势专业为招生亮点，从而吸引更多的生源，这就造成了与其他学校学科专业的趋同现象。同时，规模扩张带来的教学质量下滑、毕业生就业率下降等问题也日趋严重。院校转型，与地方经济社会发展接轨成为每一所新建本科院校现实和迫切选择。2012 年，Z 师范学院提出了从“教学型”地方高校向“应用型”地方本科高校转型的口号，自此，Z 师范学院开始迈向“应用型”办学的新路向。

首先，Z 师范学院对“十三五”战略规划进行了调整，把“十二五”期间的人才培养目标由“培养适合学生个性发展的人才”改成“十三五”规划的“培养具有较强创新和实践能力的应用型人才”，在办学水平定位上也提出了“建设应用型本科高校”的定位，在办学方式上提出了由“规模发展”向“注重质量”的转变。尤其在学科专业设置上做了大幅度改动，提出了重点发展工学、经济学、管理学等与地方经济社会发展相适应的专业，到 2020 年，工学、经济学、管理学类专业数量达到专业总数的 50％左右。

从规划文本上看，Z 师范学院办学思路清晰，逐步从重“规模效益”向重“质量”转变。但从实际情况来看，却并非如此。从招生规模来看，2011 年招生数为 6981 人，2016 年招生数为 7310 人；从在校生数来看，2011 年在校生数为 21123 人，2016 年为 24870 人。虽然招生

---

① W. Richard Scott. The Adolescence of Institutional Theory [J]. Administrative Science Quarterly, 1987, 32 (4): 493-511.

人数和在校生数与规模扩招初期相比相对数增幅并不太大，但绝对数却依然很大，我们所统计的112所地方本科师范院校中，在校生20000人以上的有40余所，普遍存在规模过大的现象，而Z师范学院是规模较大的样本院校之一。

这里不准备详细探讨院校的办学规模，我们只是为了说明当前地方本科师范院校普遍存在办学规模过大的情况。需要探讨的问题是，为什么Z师范学院在深知规模过大会对办学质量造成不良影响，依然保持着大规模的招生现状呢？仔细分析会发现，Z师范学院在升本后的办学探索中，是以一种回报递增的方式进行的。回报递增是指在其他生产要素的投入量不变情况下，增加某个生产要素会使其边际产量增加的现象①。对Z师范学院来说，在其他变量不变的情况下，通过扩大招生规模就可获得稳定的收益，在这种稳定收益不变的情况下，Z师范学院会选择坚持扩招的战略。

但随着院校间竞争的日趋激烈，生源的逐年减少，师范专业遭遇冷落，传统优势学科地位日益受到挑战，在国家倡导应用型转型的背景下，Z师范学院开始了应用型转型之路的探索。初期的应用型转型是缓慢的、试探性的。2015年，教育部、财政部、国家发展和改革委员会出台《引导地方普通本科高校向应用型转变的指导意见》(教发〔2015〕7号)，提出推动地方普通本科高校把办学思路真正转到服务地方经济社会发展上来，转到产教融合、校企合作上来，转到培养应用型、技术技能型人才上来。在国家相关政策出台后，Z师范学院开始了大胆的转型探索。

2014—2016年三年内，Z师范学院新增7个专业，全部为工学类专业。2015年，学校成立了三个新的学院：网络工程学院、机械与电器工程学院和设计学院，这三个学院均为应用型学院，其中两个为工科类学院。从2016年的招生来看，设计学院招生情况非常好。但在工科专

---

① 河连燮. 制度分析：理论与争议［M］. 李秀峰，柴宝勇，译. 北京：中国人民大学出版社，2014：87-89.

业的设置上，大家的认知并不一致，从两个工科类学院的招生来看，情况并不乐观。Z师范学院的一位副校长（Z3）说出了实情：

> Z师范学院开设设计学院是非常成功的，值得推广，训练时间较短、投入较低，这一点学校层面的认识是比较一致的。
>
> 工科专业，是办不了的，既没财力，也没师资，比如办一个环境工程专业，最少3000万元的投入，一届招60个学生，4届招240个学生，何时才能收回成本？

为什么设计学院能够取得成功？除办学成本较低外，Z师范学院也有一定的办学基础。设计学院是以美术、艺术学相关专业为基础建立起来的，艺术学是Z师范学院的优势学科，社会认可度较高。2012年之前，艺术学归属于文学类属，设计学院虽是新成立的学院，有较高的社会认可度与其历史脉络是分不开的。设计学院相关专业的社会认可度高，并不仅仅因为其专业本身的吸引力，与学校的相关办学历史和积累是分不开的。Z师范学院从1977年开始开设美术教育，1994年开设装潢艺术设计，2003年、2004年、2005年、2007年、2009年、2010年、2013年都相继增加了艺术学类相关专业。可以看出，艺术学类专业已经成为Z师范学院的优势专业。同时，社会对艺术学专业毕业生需求量也较大，艺术学专业社会认可度较高就不难理解了。从每年的招生来看，艺术学相关专业一直保持着递增的趋势，这是设计学院成功的关键因素。

二、规范性过程：基于承诺递增的制度化

规范性过程指主要依靠承诺和忠诚机制，通过专家或行业人员的推动形成制度化的过程。即制度扩散的过程不是仅仅依靠交易成本来决定，而是更多基于一种“浓”的制度化，即日益递增的忠诚的积累。Z师范学院升本后，主要行动者——校长及其他管理者发挥了重要作用，在二级学院的改革上，学校层面显示的专业权威是推动学院制改革的关键因素，在转型的过程中，各专业的师生对专业的忠诚使一些传统的优

势专业保留了下来。

（一）制度建立与专业认可

在现代社会，专业人员发挥着越来越重要的作用。他们通过制定原则、标准、规划等来促进制度的建立①。诸如律师、会计师和医生等专业人员，都强调规范性制度的重要性。Z师范学院在升本的过程中，除了政府政策的推动、相关领导的积极引导外，作为专业领域的校长和Z师范学院的相关行动者也发挥了重要的作用。为了推动升本工作，Z师范高等专科学校制订了三年规划，就校园建设、教学设施添置、招生人数、高层次人才的引进等方面都作了具体的规划，力争用三年的时间达到本科院校所应有的专业标准。由于校园面积、师资队伍等方面在短期内难以快速扩展，Z师范高等专科学校又实施了与Z教育学院合并的战略，通过两校的合并，Z师范学院最终达到了本科规定的相关标准。在各方面标准都达到后，Z师范学院还要经过专家的审查和考核。专家队伍一般由行业内较为权威的大学教授和知名学者组成，也有一些教育行政部门的主要领导。专家队伍是高等教育领域对相关办学水平进行评定的最具话语权的行业组织，这一组织在专业领域具有权威性和合法性，得到专家队伍的认可是Z师范学院获得规范合法性的关键程序，只有得到专家队伍的认可，Z师范学院才能取得行业认可的合法资格。得到专家的认可，意味着Z师范学院已经具备本科办学水平。在升本的过程中，Z师范学院多次邀请专家到学校指导，最终获得了专家队伍的认可，实现了专科向本科的跃迁。

（二）制度维持、扩散与承诺积累

塞尔兹尼克认为，组织通过两大步骤实现制度化。第一步是通过建立一种正式结构来实现问题的解决，特别是制定明确的目标、协作机制和交流渠道，提供恰当的治理模式；第二步是一种所谓“浓”的制度

① W. 理查德·斯科特. 制度与组织——思想观念与物质利益［M］. 姚伟，王黎芳，译. 北京：中国人民大学出版社，2012：109.

化。它指在一段时间内积累了越来越多的复杂行为模式，如社会对学校办学水平的认可程度会随着时间的积累而发生变化，因而强调的是一种专业积累能力①。Z 师范学院升本后，在组织目标、组织结构、学科专业设置、课程与教学等方面都面临着由专科标准向本科标准的过渡。为了达到本科院校的各项专业标准，Z 师范学院首先进行了组织结构的调整，根据师范院校必须设立教育系的办学规定于 2002 年成立了教育系；为了适应区域经济社会发展，新成立了经管系；为了吸引更多的生源，把新闻专业从中文系脱离出来，于 2007 年成立了新闻系。在专业设置方面，为了与师范院校的办学类属相吻合，满足师范本科院校要求的办学标准，2002—2003 年两年间，Z 师范学院增设了 12 个本科专业，其中理学类专业 4 个、文学类专业 4 个（其中 2 个为艺术学类专业，2012 年之前艺术学类专业归属于文学大类）、教育学专业 2 个、历史学和法学专业各 1 个。在所设置的 12 个本科专业中，有 10 个为师范专业。至此，Z 师范学院初步完成了本科组织结构的改造和升级。

制度扩散的规范过程，是基于承诺递增的制度化过程。这一过程强调的不是激励（成本和收益）的作用，而是强调承诺和忠诚机制的作用。实现承诺递增，需要随着时间的变迁不断提高自身的积累能力。2002 年升本后，Z 师范学院迎合大众化需要，进行了规模扩招，招生的关键因素是报考生源对学校的认可度。报考生源认可学校的办学水平，认可学校的专业教学水平，就会报考该学校。如果报考生源对该校的认可度较低，就不会报考该学校而选择报考同类中的其他院校。Z 师范学院也深谙这一点，为了吸引更多的生源报考，Z 师范学院在学校建设、教师队伍优化、专业设置、教学设施投入等方面进行了大规模的调整，经过 10 余年的改造，Z 师范学院的在校生数得到了大规模增加，2017 年已经达到 25784 人。规模扩张的成功取决于社会对学校教学水平的认可，Z 师范学院经过自身的努力，获得了社会的认可，实现了制

① Philip Selznick. The Moral Commonwealth：Social Theory and the Promise of Community [M]. Berkeley：University of California Press，1992：235.

度的扩散，维持并扩散了一所本科院校的相关制度建设。

随着大规模的扩大招生，Z 师范学院不仅在校园规模、学生规模、馆藏图书规模等方面实现了大幅度拓展，而且在院系设置、学科专业设置等方面也有了较大的变化。Z 师范学院从升本初期 2002 年的 12 个院系、3 大学科、6 个本科专业，上升到 2019 年的 21 个院系、9 大学科、64 个本科专业。学校在“十五”计划、“十一五”规划文本中把办学方向定位为学科门类齐全、综合实力较强的地方师范本科院校。综合化办学除了受政策的引导外，也受到了包括本科评估标准、同类院校做法等因素的影响。

从 2008 年开始，国家就开始了新建本科院校的合格评估工作。评估指标体系对师范类新建本科院校要求，教师队伍中具有高级职称教师的比例占 30%以上，生师比 18∶1 以内，具有研究生学历的教师比例达到 30%以上，生均占地面积 54 平方米，生均宿舍面积 6.5 平方米，百名学生配教学用计算机 10 台，生均图书 100 册、生均年进书量 4 册等几个方面[①]。为了达到这些指标，各方面配套都要依据学生数的变化而变化。在学生数扩大的情况下，学校占地规模、教师规模、馆藏图书规模都必须随之扩大与拓展。

综合类研究型大学社会认可度较高，受到考生的普遍欢迎。Z 师范学院属于新建本科院校，由于其处于新建期，没有现成的办学标准可以借鉴，唯有按照老牌本科院校的做法进行模仿，这就造成了 Z 师范学院在院系设置、学科和专业设置等方面向综合化转型。这一模仿过程是为了获得专业认可的过程，经过时间的积累，到 2019 年，Z 师范学院在办学规模、学科专业规模等方面在形式上越来越接近综合类大学。

（三）制度转型与专业忠诚

师范院校自身专业的吸引力不强，使 Z 师范学院在竞争中处于劣势地位。开设热门专业，以吸引更多的生源，是 Z 师范学院提高生源规模、扩大办学效益的主要做法。但开设热门专业需要相应的教学设施、

---

① 教育部关于印发《普通高等学校基本办学条件指标（试行）》的通知（教发〔2004〕2 号）。

师资队伍等，Z 师范学院并不具备相关条件。根据现有条件，Z 师范学院进行了专业改造，设置与现有专业相近的热门专业，如 20 世纪 90 年代计算机专业受市场欢迎时，利用数学系的师资开设计算机系，2007 年利用中文系既有资源开设新闻系，依托美术系的资源于 2004 年开设艺术设计专业，依托中文系于 2005 年开设对外汉语专业，依托物理系办学资源于 2011 年开设光电子技术科学专业。但随着社会需求的变化，部分专业的热度很快冷却，2013 年 Z 师范学院撤销了艺术设计、对外汉语、光电子技术科学等专业。

这种功利化的规模扩招、以简单模仿为主要形式的综合化建设，很快就暴露了自身的缺陷和不足。人才培养质量下降、毕业生就业率下降、学校办学资源短缺、办学资金不足等问题成了新建本科院校，尤其是师范院校进一步发展的瓶颈。2013 年，35 所院校在天津成立了应用技术大学联盟。2014 年，178 所地方院校在驻马店成立了应用技术大学联盟，并形成了“驻马店共识”，共同探讨地方本科院校向应用技术大学转型问题。2016 年在广西玉林成立了应用本科高校联盟。在规范性机制的推动下，新建本科院校进行了应用技术转型的改革。Z 师范学院作为一所地方本科院校也确定了向应用技术型大学转型的办学目标。

抛却政策的引导因素，Z 师范学院的转型更多是基于规范性机制的推动。关注规范过程的分析者们，强调忠诚机制对于制度传递的作用，是一种弱政府的力量。在办学目标的转型中，争议较多的是保留师范特色，还是向工商转型，主要聚焦在更名的问题上。这背后体现着一种价值观的争议。有些教师一直坚持保留师范特色。Z 师范学院宣传部副部长（Z6，中文专业，来 Z 师范学院已有 10 多年）概述了相关情况：

> 师范是我们的特色，社会对我校的师范专业认可度也较高，师范专业与地方接轨也不成问题，如果设置工程、机械、电子、园林等专业，这些专业与行业院校根本没法竞争。

这位副部长对文学院和中文专业有着很深的感情，专业的忠诚随着时间的推移而日益增加。在他看来，师范特色是学校的优势，中文专业是学校办学伊始就开设的专业，是学校的优势专业。如果向工商类转型，那就意味着中文专业将逐渐淡出，无论对个人还是对文学院来说都将带来不利的影响。

三、文化—认知性过程：共享观念日益客观化的制度化

规制性扩散过程是基于回报日益递增的制度化观，强调物质激励的作用；规范性扩散过程是基于承诺日益递增的制度化观，强调身份的作用；而文化—认知性扩散过程强调共享观念的客观化日益增加的制度化观，强调思想观念的作用①。Z 师范学院在制度建立与转型过程中，都遭遇了思想观念的冲突。在专业的增减、学院的裁撤等方面，院校管理层、教师和学生等都有不一致的看法，但在反复的观念交融后，不合理的做法逐渐被取消，合理的做法逐渐上升为制度。

（一）制度建立与观念认同

文化—认知性过程是在应对各种政治、技术、市场、社会等复杂的环境中，实行制度变革和转型的过程，当自身的组织形式受到挑战的时候，他们会观察周围组织正在做什么，然后根据周围成功组织采取的做法或组织形式进行模仿并尝试。

Z 师范学院在专科时期定位于省内一流师专，并没有考虑过升格为本科院校。但随着国家政策的变化、市场经济改革的深入，周边的一些专科院校纷纷升格为本科院校，这对专科时期的 Z 师范学院来说无疑是一个不小的刺激。在 Z 师范高等专科学校还处于观望的时候，1999 年，首先有一批同类院校升格为本科，如太原师范学院、盐城师范学院、黄冈师范学院、南京晓庄学院、唐山师范学院等。2000 年，与 Z 师范高等专科学校同省的一批同类院校也升格为本科院校，如洛阳师范学院、南阳师范学院、商丘师范学院、安阳师范学院等。这一批同省的院校升

---

① W. 理查德·斯科特. 制度与组织——思想观念与物质利益［M］. 姚伟，王黎芳，译. 北京：中国人民大学出版社，2012：135.

本后，Z 师范学院更加确定了升本的选择，并加速了升本的步伐。2000 年，Z 师范高等专科学校与 Z 教育学院合并，从办学规模、师资规模和结构等方面迅速与本科院校的办学标准靠近，并于 2002 年成功升格为本科院校。Z 师范学院本科建立的过程是一种认知变化的过程，各种“理论化”的概念大大影响着制度的建立。组织生态学家也支持文化—认知性制度概念，他们认为，某种组织的数量与该种组织的建立之间呈正相关。他们对组织种群的研究发现，当某种组织形式出现时，其建立数量会慢慢增多，然后会迅速增加，数量达到一定程度后，又慢慢下降①。这种组织密度是组织取得合法性的重要指标之一。

Z 师范学院为了生存，往往会选择大多数院校的做法，作出升本的决定。但如果大多数院校并没有升本，即大多数组织并没有选择升本这一组织行为时，Z 师范学院可能也不会选择升本。在 1999 年扩招之前，国家政策对升本是有限制的，升本院校数量较少，因此，大多数新建本科院校往往按部就班，并没有急于升本。但 1999 年，国家出台规模扩招的政策后，又鼓励一批专科院校升格为本科，这就导致了大批专科学校积极推动升格本科院校。当这一做法越来越多并流行开来时，Z 师范学院从“不准备升本”到“升与不升之间徘徊”，再到“积极升本”，这一认知的变化，直接影响了 Z 师范学院整个升本的过程。

（二）制度维持、扩散与观念沉淀

Z 师范学院升格为本科后，面临的是制度的维持与扩散。就当时的办学实力来讲，Z 师范学院在办学规模、教师队伍结构、学校教学设施等方面与本科院校尚有一定的差距。为了缩小差距，Z 师范学院采取了规模扩招的策略。在决定扩招初期，无论是整个社会、教育界，还是 Z 师范学院内部，对扩招的看法都是不一致的。有的教师认为，扩招是好事，可以迅速扩大学校的规模、提高学校的经济收益、增强学校的办学实力。有些教师则认为，在现有办学条件下，盲目扩招会造成教师的短

---

① Joel A. C. Baum. Organizational Ecology [M] //Stewart R. Clegg, Cynthia Hardy. Handbook of Organization Studies. London: Sage. 1996: 77-114.

缺、教学设施不足、教学质量下降等。Z师范学院经过多方面的权衡，最终达成了扩大招生的共识。由于学生增多，校园面积狭小、教学设施不足、教师力量短缺、学生宿舍拥挤等问题突显。为了解决这些问题，并为进一步的扩招做准备，学校决定与政府合作，购买土地。但Z师范学院资金有限，只有卖掉老校区，才能用置换的资金购买土地并建立新校区。在老校区的转让问题上，校内观念冲突很大。Z师范学院原校长（Z11）说出了他的想法：

> 很多人认为不该置换老校区，但是如果不置换，我们学校就得不到这1亿元的资金，学校就无法购买新校区用地，学校面临更大的风险。

我们可以想象改革的举步维艰，一个新的制度在建立初期，并不为大多数成员所接受，为了巩固、强化这一制度，制度的建立者往往会采取强制性的措施来实现观念的统一，巩固这一新的组织形式，使其为更多的组织成员所接受，并形成习惯。当这一制度逐渐扩散开来，并广为流行时，组织成员就会逐渐接受这一制度形式，经过长时间的积累、沉淀，内化为制度的一部分。当然，制度扩散不可避免地会受到压力集团的反对，各种利益的博弈与冲突，最终经过各方利益的较量、协调，反对力量作为利益的另一方，也起到了监督的作用。反对力量的压力会促使组织建立的过程更加稳定，使冲突在协商中达成一致（详见图5-9）。

（三）制度转型与观念共享并客观化

功利主义和迎合政策偏好的做法，使Z师范学院在本科建立初期获得了巨大的收益。但这是一把双刃剑，随着制度的扩散，院校过度扩张的办学模式的弊端日渐凸显。过度的扩大招生规模导致学校在校园建设、教学投入、师资队伍建设等方面的成本大大增加，学校资金的拮据成为长期办学的最大障碍。非师范专业的增多使学校师资更加捉襟见肘，教学质量下降不可避免，学科、专业规模过大使学校疲于应付，优势学科、专业也无力改造。毕业生就业困难、市场对人才培养质量不

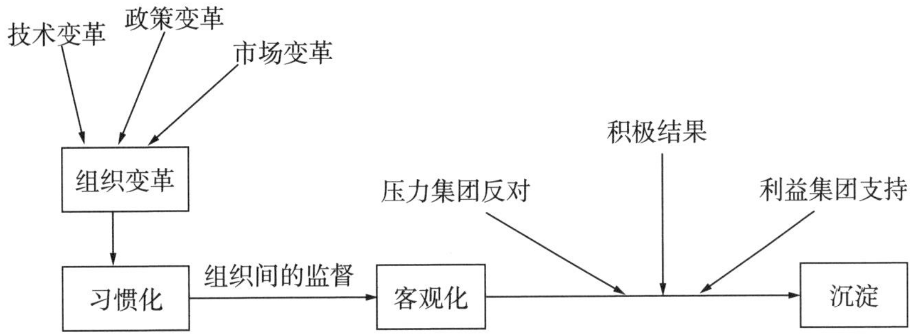

图 5-9 制度扩散过程示意图

满、学生家长对学校抱怨……这一切的一切，使学校无所适从。

与此同时，一些学校根据区域市场需要，开设一些市场需求的专业，取得了很好的效果。如常熟理工学院、浙江树人大学、宁波大红鹰学院等以区域经济社会发展为导向，开设区域经济社会需要的专业，提高了教学质量，毕业生就业率提高，所设专业受到了社会的欢迎。

在这种背景下，大部分新建本科院校开始向应用技术转型。本研究对 112 所地方本科师范院校办学定位的统计发现，72.32％的院校提出培养应用型人才，26.79％的院校提出服务所在地级市。也就是说，大多数地方本科师范院校办学方向已开始向应用型转变。

2012 年，Z 师范学院经过考虑，作出了向应用型转型的决定，并相继推出了转型发展实施方案、转型发展专业实施方案、转型发展产学研合作教育实施方案、转型发展教师队伍建设实施方案、转型发展实验室建设实施方案、转型发展学生工作实施方案等具体措施。同时进行了院系调整，创办了大学生创业中心，兴建了高校产业园区等。2015 年 8 月，依托学校的现有资源，学校同时成立了网络工程学院、机械与电器工程学院、设计学院。三大学院的成立是学校转型的一种符号，一种标识，一种组织决策者对某种结构的价值达成共识后而采纳的组织结构[①]。

① Pamela S. Tolbert，Lynne G. Zucker. The Institutionalization of Institutional Theory [M] //Stewart R. Clegg，Cynthia Hardy，Walter R. Nord. Handbook of Organization Studies. London：Sage，1996：175-190.

四、路径依赖过程：历史脉络的制度化

随着时间的推移，无效率的制度将被剔除，存活下来的将是有效率的制度，这样社会组织形式才能沿着更有效率的方向发展。然而我们看到，地方院校定位与实际行为并不一致，一些无效率的专业却能够存活下来，并且趋同率较高，一些就业较差甚至麦克思公司连续多次红牌警告的学科、专业，如法学、美术学等，却依然是地方本科师范院校的重点学科、专业，其中法学的趋同率高达88.89%，美术学趋同率高达66.67%[①]。Z师范学院转型同样面临类似的问题，一些办学效率不高、就业困难的专业却依然存在。这些专业为什么能够长期存在？是什么阻碍了地方院校向更有效率的方向发展呢？诺思用制度变迁中的路径依赖理论解释了这一机制。

按照路径依赖理论，早期形成的路径会对现在和将来产生影响，并制约着发展的路径，难以改变，不管这一路径是有效率的还是无效率的[②]。路径依赖是一种非遍历性的随机动态过程，它是非线性的，存在多种可能性，历史上某一偶然事件的发生，路径依赖的惯性就会呈现一种决定性的因果模式，并沿着这一惯性模式运行下去。路径依赖是一种“锁入（lock-in）”状态，这种锁入可能是有效率的，也可能是无效率的。路径依赖受行动者的偏好（preference）、口味（taste）或主观心智构念（mental construct）的影响，这种偏好和心智构念是历史过程对其主观感知的塑造，受不同环境和学习的影响，不同行动者的主观认知存在着一定的差异，这种认知差异影响其对复杂问题的判断，在问题处理过程中往往会选择采取适当性逻辑而非理性逻辑[③]。

---

① 麦克思．2019年中国大学生就业报告［EB/OL］．（2019-06-15）［2020-11-11］．https://www.sohu.com/a/321171074_100941.

② J. Mahoney. Path Dependence in Historical Sociology［J］. Theory and Society，2000，29（4）：507-548.

③ Douglass C. North. Institutions，Institutional Change and Economic Performance［M］. Cambridge：Cambridge University Press，1990：100-113.

（一）历史脉络的结构化

路径依赖是指过去的选择对现在和将来产生的影响，指一旦进入某一状态，就会沿着这条路径走下去，如同物理学的惯性一样，是一个非遍历性的随机动态过程。它取决于历史上的偶然事件，一个偶然的事件就会对历史的发展脉络产生重要的影响，且一旦进入这一轨道就很难改变，不管这一路径是有效率的还是无效率的①。保罗·A. 戴维（Paul A. David）的文章《克利俄与键盘的经济学》试图解释键盘上的字母位置如何被固定下来，排序方式历经这么多年却不曾改变，并为人们长期使用②。这种技术上的异常情况并不鲜见。我们知道，交流电代替了直流电，汽油机代替了燃气机，高铁替代了窄轨铁路，按照技术发展路径，一种新技术淘汰旧技术，是历史发展的必然。然而，我们却时常发现一些落后的技术依然能够存活下来，这种现象却是技术变迁路径所无法解释的。这种状态被称为锁入（lock in）状态。W. 布莱恩·亚瑟（W. Brian Arthur）认为，之所以存在这样的路径依赖，是因为存在一种“正反馈”，如果坚持同样的组织发展方向，就会受到奖赏；如果改变组织的方向或制度，就会付出成本③。我们可以按照正常的技术演化的方式去分析，当新技术出现的时候，到底哪一种技术更有效率，有效率的新技术是否就必然代替旧技术？事实上，我们很难预测哪种技术更有效率，也很难判断技术的效应是报酬递增还是报酬递减。况且新技术的发展并非恒定不变，也不可能一直处于优势地位，一些优秀的技术往往在开始的时候显得并不优秀，甚至这种优秀的技术往往在初始的时候就遭到了淘汰，换句话说，一个微小的事件可能使新技术被扼杀在摇篮内。一旦偶然事件发生，路径依赖的次序就会呈现出一种相对来说具有

① J. Mahoney. Path Dependence in Historical Sociology [J]. Theory and Society, 2000, 29 (4): 507-548.

② Paul A. David. Clio and the Economics of QWERTY [J]. American Economic Review, 1985, 75 (2): 332-337.

③ Brian Arthur. Increasing Returns and Path Dependence in the Economy [M]. Ann Arbor: University of Michigan Press, 1994: 128.

决定性的因果模式或“惯性”。

麦克思公司在2011—2019年红牌专业的统计中发现，生物技术专业除2015年未被列为红牌专业外，其余均为红牌专业；美术学专业2013—2017年均被列为红牌专业；类似的还有生物科学专业、音乐表演等专业。这类专业是就业率较低的专业，按照效率的逻辑，这些专业应该被撤销，但为什么依然存在？通过对Z师范学院的个案研究，笔者发现，20世纪90年代，Z师范学院与其他院校一样，采取了规模扩张的办学策略，获得了丰厚的回报，本科院校经过10余年的发展后，Z师范学院依然保持着规模扩张的发展战略，其主要原因就在于升本初期的扩张战略使Z师范学院获得了办学经费，并形成报酬递增的特征，在保持现有战略的情况下，扩张依然能够使其获得丰厚的办学回报，因此，Z师范学院也就坚持了扩张战略。在专业设置上，受历史相关政策的影响，Z师范学院同样形成了路径依赖的特征。

20世纪50年代，教育部召开了第二次全国师范教育会议，会议通过了独立设置师范学院的决定。要求独立设置的师范学院以文理学院为基础，或现有大学中的师范学院增加相应的文、理科专业。这一决定直接影响了后来师范院校的发展脉络，大部分独立师范院校都是在文、理两大学科的基础上建立起来的，如文科中的汉语言文学、英语、历史等，理科中的生物、化学、数学、物理等，辅以教育学、心理学，共同构成了师范院校的学科专业体系，Z师范学院也不例外。但随着经济社会的转型，这些以文、理为基础的理论学科逐渐失去了自身的优势，不得不面临转型的历史变革，但转型的方向在哪里？如何转？转什么？这些问题不仅是困扰院校顶层的战略性问题，也是各二级学院无法破解的难题。Z师范学院开始设置工学、管理学等应用类较强的专业，并逐渐压缩基础学科（文学、理学）的专业规模，这必然遭到传统学科群体的反对。这些传统学科在最初的办学过程中被实践证明是一条正确的路，且一直按照这种方式办学，学校处于回报的递增状态。学校在没有明确方向或无法证明转型就能带来办学效益的情况下，撤销传统优势学科、专业是无法令人信服的。在对文学院师生的访谈中，大多数人都坚持这一观点。同时，开设新的专业（如工学类专业）意味着投入巨大的办学成本，且回报又是不确定的。初始的学科专业设置限定了学校转型发展的方向，初始办学的状态以脉络的方式限定了学校发展的路径，学校转型意味着改变初始路径，在传统学科专业回报递增的情况下，撤销这些专业是十分困难的。

（二）回报递增形成的路径依赖

Z师范学院在向“应用型”高校转型的过程中，为什么会出现应用型专业师资不足？为什么就业率不高的“红牌”专业却存活了下来？这些专业并没有遵照技术变迁的路径，似乎以一种“无效率”的方式存活了下来，该如何解释？

诺思指出，路径依赖不仅受历史脉络、行动者有限理性的影响，还受制度转换的较高的交易成本所限制[①]。较高的制度转换成本的存在使路径依赖不是基于技术变迁的路径而是基于制度变迁的路径进行演化；不是基于效率的逻辑，而是基于制度的逻辑进行组织变迁。这种变迁的过程一旦进入某一路径，即使有更有效率的技术路径，由于较高的初始成本，也会使新的制度不被采纳，而沿着旧路径持续演化。

Z师范学院2002年升本，升本初期，为了保持师范特色，Z师范学院设置了汉语言文学、数学与应用数学、法学等以师范为主导的专业，其师资结构也同样形成了以师范为主导的文学、理学等相关学科的教育师资。

随着市场经济的深入改革，社会对人才的需求结构发生变化。在应用型转型相关政策的引导下，Z师范学院顺应社会及国家政策需要，开始开设一些工学、管理学类非师范专业。虽然Z师范学院相继成立了经济与管理学院，网络工程学院、机械与电气工程学院等以应用为主导的院系，但相应的教师队伍建设却并非一日之功。传统的以师范为主导的师资结构经过长期的发展后，已经形成了一种“浓”的制度化，并按照

---

① 道格拉斯·C. 诺思. 制度、制度变迁与经济绩效［M］. 杭行，译. 上海：格致出版社，上海三联书店，上海人民出版社，2017：108-123，90-91.

回报递增的方式稳步发展。

在就业导向机制下，一些专业就业并不理想，如法学、体育教育、美术学等连年遭遇红牌警告。但从实际招生来看，这些传统专业招生却比较理想。以 2016 年为例，法学、体育教育、美术学各计划招生 135 人、180 人、103 人，实际招生人数分别为 135 人、180 人、103 人。也就是说，这些就业率不高的红牌警告专业，其招生效果却比较理想。一部分学生读大学的目的并不仅仅是就业，有的仅仅出于文凭的需要，有的是出于对 Z 师范学院传统专业的认可。这些专业以现有的方式可以保持学校稳定的招生，生源的获得意味着教育经费的增加，这种正反馈的机制使这些专业存活下来。

Z 师范学院在没有明确的新思路的情况下，选择次优策略，保留这些传统的专业以保证生源是比较现实的。开设新的专业（如工学类专业）意味着投入巨大的办学成本，且回报又是不确定的。这种不确定性更确保了传统专业的稳定性。

（三）有限理性形成的路径依赖

按照理性选择的模式，组织会采纳最有效的制度措施，会选择最适合院校发展的办学模式，但为什么有些低效率的办学模式依然存在？博弈论认为人们掌握的信息是不对称的，人们周围的环境是不断变化的，这就导致组织参与者在决策时，往往会考虑：“我”处在什么样的环境下？“我”在扮演什么角色？在这种情况下“我”怎么做才是合适的？并基于上述考虑后作出“合乎情理”的选择①。同时，组织决策者的行为选择往往受其知识背景、生活经验等方面的制约。知识的发展方式影响着人们对周围世界的感知，进而影响他们对个体认知世界的判断、解释这个世界以及证明其为合理的方式②，从而使行动者在面临重要抉择时往往根据适当性的逻辑而非理性的逻辑作出相应决定。行动者的有限

---

① 周雪光. 组织社会学十讲［M］. 北京：社会科学文献出版社，2015：295-298.

② 道格拉斯·C. 诺思. 制度、制度变迁与经济绩效［M］. 杭行，译. 上海：格致出版社，上海三联书店，上海人民出版社，2017：90-91.

理性和心智构念决定了具体组织行为与理想组织行为假设相距甚远，无法达到最优的选择状态。

这种适当性的逻辑是主要行动者——校长及其他管理者采取重要策略的基本原则。在Z师范学院学术委员会中，学术成员并没有按照理性的原则进行设计，而是根据适当性原则进行设计。组织成员既有行政领导，各职能部门主要负责人，还有各院（系）院长（主任），实质上是各方利益博弈的结果，而不是按照学术的逻辑导向组成的。也就是说，学术委员会的组成是有限理性的结果，而非严格按照学术导向的逻辑。在学科专业构成中，以法学专业为例，法学专业的红牌警告率达75%，说明法学专业学生的就业前景并不乐观，从理性上讲，是应该被撤销的专业，但为什么大多数院校依然保留了该专业？Z师范学院2004年设置法学专业，并成立了政法系，从创建至今，已有十几年的历史，有其存在的历史基础。除受学校发展的历史因素影响外，在决策执行过程中，由于受身份角色、政治利益、信息不对称等多重因素的影响，其信息的解释往往是不同的。研究者深入Z师范学院进行为期两年的调查后发现，虽然领导层面想撤销此专业，但政法系的教师却认为法学专业虽然就业不太好，但招生却很好，考研率也高，学生就业相对灵活等，政法系引进的博士是全校最多的，科研产出量也比较高。如果校领导采取强制性措施，势必造成政法系教师的强烈反对，这对学校的整个稳定发展是不利的。政法系大部分教师都认为法学专业是师范院校的主打专业，是师范类院校的品牌专业，况且政法系仅保留了思想政治教育和法学专业，如果再撤销法学专业，政法系如何存在？同时，教育学院、美术学院等都支持法学专业的保留。因为，大家都明白，如果撤销法学专业，那么汉语言文学、美术学、教育学等传统基础理论专业都无法保留。基于利益的个体认知的需要，法学专业在Z师范学院中被保留了下来。同样的例子有美术学专业和体育教育专业，二者的红牌率高达63%，其就业状况虽然很不乐观，但由于受学校办学历史、办学者的认知结构，以及利益群体博弈的影响，致使这些办学效率低，社会需求量低的专业存活了下来，这种办学的历史路径决定了一些依存于制度合法性的专业能够在市场主导的空间中生存，虽在“理”之外，却在“情”之中。

第六章　比较借鉴：国外师范院校组织转型的历史路径与组织特征

2018年，教育部等五部门出台了《教师教育振兴行动计划（2018—2022年）》，从指导思想、目标任务、主要措施几个方面提出了振兴教师教育的具体要求。但面对综合化现状，师范院校该如何走向深度改革？发达国家教师教育组织转型具有什么样的特点？它们在面临教师教育转型困境时是如何实现组织变革的？借鉴发达国家转型经验，对于我国教师教育组织转型具有重要的参考价值。

考虑到不同国家的多样性特点，借鉴伯顿·R.克拉克（Burton R. Clark）的学术组织分类模式，选取英国、美国和日本三个国家作为典型案例，其中英国作为英国模式的主要代表、美国作为美国模式的主要代表、日本作为亚洲模式的主要代表。在组织分类理论观照下，从组织层次、组织制度和组织文化三个维度分析发达国家组织转型的变迁类型，以期为中国师范教育组织转型提供参考。

第一节　发达国家高等师范院校组织转型的历史演变

美国作为当今世界超级大国，其师范教育同样处于世界领先地位，而师范院校的产生却并非发端于美国。美国的师范院校组织是在学习欧洲国家的基础上建立起来的，仅仅几百年的时间，美国便顺利实现了师范学校—师范学院—综合类大学教育学院的转型，并成为世界各国学习的典范。英国作为老牌资本主义国家，其师范组织最初由慈善组织和私立组织发起，先后经历了地方与大学合作模式、依附大学模式、独立学院模式、多元架构模式多种类型。日本作为后起之秀，学习欧美国家的优点，最终形成了综合类大学、教育大学、学艺大学、短期大学的多元化教师培养模式。

一、美国高等师范院校组织转型的历史演变

从 1839 年建立第一所公立师范学校开始，美国基本形成了以师范学校和文理学院为基础的教师教育模式。到 19 世纪后半期，州立师范学校出现了很多问题。例如，过度专注于师范教育的专业性而忽视了学生能力的培养；入学标准过低而无法保证教师培养的质量；学习的周期太短造成学生无法系统地掌握教师教育的专业知识；州政府资助不足导致办学经费的缺乏等。因此，19 世纪末 20 世纪初，美国师范院校开始了组织的转型。第一次转型是从师范学校升格为师范学院；第二次转型是二战后由师范学院升格为综合类大学。正是这两次转型使美国师范教育从封闭走向了开放的道路。

（一）组织初创期：师范学校阶段

进入 19 世纪，美国逐渐走上了资本主义道路，经济取得了较大的发展，经济的提升为教育的发展提供了物质基础。在经济的推动下，人们对教育的需求也逐渐扩大，美国开始了公立学校运动。随着公立学校的开设，对师资的要求也逐渐提上日程。

马萨诸塞州开启了第一所师范学校的尝试，以贺拉斯·曼（Horace Mann）为代表的杰出教育家，通过积极宣传、吸收企业家赞助等形式，开始了教师培训。1838 年，时任州长的爱德华·艾佛瑞特批准建立 3 所师范学校。1839 年，美国第一所师范学校在列克星敦宣告成立，但生源状况并不理想，开学第一天，仅 3 名学生参加考试，但却开启了师范教育的先河。1844 年 9 月，该校迁往西牛顿，建校 10 年后，正式冠名为“州立师范学校”。1839 年 9 月 4 日，马萨诸塞州建立了第二

所师范学校。1840 年 9 月，在布里奇沃特建立了第三所师范学校。

随后，州立师范学校在其他各州也得到了迅速的发展。在纽约州，在州长克林顿的推动下，在阿尔巴尼建立了师范学校，由大名鼎鼎的教育家大卫·伯金斯·佩奇（David Perkins Page）出任校长。大卫·伯金斯·佩奇认为，师范教育应提供教育实习的场所，并把实践教学融入课堂之中。在康涅狄格州，亨利·巴纳德（Barnard Henry）为师范学校的发展作出了卓越的贡献，他所创办的《教育期刊》（*Journal of Education*）详细分析了课程安排、教学材料、师资证书、在职培训等方面的教师教育的内容，不仅为公立师范教育的发展作出了贡献，也为教师教育、课程与教学的发展作出了巨大的贡献。在新泽西州，由威廉·F. 费尔普斯（William F. Phelps）任校长，在特伦顿建立了第一所师范学校。在中部的密执安州、伊利诺伊州、密西西比地区各州，师范学校也陆续建立起来，为师范教育的发展作出了积极的贡献。

美国州立师范学校虽然经过半个多世纪的发展，为区域培养了大量的师资，对区域基础教育的发展作出了巨大的贡献，但也存在着很多问题。哈蒙德指出："教师教育的整体时间太短、教学方法陈旧、学生合作精神差等。"① 斯坦福大学教育学院教授莱布儿则更加犀利地指出："师范学校成了教师加工厂，批量生产着社会所需要的各类教师。"②

整体上讲，美国师范学校出现的问题主要表现在三个方面：一是过度追求教师教育的专业性；二是入学标准过低和学习时间过短，在马萨诸塞州建立第一所师范学校时，申请入学者的知识水平就令当时的校长很不满意。1900 年以前，录取的学生中只有 26％达到了高中水平，因此生源质量的低劣导致了家长和社会对教师培养质量的质疑，而另一个问题是，在有限的 2 年内，在生源知识水平较低的背景下，如何保证师

① Linda Darling-Hammond. The Case for University-based Teacher Education [M] // Robert. A. Roth. The Role of the University in the Preparation of Teachers. Taylor and Francis: Falmer Press, 1999: 22.

② 王凤玉. 社会变革与教育机构转型：美国师范教育机构转型研究与启示 [M]. 北京：人民教育出版社，2008：209.

资的人才培养质量；三是资源投入的不足，州立师范学校作为公立学校，其经费主要来自州政府，而州政府对师范院校的投入是非常有限的；获取办学经费的另一个渠道就是学生的学费，而当时的生均学费仅为50美元。在这种情况下，办学经费困难就可想而知了。

（二）组织层次转型：师范学校到师范学院的跃迁

进入20世纪后，随着心理学、教育哲学等的兴起，社会对教育的需求也在发生变化，对教师质量的要求也随之提高，由19世纪满足于"得到一个教师"演变为20世纪的"得到一个合格教师"。20世纪初期，美国出现了一批新的师范教育组织——具备学士学位授予权的师范学院。

19世纪末20世纪初，由于师范学校主要培养初等学校的教师，无法满足中等教育对教师的需求，一些发展较好的师范学校开始提升自身的办学层次。在州政府的支持下，一些师范学校开始升格为师范学院。1882年，亚拉巴马州成立了第一所师范学院——莱文思州立师范学院。1890年，阿尔巴尼师范学校首先升格为师范学院。随后，其他州也开始了师范学校升格为师范学院的过程。从此，美国进入了师范学院时代。

20世纪20年代后，师范学院的扩散过程开始加快，由1910年的11所增加到1930年的140所，20年的时间增长了近13倍。升格或筹建的师范学院与师范学校大不相同，在学制上由两年增加为四年，并拥有了学士学位的授予权；在生源标准的选择上，要求入学者必须毕业于四年制的中学；扩大了课程的范围，提供了更多的选修课程。在杜威实用主义思潮的影响下，实用主义观点是开设新课程的主要理念①。

为了提高教师职业的合法性，保证师范教育的培养质量，1896年，美国中北部学院及中学协会开始了教师标准化运动，规定师范学院的入学者必须是高中毕业，任职高中的教师必须具有大学文凭。高中教师标

① M. Haberman, T. M. Stinnett. Teacher Education and the Profession of Teaching [M]. Berkeley: McCutchan Publishing Corporation, 1973: 48.

准的制定对师范学院来说是个不小的挑战，师范学院培养的师资不具备大学文凭，但师范学院也有自己的优势。费尔穆利认为，师范学院的组织形式、文化生活、师生关系等方面是大学所不具备的。“亲密的师生关系、简单朴素的生活方式、没有建立在特权阶层基础上的成员组织，这一切简单朴素的生活都为未来从事高中教师作好了准备。”① 也就是说，大学由于其社会高阶层成员的增多，千差万别的学生群体，使其难以形成勤俭、朴素的生活方式，而高中却需要这种生活方式，否则，无法为社会底层出身的贫困学生提供优质的服务，也无法深入接触大多数的贫困阶层学生。

美国的师范学校升格为师范学院后，其入学标准、课程的具体设置、学院的物质基础等方面都发生了巨大的变化。第一，提高了新生的选拔标准。在入学标准上，转型后的师范学院要求入学者一般应具有高中水平。例如，在罗德岛州，学生要经过激烈的竞争才具有入学的资格，申请者在高中的成绩一般在前 50％才能获得进入师范学院的资格，并要求有校长的亲笔推荐证明。另外在师范生的培养要求上，也得到了大幅度提高，师范生作为培养人才之人才，除具有学科知识外，还要有与学生沟通的能力，与儿童为友、使儿童身心健康成长的能力，并具备吃苦耐劳的品质。第二，重视教师的实践技能培养。转型后的师范学院比较突出的特色是，更加注重师范生的实际教学技能培养。例如，师范学院设立实习学校，使学生有更多的机会观摩和进行教学实习。通常，学校会聘请一些知名教师到学校讲课，并要求学生进行观摩学习，这有利于学生理论知识与实践技能的结合。学院把实习过程列入课程的学分，这有利于督促学生认真实习，最终实现培养学生实践技能的目的，而不是单纯注重理论知识的培养。第三，改善了学院硬件设施。升格为师范学院后，几乎每所学校在办学设施上都得到了很大的改善，如印第安纳州立师范学院共有 10 座建筑物，体育馆耗资 33 万美元，艺术楼耗

① C. A. Harper. A Century of Public Teacher Education [M]. Washington, D. C.: American Association of Teacher College, National Education Association, 1939: 141.

资达 45 万美元之巨，理科楼也耗资 38 万多美元[①]。

师范学校转型为师范学院后，虽然在入学标准、实践技能、硬件设施等方面得到了改善和提高，但仍然存在着一些问题，其中学术性与师范性的争论是问题的焦点。如在课程设置上过分强调教育学、心理学等以师范为主的课程设置，在教学上，把教师的专业训练放到重要的位置等，这造成了学生通识课程的减少、教师学术能力的不足。直到 20 世纪 30 年代经济危机的爆发，师范教育出现了供过于求的局面后，教育界才开始协调师范性与学术性的问题。哥伦比亚大学教授埃文登（Evenden）对教师培养质量的调查表明，师范教育对教师学术性培养不足，必须对此进行根本改革，师范教育应延长至 5 年，并增加通识教育课程等[②]。

（三）院校整体转型：综合类大学阶段

为了满足社会对高等教育的强烈需求，美国高等教育通过合并、升格等方式开始把师范学院转型为综合类大学教育学院，从而使培养方式、课程设置等方面发生了巨大的变化。

早在 19 世纪末，随着实验心理学、统计学等学科或研究方法的出现，一些综合类大学就开始了教育哲学、学校经济学、教学艺术等方面的课程讲座，哥伦比亚大学（以下简称“哥大”）是综合类大学开设师范学院的典型代表。1887 年，哥大前身纽约教师培训学院建立。1898 年，该学院并入哥伦比亚大学，成为哥大的一所教师教育机构。至 1892 年，全国约 31 所综合类大学设置了教学方法教授的席位，约 114 所综合类大学开设了师范教育课程[③]。1907 年，俄亥俄州立大学成立了教育学院。1921 年，密执安州立大学成立了教育学院。在各大学设置

① C. A. Harper. A Century of Public Teacher Education [M]. Washington, D. C.: American Association of Teacher College, National Education Association, 1939: 151-155.

② C. A. Harper. A Century of Public Teacher Education [M]. Washington, D. C.: American Association of Teacher College, National Education Association, 1939: 658.

③ John I. Goodlad, R. Soder, K. A. Sirotnic. Places where Teachers are Taught [M]. San Francisco: Jossey-Bass Publishers, 1990: 147.

教育学院的影响下，其他各州立大学也相继开设了教育学院。由此，美国开始进入一个综合性、多层次的教师教育新阶段。

美国师范学院的转型首先从校名更改开始，其具体表现为师范学院转型为州立大学。1930 年，俄亥俄州的灵科莱师范学院更名为灵科莱州立学院，1935 年升格为俄亥俄州立大学。1941 年，密执安州立学院更名为密执安西部教育学院，1957 年更名为密执安西部州立大学。更名后的综合类大学教育学院功能也发生了变化，课程设置更加多样，开设了大量的通识类课程，在办学层次上开设了研究生课程，一些学校具有了硕士甚至博士学位的授予权。师范教育组织的数量也发生了巨大的变化，综合类、多科性大学教育学院开始增多。1870 年，综合类大学、文理学院仅 9 所，而到 1958 年，综合类大学、多科性大学就增加到 965 所。与此对应的是，师范学校呈减少状态，1870 年为 69 所，到 1958 年则完全消亡，师范学院从 1930 年的 140 所减少至 1958 年的 95 所①。

通过师范学院向综合类大学的转型，美国教师教育在培养目标、课程设置、学位授予等方面发生了变化。首先，在培养目标方面，通过三次全国师范教育会议，大家达成的共识是：师范教育必须改革；教师不仅要具备专业知识，还要注重提高能力；师范教育是学院或大学的共同责任。其次，在课程设置上，从以师范为中心的课程设置转向以学术为中心的课程设置。新的师范课程设置分为三部分：通识教育、专门教育和专业教育。通识教育主要包括自然科学、社会科学、人文科学等方面的基础知识；专门教育主要设置与任教学科有关的课程；专业教育主要设置与师范教育有关的课程和实践，如教育学、心理学、教学方法等和教育实习、课堂见习等教育实践。

美国师范教育综合化的转型虽然取得了一定的成绩，但远没有达到应有的预期。教师教育进入大学后，师范性的功能被逐渐削弱，师范教育在大学中日益被边缘化，教师入职标准过于宽松导致教师社会地位低

---

① 单中惠，王晓宇，王凤玉，等. 西方师范教育机构转型——以美、英、日为例［M］. 济南：山东教育出版社，2012：118-119.

下，教师专业化水平备受质疑。首先，教师教育进入大学后，师范专业不如工科、理科能直接转化为生产力，不能直接带来经济效益或经济效益不高，办学经费困难是师范教育的焦点，当师范教育过度重视学术时，它的师范特色就会逐渐丧失。著名学者古德莱德说："师范学校向综合大学的转型是失去尊严而不是赢得尊严，因为在大学里，教师教育被逐渐边缘化。"[①] 其次，教师专业的入职标准不如律师、医生、建筑师等入职标准严格，入职标准过于宽松，很快导致教师供过于求，随之而来的是教师待遇的下降，社会认可度的下滑。这种过于宽松的入职标准，一定程度上纵容了文化素质较低的学生，使滥竽充数者有机可乘，这些不合格的学生混进教师队伍，使教师培养陷入一种恶性循环，成为高等教育领域的笑柄，有学者嘲讽道："他们在大学丛林里继续存在，将永远是高等教育事业的一种耻辱和尴尬。"[②]

（四）"去专业化"：多样化办学阶段

20 世纪 60 年代，教师教育大学化转型基本完成，美国教师教育大学化的改革在世界产生了很大影响，很多国家教师教育模式都是参照美国形成的。随着经济社会的发展，后现代教育思想的兴起，教师教育的观念模式日益受到挑战。有学者认为，美国的教师教育就是"错误的人在错误的地方由错误的教育者实施着错误的东西"[③]。20 世纪 80 年代后，解制思潮、替代性教师教育模式等新的教育类型开始出现，并影响到美国师范培养系统。这种新的教育思潮认为，仅靠固守的规则和所谓的标准去约束教师只会使教师教育越来越糟，教师教育应去除掉专业化的规制性模式，还原为以实践为主体的民间教育模式。

替代性教师教育模式是为没有接受过综合类大学教育学院培养的人

---

① John I. Goodlad. Whither Schools of Education [J]. Journal of Teacher Education, 1999, 50 (5): 373-376.

② C. J. Lucas. Teacher Education in America: Reform Agendas for the Twenty-First Century [M]. New York: St. Martin's Press, 1997: 105.

③ 张济洲，苏春景. 美国大学教育学院：教师教育大学化实践困境及改革 [J]. 教育学报，2010 (6): 111.

设计的。针对一些没有接受过正规大学教育学院训练的人，替代性教师教育模式为他们提供了一种现场的教师培训模式，并使他们获得教师资格。从 1983 年到 1999 年，通过替代性教师教育模式获得教师岗位者达到 125000 人。替代性教师教育模式是针对美国教师教育过于注重理论、轻视实践而设计的，可有效缩短教师候选人在校培训时间，能够把更多的时间还给受教育者，让他们自由地学习教师职业所需要的知识和技能。

21 世纪后，美国又出现了“驻校模式”，各学区根据本区域基础教育对师资的需求程度，招收本科学历以上人员进行教师教育的培训工作，这种培训的过程在学区所辖的中小学内完成，也被称为美国教师教育改革的“第三条路”。

总之，在经济全球化、社会多元化的今天，在终身教育思潮的影响下，美国教师教育模式更加灵活多样，其形式也更加多元化，只要有利于培养社会所需要的教师，只要是市场需求较多的教师培养模式，在专业化的推动下，都可能也可以为社会所接受。

二、英国高等师范院校组织转型的历史演变

英国师范教育组织最初是从民间开始的，主要是在教会和私人捐赠的基础上建立起来的。随着中小学对师资需求量的增大，专业的师资培训机构开始建立。20 世纪初期，社会对师资的要求由“量”转化为“质”的需要，为了提高教师的培养水平，开始了大学教育学院阶段，教师教育主要在大学中进行。进入 21 世纪后，在社会需求多样化的推动下，英国逐渐形成了大学教育学院、高等教育学院、校本教师培训组织等多元化并存的教师培训模式。

（一）早期师范教育阶段：教会与私立并存模式

英国早期教师训练开始于 17 世纪末期和 18 世纪初期，基督教知识促进会和私人开办的早期教师训练机构是这一时期的主要教师培训模式。基督教会作为慈善组织是较早介入教师训练的组织，为初等教师的培养作出了巨大的贡献，私人开办的教师培训机构通过开办短期课程，

在教师培训中也发挥了重要的作用。

1. 教会教师培训模式

英国的慈善教育事业在世界享有盛誉，英国的慈善教育在1688年“光荣革命”后达到了顶峰。到19世纪，英国约1/3的学校都是慈善组织创办的[①]。从17世纪开始，英国伦敦就开始出现了许多慈善学校，这些慈善学校是在基督教知识促进会的推动下建立的[②]。这一组织为社会底层接受教育创造了很多机会，并在全国各地建立了类似的学校。随着慈善学校的增多，对教师的需求也日益增加。在这一时期，欧洲已经开始出现了师范学校。受其影响，基督教知识促进会也曾考虑过建立师范学校，但迫于资金的压力，这一计划并没有能够实现。

在教师培训的过程中，由于经费短缺、师资有限，英国教徒约瑟夫·兰喀斯特（Joseph Lancaster）推行导生制模式：首先挑选较优秀的学生向教师学习，然后由这些学生再教其他学生。这样既节省了经费，也节省了师资。早期的导生制已经具备了师范学校的一些特征，并在西印度诸岛、非洲等殖民地国家迅速发展，至1810年，仅英格兰就有95所导生制学校，到1820年，约有20万儿童在1500所导生制学校里学习。

与导生制类似的是见习教师制，它是在导生制的基础上发展起来的。在初等学校中选出13岁左右的优秀学生作为见习教师，通过教师带徒弟的办法把他们培养成师资，一般订立为期5年的契约，每周5天抽出放学后的时间，由校长另为其授课1个小时，5年见习期满，即可做助理教员。截至1848年，英格兰和威尔士的初级学校中已经有2000多名见习教师，1861年，见习教师就已达到13871名[③]。

---

① F. P. Graves. History of Education in Modern Times [M]. London: The Macmillan Company, 1914: 39.

② 王晓宇. 英国师范教育机构的转型：历史视野与个案研究 [M]. 上海：上海社会科学院出版社，2008: 42-71.

③ L. G. E. Jones. The Training of Teachers in England and Wales: A Critical Survey [M]. Oxford: Oxford University Press, 1924: 190.

2. 私立组织教师培训模式

19 世纪初期，从事教师培养的组织除基督教知识促进会外，还有很多私人组织，戴维·斯托（David Stow）创办的格拉斯哥师范学校是不同于导生制教师培训的教师培训学校。在生源的选拔上，它选拔的对象是掌握了一些更加专业的技能的成熟学生。它培养出来的学生受到了各地的欢迎，其教学既体现出注重实验活动的特点，又构成了英国全国性见习教师计划的一部分。19 世纪 90 年代，随着初等教育的普及和小学教师需求量的增大，教师质量越来越受到关注，学术性与师范性是争议的焦点，最终英国政府于 1890 年颁布教育法，由政府与大学合作，开办日间师资训练学院来培养小学师资。

（二）地方与大学合作模式：日间师资训练学院

19 世纪中后期，英国普及义务教育，更多的儿童走进校园，接受知识和文化的洗礼，更多的社会中、下层家庭子女获得了到学校读书的机会，这就导致了校园学生人数的急剧增加。1862 年实行的教师按绩效付酬制使教师的利益受损，一度出现了教师队伍不稳定的现象。因此，需要更多的教师、培养合格的教师成为这一时期师范教育的现实问题。1888 年，克罗斯委员会（Cross Committee）建议大学和学院建立日间师资训练部门，专门培养初等学校教师，以缓解师资短缺的现状。公立日间师范训练学院实行免费制，学生可同时攻读学位，这类师范专业的训练时间一般为 3 年。

1890 年，英国教育部颁布《克罗斯委员会报告》，允许大学建立日间师资训练学院，并制定了相关的条例：第一，地方教育委员会必须安排教师负责讲授教育学相关知识；第二，凡获得女王奖学金的候选人可以进入日间师资训练学院进行学习；第三，要想获得日间师资训练学院合格证书，必须参加教育部指定的各类考试；第四，地方教育委员会须把学生学校学习的记录呈递教育部备份。《克罗斯委员会报告》还对政府资助的助学金的具体管理提出了建议。在相关政策的推动下，各地日间师资训练学院相继建立。到 1900 年时，新成立的日间师资训练学院学生数达到 1355 人，这是英国现代师范学院的前身。其中有成立于

1890 年的曼彻斯特大学、卡迪夫大学、伦敦大学皇家学院的日间师资训练学院；成立于 1891 年的谢菲尔德大学、剑桥大学、利物浦大学的日间师资训练学院；成立于 1892 年的布里斯塔尔大学、雷丁大学、安普顿大学日间师资训练学院等①。

日间师资训练学院在发展过程中逐渐形成了自己的特点，而这些特点成了当代教育学的基本要素。1893 年，亨利·霍夫曼（Henry Holman）出任特维思学院教育学教授，到 1895 年，该学院教师培训课程已经比较齐全，教育学被列为威尔士大学的本科学位课程，这些都为当代大学教育学奠定了课程基础。日间师资训练学院虽得到了蓬勃发展，但也存在着一些不容忽视的问题。一方面，专职教师的缺乏导致了长期的师资不稳定问题；另一方面，日间师资训练学院的数量还是远远不够的，其培养的生源质量也遭受质疑，这也促使了专业教师培训机构的产生，不再停留在与大学合作的层面，而是如何成为大学的一个重要组成部分。

（三）依附大学模式：大学教师培训部

20 世纪初，随着经济社会的飞速发展，社会对教师质量的要求也越来越高。初等师范学校作为培养初等教师的机构，对教师资格的要求并不高，只须在日间师资训练学院进行短期学习，获取资格证书即可任教。一些中学教师的入职要求则更为宽松，只需大学毕业便可直接任教。这就导致了日间师资训练学院培养的教师质量越来越受到质疑。特别是中等教育的问题社会各界尤为关心，中等学校教师急需专业训练，如何对中等学校教师进行培训成为这一时期关注的焦点。

日间师资训练学院有一定的优势，但其专业化程度依然无法与大学相提并论，其教学质量、师资等也一直不令人满意。1905 年，蒙特郎提议"承认具备一定条件的教师训练学院附属于大学，或称之为大学教

① John B. Thomas. Victorian Beginnings, British Universities & Teacher Education [M] // 单中惠，王晓宇，王凤玉，等. 西方师范教育机构转型——以美、英、日为例. 济南：山东教育出版社，2012：173.

育学院，并提供四年制的教师教育课程，前三年攻读专业学位，第四年进行师范专业训练”[①]。到 1914 年，约一半的大学日间训练学院设立了中学教师训练部。从 1911 年起，大多数日间师资训练学院陆续改为大学的教育培训部或教育系。1920—1930 年间，英国整个师范教育系统几乎都采用了大学教师培训部模式。

由伯纳姆子爵担任主席的教育委员会于 1925 年提出建议：第一，所有想成为教师的学生必须学习到 18 岁，并获得至少一个文凭；第二，拥有培训经历的教师才有资格到公立初等学校任教；第三，有过书法、体育等训练的教师应与未受过相关训练的教师通力合作；第四，大学应与教师培训部联合负责教师资格考试工作。在教师证书考试方面一直存在争议，《伯纳姆报告》建议成立联合考试委员会负责教师证书考试，但大学对教师培训的积极性并不高，原因是大学过多参与教师培训，就会因为浪费太多的精力而降低学术水平，同时也会影响到大学的自治问题。在各方权力博弈下，英国政府于 1928 年制定了联合考试方案，并把全国教师培训组织划分为 11 个师范学区，每个学区一般设置一所大学负责教师证书考试问题。

大学教师培训部的建立使大学与中小学的联系加强，教师培训部的产生使大学引入了新的学科，即后来的教育学。大学成立教师培训部表明，教师行业和其他行业一样，也具有了高等教育的水平，教育学科的地位也越来越重要。但大学教师培训部同样存在着一些不容忽视的问题，如设施过差、学生地位太低等而不受其他学院尊重；教师失业问题及生源危机；科研成果产出率较低导致学术水平受到质疑；与其他系部关系松散等。

（四）独立学院模式：大学教育学院

20 世纪 60 年代，英国的中小学入学率达到二战后的顶峰，师范教育的重要性变得更为突出，关注的焦点从师资数量转向了师资质量。如

① 王晓宇. 英国师范教育机构的转型：历史视野与个案研究［M］. 上海：上海社会科学院出版社，2008：73-99.

何更有效地培养师资、如何提高中小学教师培训的质量成为政府和民众迫切要求解决的问题。

《罗宾斯报告》（以下简称《报告》）于 1963 年 10 月发表，是大学教师培训部向大学教育学院转型的一个关键报告，对英国的高等教育尤其是师范教育体制发展产生了重要的影响。该《报告》的基本原则是：高等教育的课程应该向优秀者开放；学生的报酬应当依据成绩而非毕业院校；同样职能的院校不应存在级别的差异；学生应当因为学业成绩和教育需要而具有转学的机会。

关于师范教育问题，《报告》也提出了相关建议：第一，应进一步扩大师资培训组织的招生规模。经过相关考察后，《报告》认为，到 1980 年，师资培训组织在校生规模应由 5 万人扩展到 13 万人。第二，教师培训学院应该设立教育学位课程。大部分学生应该攻读教育学位课程，其中包括理论学习和专业学习两部分，学习时间为 4 年。第三，在大学设立教育学院。师范学院不能仅停留在专业训练方面与大学建立联系，在行政管理方面也应与大学保持联系。《报告》建议，培训者通过 3 年学习后，还须选择第四年的教育学士学位课程，其学位授予权、财政权、人事权等应转交给大学，大学教师培训部应改名为教育学院，现有国家技术学位委员会应被国家学位委员会取代。《报告》的前两项建议为政府所接受，而第三项遭到了政府的反对，政府并不愿意教育学院独立运行，认为这样会使政府丧失对教育的领导权。从整体上讲，《报告》促进了师范教育组织从地方师资培训机构向大学教育学院的转型，但《报告》并没有解决师范教育课程设置的问题。

20 世纪 50 年代，两年制师范学院课程矛盾变得尖锐，增加学术性课程、延长师范学院学制、促进师范生能力发展成为这一时期亟待解决的问题。1971 年，师范教育委员会提交了《詹姆斯报告》。《詹姆斯报告》建议融合师范教育组织，把各地师范教育组织整合为国家师范教育组织。同时《詹姆斯报告》对师范教育的阶段进行了明确的划分，认为师范教育应分为三个阶段：第一个阶段是学生接受高等教育的阶段，强调基础知识的学习；第二个阶段是教师职前理论课程和专业教育阶段，第一年接受师范专业理论学习，第二年进行教学实习；第三个阶段是教师的在职培训阶段，是教师终身从教必须进行的不间断的学习行为，包括培训活动、周末讨论会等。

《罗宾斯报告》和《詹姆斯报告》推动了区域师资培训组织向大学教育学院（教育系）的转型，使教师培养机构与大学的联系增强；在课程设置方面建立了教育学士学位课程体系，使师范教育组织跻身于大学，与大学其他学院处于同等地位。大学教育学院的设立使师资培训呈现出多样化的类型，大学、多科学院、教育学院等都具有师范教育的培养权力，使师范教育变得更加多元。

由于每所学校都有自己的历史特点，这对于师范教育组织的管理与规范是不利的。在课程设置方面，存在着理论与实践脱节问题，学生所学的理论应用性不强，无法解决实际问题成为学生和教师批评的焦点。即使在同一所大学里，学生能力也参差不齐，这种多样化的发展对学校教学和管理提出了更高的要求。随着教师水平的提高，教师自治化的呼声越来越强烈，追求学术自由的呼声日渐高涨。

（五）多元架构模式：大学教育学院、高等教育学院、校本教师培训组织

《詹姆斯报告》发现了区域师资培训的组织困境，“教育白皮书”则加速了地区师资培训组织的消亡过程。1988 年教育改革法颁布后，英国教师培训逐渐向多元化的方向发展。2001 年，英国教育和技能部取代了原来的教育和就业部，根据规定，大学教师需要完成由大学教育学院、高等教育学院或其他教师培训组织规定的职前教师培训课程，取得课程培训证书后方能获得合格教师资格。

1. 大学教育学院

在课程设置方面，主要包括教育的基本理论、课程相关安排、教学实习和实践几个方面。学制设为三年或四年，提供研究生教育证书课程，包括教育专业硕士、博士学位课程。如剑桥大学教育学院、牛津大学教育学院、伯明翰大学教育学院等，都设置相关学位课程。牛津大学教育学院除提供研究生教育课程外，还提供全日制、非全日制的硕士、

博士学位课程。

2. 高等教育学院

高等教育学院产生于20世纪70年代末期，是在当时师资紧缺的情况下适应社会需要建立的。但随着经济社会的发展，师资力量逐渐饱和，对中小学教学质量的要求逐渐提高，在这种情况下，为了适应生存和发展的需要，此类院校开始与多科技术学院或大学联合进行师资培养。进行师资培训不是高等教育学院的全部职能，为适应社会发展、提高生存能力，培养区域经济社会需要的非师范性人才也是这类学校的职能。高等教育学院一般只教授教师专业培训课程，也提供一些中小学教师的研究生教育培训课程。严格说来，这类学校是多院校师资培训的一个集合体，一般规模较小，是在适应社会需要变革的情况下产生，又在社会转型的情况下艰难生存与发展的院校。

3. 校本教师培训组织

校本教师培训组织产生于20世纪80年代，它要求把学校作为需求主体，以学校为导向进行教师的课程及教学设置和相关工作安排等，这主要为了克服长期存在的理论与实践脱节的问题。其组织形式一般包括教育联盟和教师培训合作伙伴两种形式，主要进行职前教师培训。教育联盟一般是由本区域一些学校组成的共同体，这些中小学经过商议共同提供一系列教师培训的办学模式。教师培训合作伙伴是在教师培训与发展署的提议和当地教育局批准下设立的。教师培训合作伙伴提供以学校为中心的职前教师培训，培训过程约一年，培训人员每三周授课一次，有两天的教学实践，并安排一位优秀教师做指导教师，培训结束后便可获得合格教师资格。

三、日本高等师范院校组织转型的历史演变

日本师范院校组织是在向西方欧美发达国家学习的基础上建立起来的，从创建初期的师范学校升格为高等师范学校，再到综合大学，实现了办学层次的跃迁。二战后，由于日本政治、军事受美国的管辖，日本教师教育模式受美国影响较大，但仍然保留了自身的本土化色彩，形成

了当前的综合大学、教育大学、学艺大学、短期大学等多元化的教师养成组织。

（一）创建期：师范学校

19 世纪后半叶，为了适应政治、经济改革的需要，日本在教育领域也进行了轰轰烈烈的改革，开始创立师范教育组织——官立师范学校和府县师范学校。1872 年 4 月，文部省提交了《建立小学教师培训场所的呈文》，提出建立师表学校，以适应经济和社会发展的需要。1872 年 6 月，文部省呈报了“关于实施学制的当前计划”，提出迅速兴建师范学校。1872 年 8 月，学制颁布，其中第三十九条规定师范学校是培养小学教师的重要场所，第四十条规定：“小学教员，须在 20 岁以上，具有师范学校毕业证书。”1872 年 8 月，师范学校正式开学，录取学生 54 人，其中上等生 18 人，下等生 36 人，并聘请外国教师进行授课，日本的师范教育从此拉开帷幕。1873 年 6 月，师范学校又划分为本科和余科。本科生由外籍教师斯科特讲授英语、算术，余科由日本教师授课，学习国语、汉语、物理及化学等。截至 1878 年，东京师范学校在校生 406 人，毕业生 228 人，近 95%的毕业生从事教师行业①。

受学制的影响，各府县也设立了小学教育机构，这自然需要大量的小学教师，师资成为当时的迫切需求。1873 年，文部省要求每所大学须设一所师范学校。按此要求，大阪和宫城先后设立了师范学校。1874 年，名古屋、广岛、长崎和新泻也先后设立了师范学校。师范学校学制两年，学生定员数是 100 人。截至 1878 年，日本在全国共有 101 所师范学校，官立师范学校毕业生数达 1000 人左右②。

女子师范学校也在这一时期得到了发展。1874 年 1 月，文部省就提交了设立女子师范学校的呈请，建议设立女子师范学校，并述呈了女子师范学校的重要性。1875 年 3 月，官立女子师范学校在东京成立，

① 顾明远，梁忠义：世界教育大系：教师教育［M］. 长春：吉林教育出版社，2000：60-62.

② 顾明远，梁忠义：世界教育大系：教师教育［M］. 长春：吉林教育出版社，2000：64.

学生年龄限定在14～20岁之间，经考试选拔录取。

1872—1874年间，设立教师培训机构的仅有11个府县。由于教师需求量的增加，当时师范学校培养的教师远远无法满足小学对教员的需要。在这种情况下，其他府县纷纷设立了教师培训机构，1876年，所有的府县都设立了师范教育机构。

（二）整顿期：师范学校和高等师范学校

19世纪末期，以森有礼为代表的"国体教育主义"思想在日本的教育领域产生了巨大的影响。国体教育主义强调"教育要以国家为最高利益，忠君爱国是教育的基本原则，国家办学应保持教育与政治的一致性"。1886年，明治政府颁布了《学校令》，其中包括《帝国大学令》《师范学校令》《小学校令》《中学校令》等，从此，日本确立了双轨制的学校体制。其中《师范学校令》共12条，明确规定师范学校的办学目的是培养教师善良的品德和学识。森有礼认为，师范教育最重要的是把教师培养成"善良的人物"。师范学校开设的科目为教育、国语、伦理和地理、历史等，基本奠定了师范教育体系。但随着经济社会的发展，为了适应经济社会发展变革的需要，日本对师范教育体系进行了系统的改革。

首先，对师范学校进行了整顿。1907年，文部省制定了《师范学校规程》（以下简称《规程》），对师范学校相关制度进一步细化。《规程》规定：忠君爱国是学生教育的首要任务，教师的任务就是培养学生"忠君爱国"之气质。师范学校分为预科和本科，预科修业年限1年，招收14岁以上两年制高等小学毕业生。本科分为两个部，第一部修业4年，招收15岁以上高等小学毕业生，第二部修业1年，招收17岁以上高等学校毕业生。在课程设置上，预科设置修辞、国语、汉文、数学、图画、音乐、体操等。本科第一部男生学习修身、教育、国语、英语、数学等；本科第一部女生学习修身、教育、国语、历史、物理、家事、习字、图画等，并可选修英语科目。

其次，对高等师范学校进行了整顿。1902年，在原有东京高等师范学校的基础上增设了广岛高等师范学校，并对高等师范学校的学科结构进行了四次调整：第一次调整是在1898年4月，把文科分为四个部，分别是教育学部、国语汉文部、英语部、地理历史部；理科分为理化教学部、博物学部。第二次发生在1900年，把师范学校办学层次改为预科、本科、研究科三个层次，并规定了各科的修业年限。第三次发生在1903年，文部省重新修订了学校规程，把本科的四个部改为五个部。第四次发生在1911年，对学科构成进行了再次调整，设文科、理科、特科。

（三）统合期：综合大学和学艺大学

第二次世界大战后，日本沦为战败国，由美国接管日本经济、政治、教育等事务。师范教育因带有军国主义色彩，被要求改成教师养成教育。受美国教育思想的影响，师范教育大学化成为日本师范教育改革的主要内容。

关于教师养成制度的改革主要存在两个主要观点：第一，美国教育使节团认为，教师职业是为了使儿童的潜能得以充分地发挥，给儿童发展提供充足的空间，而这种能力的培养只有在自由的气氛中才能充分实现。美国教育使团同时批评了日本二战前的师范教育，要求教师养成教育须达到高等教育的水准，应在中等学校教育的基础上再增加四年教师养成教育。在课程设置上，要包含通识教育、教育专业教育和教育历史、方法的专门教育等。第二，日本教育刷新委员会认为，日本教育机构学术水平太低，封闭式的办学方式使教师视野狭窄、固步自封，无法担当国民教育的重任。

双方争论的焦点是“教师学术能力”和“教师教育大学化”的问题。第八特别委员会①建议采取以培养教师为主体的学艺大学的方案②，即教师养成放在学艺大学里进行。设置学艺大学是一种折中的做法，它

① 1947年3月，为了进一步探讨教师教育问题，以及教育教育应在何种机构中进行，日本教育刷新委员会专门设立了第八特别委员会。

② 三好信浩．日本师范教育史的构造［M］//单中惠，王晓宇，王凤玉，等．西方师范教育机构转型——以美、英、日为例．济南：山东教育出版社，2012：270-271.

一方面弥补了师范教育仅仅以培养教师为目的的过度功利的做法；另一方面弥合了教育大学仅仅以职业培训为目的的做法。学艺大学把教师放到主体的地位，把教师的专业发展放到了头等重要的位置，把教师视为一个自由主体而非被动接受的个体。

受美国教育理念和思想的影响，二战后，日本的师范教育机构进行了大规模的转型和变革，教师教育设在大学中进行成为主流模式。广岛所有的师范教育组织于 1948 年合并为广岛大学教育学部，东京的文理科大学于 1929 年整合为东京教育大学，东京第一、第二、第三师范学校和东京青年师范学校合并创建了东京学艺大学。在师范院校的合并与转型问题上，究竟什么类型的学校转型为学艺大学？什么样的师范院校设立在大学中？日本教育家土屋基规认为，三种类型的差异不是理念的差异，而是由于院校的建校基础的差异造成的，应视不同的院校类型转向不同的方向①。

（四）多元化阶段：综合大学、教育大学和学艺大学

进入 21 世纪后，随着入学人口的减少，教师的需求也出现下降趋势，对教学质量的要求成为社会主要诉求。为了提高教师能力，加强在职培训，20 世纪 70 年代，日本陆续建立了一批新型教育大学，形成了综合大学教育学部、教育大学、学艺大学、短期大学等多元化的现代教师教育体系。

1972 年，教师养成审议会提出教师养成改善措施，建议小学教师及特殊教育教师应由教育大学培养；教师资格证书分为初级证书（短期大学毕业）、普通证书（大学毕业）、高级证书（硕士研究生毕业）三类；创建提供教师进修和学习的研究生院，用以提高教师的研究能力和理论水平；扩大教师资格认定范围；新任教师一般应接受一年左右的实践训练。

新型教育大学以提高教师的培养质量为目标，这里所指的教师质量，要求教师除具备科学知识外，还应具备教师的专业技能，成为既具

① 土屋基规. 现代日本教师养成［M］. 鲍良，译. 上海：上海教育出版社，2004：45.

有大学水平，又具有广博教育学知识的教育专家，以此来化解长期以来社会公众对教师学术水平过低的质疑。为了克服教育实践不足问题，新型教育大学强调科学研究与中小学实践相结合，研究生院的科学研究就是以教育实践为主题进行的。课程设置主要包括通识课程、学科专业课程、教育专业课程三个部分，既保证了宽泛的知识修养，又保证了学科门类知识的训练，同时又保持教育专业的优势特征。1978 年，日本先后建立了兵库教育大学、上越教育大学、鸣门教育大学。

日本新型教育大学是在美国教师教育大学化理念影响下建立的。按照美国模式，日本中小学教师培养主要在大学中进行，培养中小学教师的主要组织机构为综合大学教育学部、教育大学、学艺大学三个部分，由于历史原因，短期大学也承担了一小部分师资培训的任务，但学制时间较短，培养的教师仅具备初期教师资格水平。这样综合大学教育学部或学艺学部、教育大学、学艺大学、短期大学共同构成了日本现代教师教育体系。

第二节　英、美、日三国师范院校组织转型的历史特征

英、美、日三国教师教育组织主要经历了从低级向高级的组织层次的转型，由自下而上到自上而下的组织制度的转型，以及从封闭走向开放的组织文化的转型。

一、组织层次转型：从低级走向高级，办学层次影响教师教育质量

英、美、日三国教师教育组织大都经历了从师范学校向师范学院再向综合大学教育学院由低级向高级的转型。授课内容主要从初期的基础知识传授向教师教育专业知识、学术知识传授转变。学制年限虽有所变动，但整体上呈延长趋势，即从初期不足 1 年的授业时间到后来的 4 年甚至 5 年以上的授业时间（详见表 6-1）。

表 6-1　三国师范院校组织层次转型

国别	时间	学校层次	课程层次
英国	17 世纪末—19 世纪初	教会与私立学校并存模式	宗教教义和基础知识
	19 世纪中后期	日间师资训练学院	2～3 年课程，教育理论和教育历史
	20 世纪初	大学教师训练部	4 年制：前 3 年本科学位课程，第 4 年专业课程
	20 世纪 40—50 年代	地区师资培训组织	小学师资 2 年制，中学师资 4 年制
	20 世纪 60 年代	大学教育学院	3 年制或 4 年制教育专业硕士或博士学位课程
美国	19 世纪 20 年代—19 世纪末	师范学校	较低层次的职业学校，中学水平
	19 世纪末—20 世纪 50 年代	师范学院	4 年制课程，可授予学士学位
	20 世纪 50 年代至今	综合大学教育学院	5 年制课程和硕士学位课程
日本	19 世纪后半叶	师范学校	小学初级部、高级部均为 4 年；中学初级部、高级部均为 3 年
	19 世纪末期	师范学校和高等师范学校	普通师范学校 4 年学制；高等师范学校男学员 3 年学制、女学员 4 年学制
	20 世纪上半期	综合大学和学艺大学	2～3 年教师培养课程
	20 世纪 60 年代以后	综合大学、教育大学和学艺大学	本科课程、在职教师进修研究生课程

英国慈善教育事业较为发达，到 19 世纪，约 1/3 的学校都是慈善

组织创办的[①]。17 世纪末至 19 世纪初，以教会为主导的教师培训组织和私人开办的教师培训组织是教师教育专门组织的雏形。17 世纪末，在基督教知识促进会的提倡下，英国伦敦出现了许多慈善学校。18 世纪后半期，星期日学校成为一种较典型的慈善教育组织。这些学校主要以宗教教义和初步的读、写、算知识为主要授课内容，早期的教师训练组织规模较小、办学层次较低、修业年限较短。据教育学专家邓特统计，1845 年，英国私立教师训练学院中超过一半的学生修业年限在 1 年以下。19 世纪中后期，私立教师训练组织无法满足教师数量的需求，19 世纪 90 年代，英国政府与大学合作建立了日间师资训练学院，通过 2～3 年的教育理论和教育历史课程学习，获得日间师资训练学院资格证书即可任教。20 世纪初期，日间师资训练学院逐渐难以满足中学教师培训的要求，被大学教师培训部所取代。大学教师培训部不仅为小学培养师资，也开始为中学培养师资。20 世纪 40—50 年代，由于大学教师培训部并没有培养出预期的合格教师，英国政府决定成立地区师资培训组织，增强大学与教师培训组织之间的联系。20 世纪 60 年代后，《继续教育规程》建议将师范教育和继续教育连成一体，正式成为高等教育的一部分，地区师资培训组织被取消。20 世纪 80 年代，由大学教育学院、伙伴关系学校、艺术教育中心等组成新的教师教育组织，设在综合大学教育学院，使教师教育组织成为大学的独立学院[②]。

美国作为后发型国家，与英国类似，也经历了从师范学校开始的基础师资培训向综合大学参与教师教育的转型。1839 年，美国在列克星敦建立了第一所师范学校，从此迈入了师范教育阶段。20 世纪初期，美国出现了一批新的师范院校组织——具备学士学位授予权的师范学院。1882 年，亚拉巴马州成立了第一所师范学院——莱文思州立师范学院。1890 年，阿尔巴尼师范学校首先升格为师范学院。从此，美国

---

① F. P. Graves, History of Education in Modern Times [M]. London: The Macmillan Company, 1914: 39.

② 张学仁. 英国教师教育的历史经验与启示 [J]. 北京理工大学学报（社会科学版），2013, 15 (1): 155-160.

进入了师范学院时代。为了满足社会对高等教育的强烈需求，美国高等教育通过合并、升格等方式开始把师范学院转型为综合大学教育学院。1887年，哥伦比亚大学教师学院前身纽约教师培训学院建立。至1892年，约114所综合大学开设了师范教育课程[①]。1921年，密执安大学成立了教育学院。在各大学设置教育学院的影响下，其他各州也相继开设了教育学院。由此，美国开始进入一个综合性、多层次的教师教育新阶段。

日本的师范院校组织是在向西方欧美发达国家学习的基础上建立起来的。19世纪后半叶，为了适应政治、经济改革的需要，日本在教育领域也进行了轰轰烈烈的改革，开始创立师范教育组织——官立师范学校和府、县师范学校，设立小学初级部、小学高级部，学制均为4年，中学初级部和高级部学制为3年。受美国教育思想的影响，日本从此进入了师范教育大学化阶段。2018年日本本科师范类相关学科学生数占本科学生总数的7.3%，研究生类师范学科学生数占研究生总数的5.2%[②]。

二、组织制度转型：组织与制度交互作用，国家政策影响教师教育方向

英国和美国教师教育制度主要经历了从自下而上的民间组织推动向自上而下的政府推动的演变过程，而日本主要是遵循来自政府推动的自上而下的制度演进轨迹（详见表6-2）。新制度主义理论认为，制度通过政策强制和利益诱惑规约着组织的发展，而组织通过行动者的能动作用、专业化规范进程又形塑着组织的制度设计[③]。

---

① John I. Goodlad, R. Soder, K. A. Sirotnic. Places where Teachers are Taught [M]. San Francisco: Jossey-Bass Publishers, 1990: 147.

② 政府统计综合窗口. 学校基本情况调查报告书合集 [EB/OL]. (2018-12-25) [2023-01-11]. https://www.e-stat.go.jp/stat-search/files?page=1&bunya_l=12.

③ Philip Selznick. TVA and the Grass Roots [M]. Berkeley: University of California Press, 1949: 38-44.

表 6-2　三国师范教育组织制度转型比较

国别	时间	政策	实施形式
英国	17 世纪末—19 世纪初	无	自下而上
	19 世纪中后期	1890 年教育法、《克罗斯委员会报告》	上下结合
	20 世纪初	1902 年教育法、《伯纳姆报告》	自上而下
	20 世纪 40—50 年代	《麦克奈尔报告》	自上而下
	20 世纪 60 年代	《罗宾斯报告》《詹姆斯报告》	自上而下
	20 世纪 70—80 年代	1988 年教育改革法	自上而下
美国	19 世纪 20 年代—19 世纪末	无	自下而上
	19 世纪末—20 世纪 50 年代	师范学校政策声明、义务教育法	自下而上
	20 世纪 50 年代至今	国防教育法（1958 年）	自上而下
日本	19 世纪后半叶	学制令、教育令、师范学校教则大纲	自上而下
	19 世纪末期	师范学校令	自上而下
	20 世纪上半期	教育基本法、学校教育法	自上而下
	20 世纪 60 年代以后	教师养成的改革措施	自上而下

师范教育组织首先从欧洲发达国家肇始，并日渐形成规模，受专家、行业领导者的推动，教师教育不断发展。在教师行业规范化的推动下，国家也逐渐参与教师培训的过程，并形成制度和政策，来加强对教师教育的管理与引导。

英国教师教育组织最初由民间发起，在民间的推动下，政府逐渐参与教师教育，建立相应的教师教育制度。早期的教师教育制度并不规范，多是在民间教师教育组织的推动下形成的，直到 20 世纪初期的 1902 年教育法、《伯纳姆报告》颁布后，政府才主动参与教师教育。20 世纪 60 年代，英国政府相继出台了《罗宾斯报告》《詹姆斯报告》，英国教师教育规模和师资培训组织进一步扩大。20 世纪 80 年代后，英国政府对教师教育的控制进一步加强，1988 年颁布教育改革法，在中小学实施国家统一课程。进入 21 世纪后，英国政府更加重视人才和教育在国际竞争中的重要作用，以教师专业发展为导向，于 2000 年出台了《专业发展：支持教与学》，2002 年颁布了 2002 年教育法，对教师评估、工资待遇等作出新规定，进一步强调了教师的重要地位和作用。

美国师范教育组织最初是在专业人士的推动下建立的。塞缪尔·R. 霍尔（Samuel R. Hall）于 1823 年在佛蒙特州康科德建立了教师后备中等学校，1816 年，耶鲁大学丹尼森·奥姆斯蒂德（Denison Olmstead）在耶鲁大学学位授予演讲中呼吁成立专门培训后备教师的中等学校。1825 年，托马斯·H. 加劳德特（Thomas H. Gallaudet）在《康涅狄格州观察者》（*Connecticut Observer*）一书中倡导实施青年教师教育学院计划。在专业规范化过程的推动下，美国州政府逐渐参与教师培训的组织建设。1838 年，贺拉斯·曼说服他的朋友艾德蒙·德出资 1 万美元资助马萨诸塞州的教师培训计划，州立法机关也拨出相同数额的款项。1838 年，州政府批准建立了 3 所师范学校。20 世纪初期，在师范学校和师范学院转型过程中，其重要行动主体依然是行业组织——全国教育协会师范学校部（The Department of Normal School of the National Education Association）①。作为院校转型的主要推动者，行业团体发挥了重要作用。在行业团体的推动下，教师教育制度进一步规范。1863 年，加利福尼亚州承认师范学校毕业证书持有者可免于教师资格考试。进入 21 世纪，世界各国都越来越重视教师教育，以政府为主导的教师教育模式成为美国教师教育的主要特点。2009 年，美国 48 个州建立统一的基础教育质量标准。2013 年，全美教师教育认证委员会（National Council for Accreditation of Teacher Education，NCATE）与教师教育认证委员会（Teacher Education Accreditation Council，TEAC）正式合并，成立了全国统一的教师教育认证组织教师培养认证

① 王凤玉. 社会变革与教育机构转型——美国师范教育机构转型研究及启示［M］. 北京：人民出版社，2008：70-71.

委员会（the Council for Accreditation of Education Preparation）[①]。

与英国、美国不同，日本教师教育从创办伊始都是在政府推动下进行的。日本师范教育开始于 19 世纪末期，政府通过颁布学制、教育令等政策开始了师范教育的创办过程，并形成了官立师范学校、府县师范学校、女子师范学校繁荣发展的师范教育局面。在文部大臣森有礼国家主义教育思想和师范学校令中的理念和政策的推动下，日本逐渐确立了师范教育体制。日本师范教育逐渐规范后，以专业为导向的师范教育模式逐渐成为教师教育的主导模式，政府顺应社会需要，出台《关于今后学校教育综合扩充整备的基本措施》的咨询报告、《教师养成的改善措施》建议书，进一步规范了师范教育的方向，满足了社会对师资多样化的需求[②]。

日本整体从上到下高度重视教师教育，日本中央政府、文部科学省、各级地方政府在教师培养过程中发挥统筹规划、引领指导作用，组织制度转型呈现自上而下的特征。中央教育审议会初等中等教育分科会教师养成部会 2014 年发布《今后承担学校教育的教职员的发展方向》，提出应对知识社会、少子老龄化社会以及国际化推进等形势变化，学校教育质量至关重要，为提高教师质量，要推进教师培养、聘用、研修一体化改革，充实教师培养课程，大学、教育委员会、中小学等合作培养教师，形成大学、教育委员会、中小学在教师培养中分工合作的协调机制，以满足社会、市场变化对教师的要求[③]。

2016 年《教育公务员特例法》修正案通过，2017 年 4 月实施。《教育公务员特例法》提出要制定教师培养标准，并要求根据教师培养指标制订教师研修计划。各都道府县教育委员会依法制订本区域的教师培养

---

① 邓涛. 教师教育认证改革：机构重建和标准再构 [J]. 教师教育研究，2016，28（1）：110-115.

② 文部科学省. 新时代教员养成改善策略 [EB/OL].（2019-04-01）[2023-01-11]. http://www.mext.go.jp/b_menu/shingi/old_chukyo/old_shokuin_index/toushin/1315369.htm.

③ [14] 文部科学省. 学校教育的未来（报告）[EB/OL].（2014-11-06）[2023-01-11]. http://www.mext.go.jp/b_menu/shingi/chukyo/chukyo3/002/.

标准，如爱知县教育委员会制定了《爱知县教员育成指标》[①]、高知县教育委员会制定了《高知县教员育成指标》[②]。

三、组织文化转型：从独立封闭走向多元共融

英、美、日三国教师教育组织大都从单一的师范院校培养师资的封闭模式，最终走向以实践为导向的多元参与的开放式教师教育模式。在教师教育模式形成过程中，受不同国家历史文化的影响，各国又形成了各具特色的多元化教师教育模式，每个国家教师教育模式的形成都难以摆脱历史脉络所形成的路径依赖（详见表 6-3）。

表 6-3 三国教师教育组织文化转型

国别	办学时间	组织模式	价值取向
英国	17 世纪末—19 世纪初	开放型	宗教主义、自由主义
	19 世纪中后期	开放型	自由主义
	20 世纪初	开放型	自由主义
	20 世纪 40—70 年代	开放型	终身教育
	20 世纪 80 年代至今	混合型	新自由主义和新保守主义
美国	19 世纪 20 年代—19 世纪末	封闭型	教学技艺观
	19 世纪末—20 世纪 50 年代	封闭型	理论和研究
	20 世纪 50—80 年代	开放型	能力本位：培养一名好教师
	20 世纪 80 年代至今	混合型	解制思潮
日本	19 世纪后半叶	封闭型	和魂洋才
	19 世纪末期	封闭型	国家主义、臣民教育
	20 世纪上半期	开放型	国民教育
	20 世纪 70 年代以后	混合型	注重实际训练

① 爱知县教育委员会. 爱知县教员育成指标［EB/OL］.（2017-12-29）［2023-01-11］. https://www.pref.aichi.jp/uploaded/attachment/252496.pdf.

② 高知县教育委员会. 高知县教员育成指标［EB/OL］.（2017-12-29）［2023-01-11］. http://www.pref.kochi.lg.jp/soshiki/310101/files/2017092200049/file_2018432111023_1.pdf.

17 世纪末期至 19 世纪初期，宗教主义占据了英国教师教育的主要内容。1688 年，资产阶级登上历史舞台，自由主义成为主要价值取向，这也进一步解释了英国开放型教师教育模式的文化根源。20 世纪 70 年代，《詹姆斯报告》强调终身教育的重要性。20 世纪 80 年代出现了以学校为中心的职前教师培训（School Centered Initial Teacher Training，SCITT），逐渐形成了开放型的教师培训模式——校本教师培训。其主要发起者是学校，并以学校为培训场所，主要目的是开展用来满足教师个体需要的校内培训。至此，英国逐渐形成了大学教育学院、高等教育学院、校本教师培训组织等多种类型的教师教育组织。

20 世纪 80 年代后，新自由主义与新保守主义的理论虽各有长短，但自由主义教育理念一直贯穿着英国教师教育的发展过程。保守党在执政期间（1979—1997 年），在加强国家管控的同时，初步开放职前教师教育。而在工党时期（1997—2010 年），布莱尔政府上台后，则更强调市场的力量，希望借助市场的力量来保障教师教育质量。在联合执政时期（2010—2015 年），新保守主义复辟后，政府更加注重国家控制，但也适当开放教师教育市场①。

美国教师教育从师范学校到师范学院两个时期都处于封闭独立阶段。19 世纪 20 年代师范学校阶段，主要以培养公立学校教师为目的，视教育为技艺，视教师为技术人员。19 世纪末至 20 世纪 50 年代，教师教育价值取向已经转向了理论和研究，社会要求教师应是具有一定理论知识的“教育工作者和研究人员”②。20 世纪 50 年代，综合类大学参与教师教育，美国教师教育从封闭走向开放。20 世纪 80 年代后，一种针对大学教师教育体制的解制思潮开始出现，这种思潮认为，仅靠更多的规则和标准来改善教师质量只会将教师教育引进一个死胡同，教师教

① 朱剑. 英国职前教师教育质量保障的指导理念探析：在新自由主义和新保守主义之间[J]. 外国教育研究，2016，43（1）：104-114.

② 李墨. 美国教师教育大学化的发展历程、特点及启示[J]. 现代教育科学，2015（3）：157-160.

育应该从理论走向实践[①]。在这一思潮的影响下，美国逐渐出现了替代性教师教育模式（Alternative Teacher Education，ATE）、驻校模式（Urban Teacher Residency，UTR）、“芝加哥城市项目”（Teacher Education Reform in Chicago，TERC）、“为美国而教”（Teach for America，TFA）等以实践为导向的教师教育新取向。替代性教师教育模式主要是为没有受过大学教育的人准备的，是以现场培训为主的训练模式。驻校模式主要根据本学区中小学师资需求，招收本科以上人员进行适合本学区的教育训练，培训地点主要在学区所属学校。“芝加哥城市项目”造就了一批高水平的中小学教师[②]。“为美国而教”吸引了大批非师范专业的优秀毕业生从事中小学教育这一最不受欢迎的工作[③]。至此，美国师范生培养走向了以实践为导向的多元化教师教育模式。

日本教师教育过程充满了国家主义的价值取向，19 世纪后半叶，以封闭型教师教育模式为主导。1868 年，明治政府建立后，以和魂洋才为基本指导思想。19 世纪末期，以国家主义思想为主导，强调把教师培养成“善良的人物”，即顺从或唯命是从的人。二战后，受美国的影响，日本教师教育由二战前的臣民教育转向了战后的国民教育。根据美国教育使节团的建议，日本开始停办师范学校，将师范学校统合为学艺大学或教育大学，按照美国模式进行综合大学教育学院建设的转型，其主要目的是培养九年义务教育教师及教育领域的科学研究人员，逐渐形成了综合大学教育学部或学艺学部。20 世纪 70 年代后，随着综合大学教师教育问题的增多，中央教育审议会提出《关于今后学校教育扩充整备的基本措施》的咨询报告，主要目的是凸显

① 王佳佳．“为美国而教”：教师教育解制路径的成功范例［J］．比较教育研究，2011（4）：78-81.

② Tachelle Banks. Teacher Education Reform in Urban Educator Preparation Programs［J］. Journal of Education and Learning，2015，4（1）：60.

③ Adam Maier. Doing Good and Doing Well：Credentialism and Teach for America［J］. Journal of Teacher Education，2012，63（1）：10-22.

教师的主体地位、保证教师的培养质量。根据这一主旨，新型教育大学成立。新型教育大学以实践研究为办学基础，重视实际教育训练，把卓越教师培养作为核心任务，同时为在职教师设置一些高层次的硕士学位课程。在日本，短期大学于 1964 年也得到了法律上的认可，1984 年，文部科学省颁布相关文件规定，短期大学获得的学分可以与大学之间互换，短期大学毕业生修满规定的学分可以获得教师资格初级证书。2018 年短期大学教养与教育专业学生人数占短期大学学生总数的近 40%，成为名副其实的教师教育养成组织①。这样，日本就形成了综合大学教育学院、新型教育大学、学艺大学和短期大学等教师教育的多元模式。

日本教师教育组织文化表现出注重教育实践力、服务社会、服务国家的特征。京都教育大学是有 140 年教员育成历史的老牌师范院校，它将培养具有深厚的知识学问、高超的教育实践力，并具备可持续学习能力的教师作为组织培养目标②。埼玉大学教育学部的组织理念是培养知识与技能、理论与实践并重的高素质教师，注重社会体验，注重学生教育实践力的养成③。

虽然美、英、日三国都经历了从封闭走向开放，再到混合式发展的教师教育组织转型，受历史文化的影响，各国形成了多元化的教师教育模式。但各国多元化的特点又各有不同，英国形成了大学教育学院、高等教育学院、校本教师组织的多元化教师教育模式，美国形成了替代性教师教育模式和驻校模式，日本形成了以教育大学、学艺大学、综合大学教育学院、短期大学等多元共融的教师教育模式。

在历史脉络结构化的影响下，每种组织的历史演变都难以摆脱自身

① 文部科学省．短期大学介绍 [EB/OL]．(2021-03-21) [2023-01-11]．http://www.mext.go.jp/a_menu/koutou/tandai/.

② 京都教育大学．大学介绍 [EB/OL]．(2018-03-17) [2023-01-11]．https://www.kyokyo-u.ac.jp/outline/gaiyo2018.pdf.

③ 埼玉大学．埼玉大学教育学部理念·目标 [EB/OL]．(2021-03-25) [2023-01-11]．http://www.saitama-u.ac.jp/edu/content/dept_01.html.

历史路径的影响，并按照这一路径运行下去，很难发生大的变化[①]。从英、美、日三个发达国家师范院校组织变迁的轨迹来看，从最初的师范学校的建立到当前多元化的组织架构模式，是在吸纳不同时期师范教师培训特点的基础上形成的，为教师接受各类型、各层次的职前、职后培训提供了丰富的教育平台，满足了各种类型的教师教育需求。它体现了教师教育在历史长河中对人们心智构念产生的影响并形成的烙印。组织变迁的过程一旦进入某一轨道，受历史脉络的影响，并日益被结构化，对人们的思想观念、价值观念都会产生影响，并传承下去。

① Brian Arthur. Increasing Returns and Path Dependence in the Economy [M]. Ann Arbor: University of Michigan Press, 1994: 128.

第七章　对策探索：地方本科师范院校组织转型的突围

地方本科师范院校经历从专科到本科的第一次转型，再经历综合化、应用化转型的变革后，面临办学体量过大、同质化发展、去师范化、路径依赖等多重困境。综合化转型后，办学体量过大导致办学资源不足，地方本科师范院校不得不面向社会寻求办学资源，但同时带来去师范化的困境。以师范为主导的办学历史决定了地方本科师范院校难以克服以师范为基础拓展其他专业的路径依赖问题，这也一定程度上限制了地方本科师范院校像理工类、科技类院校一样可以从容地设置工学、经济学等新兴应用型专业。在办学目标不清晰的情况下，大多地方本科院校选择了模仿同类院校或成功组织的做法，而选择设置一些社会需求量较大的热门专业，导致了大多院校“千校一面”的同质化现象。

面向未来，地方本科师范院校要引入市场机制，克服资源依赖，实施分类发展，克服同质化现象，坚守教师教育底色，保持师范特色，实施渐进式变革，逐步建成本土化的教师教育体系。

第一节　加强制度的引导和约束功能，适度引入市场机制

在前面的研究中我们知道，当前地方本科师范院校的主要领导体制是党委领导下的校长负责制，投资体制是以政府投入为主的资源配置方

式。这一管理体制是经过历史检验、实践证明适合中国特色的院校管理体制。地方本科师范院校由于其师范性的办学性质和自身非营利性的特点，相关部门对其投资的积极性不高，如何调动企业、教育集团等投资兴办师范教育，或就某一学科、某一专业开展合作还需要政府的协调。政府对师范院校、师范专业相关合作实施补偿机制、专项拨款机制是保证特殊行业持续发展的关键要素。政府对特殊行业——师范教育给予补偿性投入，长期性投入，使师范教育具有可靠后盾，也会激发社会民间资本投资兴办师范教育的积极性。对一些新兴的应用型学科、专业，政府也应给予相应的政策保护。只有政府与市场有机结合，才能使一些师范类高校重焕生机与活力。工科类、管理类等相关专业，可以完全交给市场，让市场实现资源的有效配置。对于趋同率较高的学科、专业加以适时引导，及早预防，从而尽早地使趋同率高的、可能导致就业困难的专业实现早期转型，避免出现后期的被动局面。

一、强化制度引导的使命性和公共性，适度引入市场机制

发达国家教师教育转型大都经历了组织与制度的交互作用过程，最终形成以国家为主导的教师教育制度。英国和美国主要从初期以市场为主导的教师教育走向以国家为主导的教师教育模式，而日本则始终处于国家主导模式下的教师教育制度引领模式。反观二十多年来我国的教师教育改革，虽然各个领域都已经实行了市场主导体制，但面对师范教育这一领域时，市场的功效却略显苍白。可以看出，作为公共产品的教师教育，是不能完全交给市场的，国家应担负起师范教育的公共性和使命性，以保障师范教育“国之重器”的地位[①]。

从美、英两国组织转型的特点可以看出，市场因素在教师教育转型中发挥着重要作用。但同样需要注意的是，过度地开放市场也会造成教师教育的盲目性和混乱性。我国高水平综合类大学参与教师教育已成客

① 赵明仁. 新时代中国特色师范教育体系的内涵解读 [J]. 华东师范大学学报（教育科学版），2018 (4)：32-34.

观事实，但其参与教师教育的热情并不高[①]，却又进一步弱化了师范院校教师教育的主体地位。

我国教师教育体系虽然已经走向了开放，但同样值得注意的是，国家主导的教师教育制度对我国教师教育的影响是深远的，并形成了政治逻辑支配下的中国特色教师教育制度。因此，当前我国教师教育转型必须考虑政治制度的特征，在政治制度基础上适当引入市场机制，才是教师教育转型的成功基础，盲目地引入市场机制并不适合当下中国的教师教育转型。市场需要监督，需要配套的监督标准体系的建立，才能形成相辅相成的组织与制度的约束关系。美国的教师教育认定委员会是专门的教师资格认证机构，英国要求必须满足政府教师职业标准。我国虽于2011年和2012年出台了教师专业标准和教师教育课程标准两个文件，但其对教师教育办学行为的约束是非常有限的，这两个文件更多是基于行业规范层面的约束而非国家层面的强制性约束，缺少法律的强制性。

2017年10月，教育部印发了《普通高等学校师范类专业认证实施办法（暂行）》（教师〔2017〕13号），建立了师范类专业的三级认证体系。三级认证体系有利于促优淘劣，进一步规范办学秩序。但在一级认证中，主要依靠院校自己填报作为认证合格判断依据未免过于随意，如何保证填报数据的真实性有待进一步规范。二级、三级认证由于标准过高，在新建师范院校办学资源有限的情况下，是否能调动其教师教育的积极性有待实践检验。2018年1月，中共中央、国务院《关于全面深化新时代教师队伍改革的意见》指出，要加大对师范院校的支持力度，适时提高师范专业生均拨款标准。但生均拨款如何拨，是重点支持优势专业还是对弱势专业倾斜？如果奖励优势师范专业，那么师范专业又是区域急需的专业怎么办？这些制度安排的细节都有待进一步完善。

---

① 朱旭东．新时代教师队伍建设笔谈［J］．华东师范大学学报（教育科学版），2018，36（4）：28-43．

制度设计要充分考虑组织发展的历史脉络，只有在充分考虑原有制度路径依赖特征的基础上，才能设计出更加切实可行的管理制度。“忽略政策脉络和历史的纯粹的政策模仿很可能导致政策失灵，因为教育问题的解决不能仅靠引进和模仿。如果不对每个国家独具特色的政治、社会、经济因素以及这些因素之间的互动关系进行深入全面的分析，很难保证政策的成功移植。”[①] 必须面对的现实是，我国的高等院校主要是基于政治逻辑支配下的政府主导的管理体制及资源配置方式，以及科层制赋予的行政权威，即地方本科师范院校教育资源的获得主要依靠教育行政部门及主要决策者赋予，这种单一的资源依赖模式使地方本科师范院校不得不依照资源授予者的行为偏好进行办学。虽然在市场经济的逐步深入下政治主导话语有所减弱，但其作为制度设计中的主导地位却从来没有动摇。因此，需要思考的是，如何在政府主导下引入市场机制，而非完全的市场化。

地方本科师范院校不同于其他类型的院校，据统计，我国现有的112所地方本科师范院校全部为公办院校，这就意味着，地方本科师范院校办学经费的获得主要依靠政府投入。由于师范院校的公共性以及组织自身的惰性特征，如果没有政府政策的强制性引导和市场的诱致性因素，地方本科师范院校是很难主动进入市场，迎接市场竞争的。政府重点要通过政策和组织机构来规范与引导地方师范院校分类发展。美国2013年成立了全国统一的教师教育认证组织——教师培养认证委员会(the Council for Accreditation of Education Preparation)[②]，推动了教师教育的规范发展。日本2017年4月实施的《教育公务员特例法》，进一步规范了教师培养标准[③]。

① 河连燮. 制度分析：理论与争议［M］. 李秀峰，柴宝勇，译. 北京：中国人民大学出版社，2014：302.

② 邓涛. 教师教育认证改革：机构重建和标准再构［J］. 教师教育研究，2016，28（1）：110-115.

③ 爱知县教育委员会. 爱知县教员育成指标［EB/OL］.（2017-12-29）［2023-01-11］. https://www.pref.aichi.jp/uploaded/attachment/252496.pdf.

二、政府专项投入与院校自生资源相结合，多元化筹措经费

（一）加强对教师教育的专项投入，使教师教育优势凸显

当前，大多地方本科师范院校已经转型为事实上的综合类院校，本研究也进一步证实了这一结论。而转型为综合类院校后，如何有效配置和整合教师教育资源，是教师教育发展的重要方向。作为公共性的教师教育模式，以政府为主导的教师教育投入仍然是教师教育作为独立学科发展的主要资源配置方式。

对教师教育的专项投入是教师教育发展的基础性保障，教师教育学科不如工学类、经济类、管理类与社会联系密切，能在短期内获取可观的收益。教师教育是一项长效性的事业，其收益是全国性、全民性的，需要国家长期支持。把教师教育作为独立的学科进行资源投入，有利于教师教育从依附于其他学科的发展中独立出来，按教师教育自有的发展规律办学，使教师教育走向专业化的发展轨道。

在此基础上，以师范专业评估为契机，通过专业评估实现对教师教育专业的有效投入。2017 年 10 月，教育部已经出台《普通高等学校师范类专业论证实施办法（暂行）》，对指导思想、认证理念、认证原则、认证体系等方面做了详细的规定，把认证标准按照办学水平划分为三级。从形式上看，只要达到一定的标准就可以获得相应的认证资格。但我国东、中、西部存在巨大的区域差距，中、西部地区在师范专业的认证中往往处于劣势地位。这对落后地区是极其不利的。因此，师范专业认证必须与区域扶持结合起来，以保证通过后期投入的方式实现对弱势区域的扶助，从而达到促进弱势区域追赶发达区域的目的。

（二）完善技术环境，克服资源依赖的单一模式

在以政府投入为主的资源配置背景下，地方本科师范院校为了获取办学资源，往往会采取政府偏好的方式进行学科专业设置，满足制度环境的要求，获取合法性需要，以赢得相应的政府投入。在规模扩招的背景下，单纯的政府投入已经无法满足地方本科师范院校资源需求，只有

通过技术创新满足市场需求，从市场中获取办学资源才是地方本科师范院校的办学出路。

如何完善技术环境，激励绩效产出是地方本科师范院校实现资源获取的关键环节。所谓技术环境主要指组织内部将投入转化为产出的技术系统，这一系统更强调效率原则。基于地方本科师范院校的现有办学条件，必须依托现有的师范优势，建立立足于自身优势学科专业基础上的专业集群，以满足区域产业集群的需要。例如，依托教师教育优势，建立教师教育类专业集群，与地方基础教育对卓越教师培养的需求相呼应，也可依托中文、历史、艺术等专业优势，建立与地方旅游、文化教育等对接的文化教育类专业集群。根据区域经济社会的不同类型，也可选择适合区域经济社会发展的特殊专业集群。区域农业较为发达的可开发食品加工类专业集群，区域经济贸易较为发达的，在前期投入不高的情况下，可适度建立经济管理类专业集群。

三、保护包括教师在内的特定技能人才，引导中间技能人才培养

学术界把人才培养标准一般划分为两大类：学术型人才和应用型人才。学术型人才主要包括学术研究型人才和工程研究型人才，学术研究型人才主要从事基础理论研究，工程研究型人才主要从事应用理论研究。应用型人才主要包括工程应用型人才和技术应用型人才。工程应用型人才主要将工程原理应用于实践，侧重于工程管理和应用。技术应用型人才主要将技术原理应用于实践，侧重于技术开发与现场管理[①]。美国具有高水平的高等教育，并以灵活的市场保证了低水平劳动力的供给。德国和日本同样拥有高水平的教育资源，并通过师徒制和终身雇佣制保障了特定技能人才的基本供给。与这三个国家形成鲜明对比的是，我国由于缺乏对特定技能人才的保护措施，当前特定技能人才缺乏的问

① 潘懋元，车如山．做强地方本科院校的理论与实践研究［M］．北京：高等教育出版社，2016：12-13.

题比较严重。同时，多年来实施的“985 工程”“211 工程”“双一流”政策充分显示我国对高水平高等教育的重视程度。虽然职业教育办学效果并不理想，但不可否认的是，国家对职业教育的重视从来没有放松过。这里想要说明的是，在技术型应用人才培养中，处于中间层的应用型本科教育往往是被忽视的。因此，保护特定技能人才，加强对中间技能人才培养的引导是提高地方本科院校办学质量，也是师范院校走向辉煌的重要保障。

（一）保护包括教师在内的特定技能人才

从我国的多年办学经验来看，研究型大学主要培养一般技能人才，职业院校主要培养特定技能人才。但为什么个体劳动者偏好于重点大学，选择一般技能教育，而不选择职业院校特定技能人才的教育呢？其中一个主要原因就是特定技能人才缺少相应的保护措施。地方本科院校是介于研究型和职业型两者之间的人才培养层次，但升本以来倾向于以培养一般技能人才为主。而多年经验表明，这种一般技能人才并不为社会所青睐，社会更青睐于特定技能人才。但由于特定技能的不可转换性，必须依靠政府的政策保护才能吸引更多的人。比如在社会福利保障上，为了鼓励个体劳动者对特定技能教育投资，应采取薪酬保护、雇佣保护、失业保护等制度保障，不仅使拥有特定技能的劳动者可以持续性地从事这一工作，还要保障他们在失业时也具有基本的生活保障。如果薪酬过低或失业率较高，个体劳动者投资特定技能教育的概率就会大大降低。换句话说，政府所要做的就是为特定技能人才提供保障。如果缺乏相应的保障，个体劳动者更倾向于投资可转换的技能教育，即一般技能教育，企业也会根据劳动力市场而采取可转换的市场策略，那么地方院校也会重新转向一般技能的培养，这样就会陷入新一轮的恶性循环。当前地方基础师资主要靠地方本科师范院校来培养，这些教师本身收入并不高，这就无法刺激优秀者从事基础教育，尤其是偏远农村的基础教育工作。只有提供优于其他行业的薪酬、福利待遇，才能使更多优秀者加入教师队伍，而不是仅靠“蜡烛精神”的道德激励。

（二）引导中间技能人才培养

与这三个国家不同的是，我国既没有形成德国的师徒制模式，也没有美国数量庞大的高水平大学。我国研究型大学主要培养一般技能人才，职业院校主要培养特定技能人才，而应用型院校处于二者之间，人才培养的方向性却比较模糊。多年以来，应用型本科大学主要模仿研究型大学的培养模式培养一般技能人才，这也是多年来应用型本科院校人才培养与市场需求脱节的一个主要原因。

中间技能人才培养引导主要指引导地方本科院校，尤其是新建本科院校培养具有一定理论知识，又具有一定的实践操作技能的工程创新型人才，这类人才主要从事服务业的管理和应用设计工作。无论是德国、日本，还是美国都存在着中间技能人才缺乏的现象，随着服务业在国民生产总值中的比重日益增大，以服务业为主导的人才需求将更加彰显中间技能的重要性，新建本科院校是介于研究型大学和职业院校的中间院校，恰恰适合中间技能人才的培养。政府应在既具有实践技能又具有一定的理论基础的工程创新型人才培养方面加强引导，为社会提供更好的人才支撑。

比较特殊的现象是，地方本科师范院校既具有新建本科院校的功能，又拥有师范院校的一些主要特征。由于其升本时间较短，自身的历史脉络形成的路径依赖特征使地方本科师范院校无法脱离基础师范教育的职业特征，这也是地方本科师范院校转型较为困难的原因。地方本科师范院校在转型过程中必须充分考虑自身转型的复杂性和特殊性，不能像其他新建本科院校一样完全转为应用型（这里主要指工科类、理工类、科技类院校），或继续沿着师范院校的老路发展，这样都会使自身陷入转型的困境。在保持师范特色的基础上适当发展非师范教育，才是地方本科师范院校未来变革的方向。

四、对政府权力的监督

法治的含义不是政府以法律来治理社会，而首先是政府的行为必须在法律约束之下[1]。完善的制度是提高治理效率的前提和保证，但好的制度只有得到充分的执行才能产生较好的效用。这里需要强调的是制度的实施问题。同样的制度在不同国家、不同区域其实施效果往往千差万别。19 世纪，美国的宪法多次被拉美国家引入，成功的西方产权法也被第三世界国家引入。尽管规则是相同的，但由于实施机制、监督机制的不同，这些政策的实施效果往往有很大的差距。习近平总书记指出，要把权力装进制度的笼子里。其主要思想就是如何保证权力实施者不受主观心智构念、利益、价值观的影响，客观公正地实施权力。制度实施者的个体偏好可能会影响资源的投入方向，这就导致了某些办学者迎合制度实施者偏好的做法，最终导致了趋同现象。避免趋同的主要措施是保证制度的有效实施，这也就意味着：首先，对制度实施者的行为要有限制，即违背这些限制就会危及制度实施者的政治生命甚至付出更惨痛的代价，使其不敢触动法律的高压线；其次，宪法赋予公民约束制度实施者行为的权利，从而最大限度地限制投机行为和权力寻租；最后，国家必须提供尊重这些权利的可信承诺，对揭发腐败行为者给以有效的保护。

第二节 加强对教师教育的引导和支持，建立省级统筹下的教师教育体系

教师教育转型是师范院校转型的重中之重，如何处理师范专业在地方本科师范院校中的比重不仅涉及院校的整体发展，也涉及新建本科师范院校生存质量和办学质量。一些以师范为基础的院校转型为综合类院校后，丢掉了师范优势，同时又缺乏与行业类院校的竞争力，会沦落为没有特色的地方院校。

我国从 2007 年开始推行免费师范生政策，虽取得了一定的成绩，

① 弗里德里希·奥古斯特·冯·哈耶克．通往奴役之路［M］．王明毅，冯兴元，毛寿龙，等译．北京：中国社会科学出版社，2013：15.

但也暴露了一些问题。一方面，我国中小学师资不足，尤其是西部及乡村教师严重不足；另一方面，部分师范毕业生不愿从教，尤其不愿去西部偏远地区或乡村任教。为什么师范院校不愿办师范教育？为什么部分师范生不愿从事教师行业？教师教育问题该如何解决？这不仅影响到中小学教师的培养质量，也影响到新建本科师范院校的整体发展。只有当教师职业成为让人羡慕的职业时，才会有更多优秀者加入教师队伍，中小学教师质量才能得到真正提高，也才会有更多的考生愿意报考师范院校，师范院校也才会有更多的生源，也才会加强师范教育而不是弱化师范教育。

一、加强对教师教育的引导和支持

（一）加强对师范院校的政策支持

对师范院校的政策支持主要有两点：其一是加大对师范生的投入，这样才能激发新建本科师范院校开办师范专业的积极性；其二，有选择性地支持综合类院校开办师范教育，以此来提高师范生的能力和学术水平。

1. 加大对师范生的生均投入力度

从前文研究中可以得知，地方本科师范院校淡化师范专业，加强非师范专业建设是一个普遍存在的现象。究其原因，主要是师范专业获得的办学收益不如工学、管理学等专业。因此，提高师范专业的办学收益是解决问题的关键。

在拨款机制上，应加大对师范生的生均投入力度，使师范专业办学收益与非师范专业（如工学类、管理学类相关专业）大致相当，甚至略高于非师范专业的办学收益。只有这样，师范院校开办师范专业的积极性才会提高，才不会视师范专业为负担而积极地开办师范专业。

《中国教育统计年鉴》（2017 年）显示，我国东部地区中小学师资基本饱和，而中、西部地区中小学师资仍然没有达到标准，尤其是初中和高中师资仍有相当大的缺口。因此在拨款机制上，应考虑到东、中、西部的差距，要视不同区域而采取不同政策。东部地区相对发达，在拨款机制上，主要以地方政府投入为主，中、西部相对落后，国家拨款应与地方拨款相结合，对西部及落后地区给予适当倾斜。

在区域师范专业的投入上，要充分考虑到师范院校的饱和程度。如H省共有8所师范院校、四川省共有7所师范院校、贵州省共有6所师范院校；北京、天津、内蒙古、新疆、海南仅各有2所师范院校；青海、宁夏仅各有1所师范院校（数据截至2019年6月）。我国幅员辽阔，各省、区师范院校数量又存在着较大的差距，每个区域需要的中小学师资也存在着较大差异，只有在充分考虑到中小学师资需求的基础上制定相应的投入政策才是合理的。同时也要考虑到师范生的流动问题，有效减少“一江春水向东流”的现象发生，因此，吸引师范生属地就业也是政策制定者要充分考虑的。

2. 提高师范生的培养水平

长期以来，师范性与学术性问题是教师教育争议的焦点。封闭性的师范教育保障了教师的专业水平，但教师的研究水平却备受质疑，因此，20世纪末，国务院在《关于深化教育改革，全面提高素质教育》中提出，鼓励综合类院校参与中小学师资培训。但师范生的学术水平是否得到了真正提高，至今尚没有一致的结论，而新建本科师范院校综合化的改革却造成了一系列的问题，如办学经费不足、师资短缺、教学资源匮乏等。不可否认的是，过度地鼓励非师范院校开展师范教育对师范院校的冲击是巨大的，使新建本科师范院校不得不向应用型转型，借以解脱综合化转型带来的困境。

我国师范教育主要靠政府投入，这就造成了师范院校迎合政策导向而导致的趋同化发展行为。因此，在非师范院校设置师范专业、开办师范学院的问题上应具体分析，有条件地选择。

第一种是以师范为基础升本的综合类大学，如长江大学是以荆州师范学院为基础，与江汉石油学院、湖北农学院合并而成，井冈山大学是在井冈山师范学院的基础上组建的。此类院校有充足的师范专业师资，有悠久的师范人文底蕴，又有综合类大学教师所需要的学术素养，可以保障教师教育的学术培养水平。综合类院校既可以保证师资培养的专业性，又可提供教师长期发展的能力培养和学术熏染。

第二种是当前依然以师范命名的师范院校，也即是本研究所指的新建本科师范院校。这类院校的优势是师资训练的专业性，可以为教师教育提供扎实的专业基础，但其在师资水平和学术训练上存在着一定的不足。基于其师范教育的优势，必须鼓励此类院校培养高水平师资，以满足区域对高水平师资的需求。在学术训练上，可以通过增设教育学硕士点、教育学博士点的方式来提高学术水平，使其在师范生培养上具备比理工类、财经类等其他院校更大的政策优势。

（二）加强对中小学教师的政策保障

中共中央、国务院出台的《关于全面深化新时代教师队伍建设改革的意见》（中发〔2018〕4号）提出，要明确教师的重要地位，并第一次确立了教师的国家公职人员身份，要保障教师的薪酬不低于或略高于当地公务员平均工资水平，让教师成为令人羡慕的职业。这就从政策和法律层面强化了教师地位的保障。

只有加强对中小学教师的政策保障力度，才能吸引更多优秀者从事教师行业，也才能让更多考生选择师范院校，才能最终解决师范院校的组织转型问题。

1. 提高教师的待遇和社会地位

教师的地位和待遇问题是老生常谈，教师待遇虽每年都有所提高，但整体增长幅度并不大。《中国教育改革和发展纲要》（1993）规定，中小学教师工资要保证处于全国中等以上水平。1995年，中小学教师工资处在第13位（共16个行业）；2010年处在第10位（共19个行业）。从工资增长幅度来看，2006年到2010年五年间共增长6.2%，年均增长仅为1%左右[①]。这与教师的地位不相符，这也是教师行业缺乏吸引力的主要原因之一。

工资待遇不仅意味着收入的多少，也象征着其在社会中所处位置，

---

① 薛二勇. 提高我国教师待遇的政策分析［J］. 北京师范大学学报（社会科学版），2014（4）：11-22.

甚至象征着人们对这一职业的认可程度。毕竟，经济收入依然是衡量职业的重要标准。只有经济待遇的提高才能吸引更多优秀者进入这一行业，一个从业者只有在不为生存所忧的基础上，才能安心并专心于这一职业。教师职业同样如此，尤其是中小学教师，本身需要付出艰苦的劳动，在体力和脑力方面都要高于一般行业，我们不能一味地要求教师发扬“燃烧自己的蜡烛精神”。

因此，教师待遇的提高应先从提高工资待遇入手。教师待遇的保障主要以中央和省两级政府投入为主。中央政府应根据区域差距、人口密度及区域经济的发展水平对教师的工资水平作一个全面的调研，在全面衡量的基础上，确保全国教师基本工资标准大致相当并按月发放。在此基础上，各省级政府按照区域的标准作出统一规定，由省级政府发放，保证省内工资发放标准的公平性。同时，参照国际标准，在国家经济条件允许的情况下，提高教师工资的发放标准。如 2011 年统计，德国、荷兰、瑞士等国中学教师（11 年教龄）年平均工资约 60000 美元，而爱沙尼亚、匈牙利、斯洛伐克初中教师（约 15 年教龄）年均工资也达到 15000 美元①。

在此基础上，提高教师的社会地位。日本明治维新的成功以及二战后迅速从战争废墟中崛起，主要得益于对教育的重视。日本培养了一批合格的、优秀的、忠于教师职业的、有献身精神的基础教育师资②。

教师社会地位的提高不只是经济地位的提高，更重要的是提高教师的荣誉感、使命感、责任感，让全社会形成尊师重教的文化氛围。在这一文化氛围内，教师无形中就会要求自己提高修养，要求自身率先垂范，增加自身的使命感和荣誉感。如 2007 年国家提出了“免费师范生政策”，从政策的标题语义分析，其带有浓厚的经济色彩，失去了教师职业的神圣性和庄重性。如果名字改成“卓越教师培养计划”或“优秀

① OECD. Education at a Glance 2013：OECD Indicators［M］. Paris：OECD Publishing，2013：386-391.

② 陈永明. 国际师范教育改革比较研究［M］. 北京：人民教育出版社，1999：231-234.

教师支持计划”等，或许更有利于吸引优秀者从教。同样的投入，不同的理念对有志于从事教育者的吸引力是不同的。“免费师范生政策”更多是对家庭困难、经济条件不好的学子的一种政策支持，从而把家庭条件好而有志于从教的生源拒之门外。对此这里不准备作深入探讨，这里主要强调对教师教育地位和职业的神圣性应加以推崇。

2. 加大对乡村教师政策倾斜

乡村教师不足，乡村教师流动性大，是制约乡村师资队伍建设的主要因素。因此，提高对乡村教师的特殊补贴是基本前提。吸引教师乡村任教的几个关键津贴主要包括农村任教津贴、班主任津贴，以及交通相关补贴几个方面。我国近几年在这几个方面已经加大投入，但为什么依然留不住优秀教师？依然有大量的优秀教师离开乡村？其主要原因之一是发放金额太少，二是所占比例较低。这些补贴不是工资的主要组成部分，从激励机制来说，这些补贴对教师工资主体影响不大，对教师尚没有足够的吸引力。

在韩国和日本等周边发达国家，教师农村任教补贴约占工资的1/4，直接影响着教师的工资结构，因此，在农村任教与在城市任教，工资收入和工资结构方面都有较大的差异。我国可以借鉴发达国家经验，充分考虑乡村与城市距离的远近合理发放补贴，根据教师工作年限、工作强度等因素设定其他补贴标准，以吸引优秀者去乡村任教。

去乡村任教仅仅是第一步，重要的是让这些教师留下来。如果仅靠城市教师轮流支援乡村，不利于乡村教育的长远发展，也不是长久之计。重要的是，要让乡村教师长期留在农村，扎根农村，才能把农村教育办好、办得长久。因此，在提高教师的职业忠诚度基础上，要多吸引年轻教师和本地籍教师回乡村任教。年轻教师无后顾之忧，如果能在乡村结婚生子，则更有可能长期在乡村任教。我国20世纪60年代的“上山下乡”运动就留住了很多优秀的知识分子扎根农村、奉献农村。吸引本地生源回家乡任教也是留住乡村教师的一个重要举措，这些教师生于此地，与养育自己的乡村有着深厚的感情，经过师范教育后，又有着对教师职业的忠诚和信仰，再加上优厚的待遇，是能够吸引他们长期留在农村的。

二、建立省级统筹的教师教育体系

（一）政策层面：建立以师范院校为主导的中国特色教师教育体系

1. 建立省级统筹、政府主导的本土化师范院校体系

从当前院校整体布局来看，我国师范院校共 199 所，约占全国普通高校的 1/13，其中 9 所为“双一流”建设高校，39 所为地方师范大学，73 所为地方师范学院，78 所为地方师范专科学校[①]，已基本形成了以大专、本科和研究生学历为主体的师范专科学校、师范学院、师范大学教师教育体系（称为“新三级”）[②]。

问题的关键在于，如何保持师范院校师范性的办学方向，避免综合化、工科化等“去师范化”问题。在我国 199 所师范院校中，除 9 所“双一流”高校外，其余 190 所均属地方师范院校，因此，如何合理规划发展占主体地位的地方师范院校是新时期建立师范院校主导下的教师教育体系的关键问题。解决了地方师范院校教师教育问题，也就基本解决了教师教育问题。

省级统筹是针对地方师范院校提出的一种应对措施，大多地方师范院校属省级管理或市级管理，省级统筹可以兼顾到不同区域的经济和社会发展的特殊性，有选择地采取适合区域发展的本土化策略，从而更有利于形成适合区域特点的教师教育体系，也有利于地方师范院校办学特色的形成。

政府主导是针对师范院校过度市场化提出的一种引导策略。教师教育主要解决的是中小学教师不足，尤其是农村、偏远乡村教师不足的问题，说到底解决的主要是义务教育问题。义务教育的公共性决定了其非

---

① 顾拓宇. 地方本科师范院校专业设置：现状、问题与调整［J］. 高教探索，2021（1）：38.

② 朱旭东，袁丽. 论二次转型背景下大学教师教育资源整合［J］. 教师教育研究，2016，28（3）：1-6.

营利性，这就导致了地方师范院校开展教师教育积极性不高而开设工学类、管理学类等热门专业，以求实现效益最大化，这往往是挤压师范专业而换取短期效益。要解决这些问题，就必须依靠政府的介入。政府主导既可以保持师范院校的师范性特点，也可以使师范院校适度市场化，以缓解资源不足问题。

具体来说，省级政府负责师范大学、师范学院和师范专科学校的整体结构布局，根据区域的特点和师资水平的要求通过政策性杠杆来扶持不同类型的院校。中学师资较弱的区域适当增加硕士师范生的招生培养编制，区域内有硕士点的师范院校可以直接培养，没有硕士点的师范院校可以与重点大学联合培养。小学师资缺乏的区域可以增加师范生本科招生数，幼儿园师资缺乏的区域可以通过开设师范专科学校或培养专科师范生的方式来弥补学前师资不足。这样可以最终形成以省为主导的师范大学、师范学院、师范专科学校师范教育体系，形成研究生培养、本科生培养和专科生培养的三级教师教育格局。

2. 推动省级一流教师教育学科建设，引领地方师范院校专业发展

自“双一流”政策落实后，各院校掀起了争创“双一流”的高潮。但进入一流大学的师范院校仅北京师范大学和华东师范大学两所，进入一流学科的高校有华中师范大学、东北师范大学等 7 所，教育学作为一流学科建设高校仅有两所入围。教师教育类专业并没有一流学科相关政策支撑，这也使得部分高校出现了撤销教育学院[①]、停办教师教育专业等极端行为。既然没有国家一流教师教育学科的相关政策激励，就应该辅以省级一流学科的相关政策，来弥补国家政策的不足。

以省为单位进行教师教育一流学科建设，更有利于地方师范院校的发展。省域内把教师教育学科作为一流学科建设，可以惠及全国 95%以上的师范院校。地方师范院校大多是面向区域中小学或幼儿园的教师教育培养机构，其专业设置多是以教育学为引领的学前教育、全科教师教育等，或汉语言文学、数学教育、音乐教育等具体学科引导的学科型

① 李立国. 综合大学撤销教育学院，怎么看［N］. 中国教育报，2016-07-25.

专业。就教育学一流学科竞争而言，限于资源、区域、师资等因素，地方师范院校缺乏与重点师范大学竞争的优势，短期内缺乏成功的可能性。而学科教学相关专业更无法与文学、艺术学、理学等学科竞争。这种情况下，地方师范院校教师教育类专业生存和发展会遭遇更多挑战，其积极性难免会被消解。省级一流教师教育学科建设不仅可以提高地方师范院校师范专业建设的积极性，也可为未来教师教育学科建设提供试验基础。另外，省级一流教师教育学科评估更符合教师教育学科发展逻辑，如果省级一流教师教育学科政策可以推行，那么在此基础上推动国家一流教师教育学科建设也更具现实可行性，能为国家推行一流教师教育学科建设提供借鉴。

（二）院校层面：树立教师教育特色，培养具有师范情怀的中小学教师队伍

1. 根据自身特点，形成适合自身特色的教师教育特色

教育部、财政部和国家发展和改革委员会《关于高等学校加快“双一流”建设的指导意见》（教研〔2018〕5 号）指出，要以优势特色学科为主体，整合相关传统学科资源，遵循学校和学科发展规律，力戒盲目跟风和简单化。这一政策鲜明指出，优势特色学科才是“双一流”建设的发展导向，传统学科资源才是“双一流”可供整合的资源。地方师范院校最大的优势就是教师教育，只有在教师教育上做文章才是地方师范院校的发展出路。

围绕师范教育做文章，并不是墨守成规，而是在师范教育中形成特色。例如重庆第二师范学院围绕“0～12 岁儿童成长价值链”布局学科专业，学校以此为中心，其他学科专业以服务和推动特色专业群的发展为目标，实现了学科专业间的合力。再如南京晓庄学院依托陶行知先生创办乡村学校的历史传统，致力于为基础教育薄弱地区培养一批高素质、全面发展的本土教师，真正为农村、落后地区解决基础教育师资短缺的问题。让每个孩子都能享有公平而有质量的教育是新时期的教育需求，培养一批“有理想信念、有道德情操、有扎实学识、有仁爱之心”

的卓越中小学教师①也是新师范建设的时代需求。

教师教育特色是与区域经济社会发展分不开的。地方本科师范院校不同于“双一流”大学，这些师范院校大多是建立在地市级的升本不久的地方院校。地方政府的政策、经费支持是地方师范院校发展的重要因素。因此，与区域经济社会建立良性互动是地方师范院校发展的重要辅助力量。除教学功能外，地方师范院校可以在教师教育研究方面为地方政府提供决策咨询，为中小学提供管理咨询、教师教育培训等，从多个方面围绕教师教育特色做文章，真正把独具优势的教师教育作出自己的亮点，形成自己的品牌。如美国的“芝加哥城市项目”造就了一批高水平的中小学教师②，日本的短期大学截至 2018 年培养的教师教育专业学生数占短期大学学生总数的近 40%，成为名副其实的教师教育养成组织③。

2. 整合专业资源，建立教师教育专业集群

当前，大多地方师范院校已经转型为事实上的综合类院校，而转型为综合类院校后，如何有效配置和整合教师教育资源，是教师教育发展的重要方向。作为公共性的教师教育专业，以政府为主导的教师教育投入仍然是其作为独立学科发展的主要资源配置方式。

师范专业和传统优势专业才是师范院校的优势，才是师范院校可以依托的核心竞争力。在缺乏一流教师教育学科政策引领的现实条件下，如何整合现有资源，实现教师教育的转型飞跃，是地方师范院校破解瓶颈的着力点，而教师教育专业集群发展无疑是地方师范院校特色发展的突破口。

可以整合校内教师教育资源，成立师范学院，把教师教育学科类专

---

① 张伟坤，熊建文，林天伦．新时代与新师范：背景、理念及举措［J］．高教探索，2019（1）：32-36．

② Tachelle Banks. Teacher Education Reform in Urban Educator Preparation Programs [J]. Journal of Education and Learning, 2015, 4 (1): 60.

③ 文部科学省．短期大学介绍［EB/OL］．（2021-03-21）［2023-01-11］．http://www.mext.go.jp/a_menu/koutou/tandai/.

业、教育学类专业以及继续教育专业整合起来，实现资源的优化配置，赋予师范学院人事、财产管理的权力，使师范学院可以独立管理教师教育资源，可以决定与校内、校外的合作。虽然我国已有部分院校建立了独立的师范学院，但权力主体仍在学校层面，尤其在校外合作方面，二级学院几乎没有话语权。

部分有区域优势的地方师范院校可以与区域内其他院校合作，共建教师教育学科。不能仅局限于校内资源的整合，视野应进一步拓宽。以实际需求为导向，突破校内资源界线，可以建立与区域同类院校或中小学结合的教师教育联盟。这样可以更有针对性地解决教师教育存在的具体问题，提高教师教育质量。

3. 建立立德书院，培养具有师范情怀的教师队伍

从当前地方师范院校来看，虽然师范院校教师教育专业并没有主体地位，但师范生仍然是地方师范院校的主体，加强师范生的师范情怀培养直接关系到未来中小学教师队伍的质量。因此，如何培养愿意长期从教，具有乡村情怀的师资队伍是地方师范院校的重要任务，也是地方师范院校保留师范特色的重要依据。

立德书院是一种通过文化陶冶的方式来习练学生内心、促进师德养成的组织机构。立德书院以组织的形式为师范生培养提供道德教育的平台，为有师范信仰的师范生提供探讨、学习、活动的文化环境。它可以把日常的课程、教学内容通过书院的形式分解、消化，进而净化师范生的内心、修炼其长久为师的心性。

发达国家向来注重通过意识形态来培养教师的职业精神。意识形态可以帮助人们形成一种思维习惯和认知框架，从而可以塑造人们的职业信仰和认知结构①。哈佛大学中的哈佛学院以通识教育而著称。哈佛学院进行通识教育的目的是培养学生完善的人格和认识自我的方法，教给学生理解艺术、思想和价值的传统，发展学生伦理思维，理解所思、所

① Douglass C. North. Institutions, Institutional Change and Economic Performance [M]. Cambridge: Cambridge University Press, 1990: 103-111.

学、所做[①]。日本早在 19 世纪后半期，就开始注重通过意识形态、价值理念来塑造教师职业情怀。1868 年，明治政府建立后，以“和魂洋才”为基本指导思想；19 世纪末期，以“国家主义”思想为主导，把教师培养成“善良的人物”[②]。近些年来，美国的“为美国而教”（Teach for America，TFA）的理念吸引了大批优秀毕业生加入中小学教师队伍中来[③]。

新的时代背景下，面对我国师范生教师情怀淡漠、农村中小学教师不足的现状，加强教师情怀养成教育成为当下面临的现实而艰巨的任务。立德书院可以把愿意从教、愿意长期从教、有着乡土情怀的师范生团聚在一起，形成一种精神力量，真正为农村中小学培养一批长期扎根基层的优秀教师队伍。同时也可厘清不愿从教而混进教师队伍的机会主义者，避免其进入教师队伍而破坏教师队伍的纯洁性、浪费国家资源。

第三节　实施分类评估，形成适合院校自身的特色发展之路

一、建立以政府主导的分类评估制度

（一）分类引导应用型院校评估

评估是高等学校建设、改革、发展的“助推器”，是提高教育教学质量的有效手段，是教育行政部门对高等教育进行宏观调控的重要工具。从国际上看，评估是世界许多国家保障高等教育质量的有效手段。发达国家开展高等教育评估已经有几十年甚至上百年的历史，并且越来

① 于海琴，陶正，Helen Haste. 大学灵魂的寻回与守护——访哈佛大学哈瑞·刘易斯教授［J］. 高等工程教育研究，2017（6）：54.

② 土屋基规. 现代日本教师养成［M］. 鲍良，译. 上海：上海教育出版社，2004：45.

③ Adam Maier. Doing Good and Doing Well：Credentialism and Teach for America［J］. Journal of Teacher Education，2012，63（1）：10-22.

越重视评估，把评估看成加强宏观调控，提高教育质量的重要举措。在H省新建本科院校转型发展过程中，省级教育行政部门把评估作为一种重要的治理工具，来推动转型发展工作。

一是把评估作为推动转型发展试点工作的重要工具。省教育厅分别对第一批和第二批转型发展试点院校进行了中期评估，对各试点院校转型发展成果进行了鉴定，对转型取得预期效果的院校进行奖励，对转型效果不明显的院校，暂停资金支持，并责令其整改，以推动院校转型发展取得实效。

二是建立适合应用型高校的人才培养、科学研究质量标准及内控体系和评估制度。将学生实践能力、就业质量和创业能力作为评价教育质量的主要标准，将服务行业企业、服务社区作为绩效评价的重要内容，将先进技术转移、创新和转化应用作为科研评价的主要方面。

三是鼓励社会组织、专门机构和公众积极参与教育质量监测评估。完善本科教学基本状态数据库，建立本科教学质量、毕业就业质量年度报告发布制度，接受社会评价和监督。

四是重视评价结果运用。构建评价激励和导向机制，引导学校面向市场、面向社会、面向需求办学，形成政府管教育、学校办教育、社会评教育的新格局。

（二）开展师范专业评估，促进论证标准的有效实施

师范院校不同于其他应用型院校，地方本科师范院校有其自身的特殊性，既有应用性特点，又有师范性特性。由于路径依赖特征和师范专业的独特优势，在基础教育并不发达的中国，尤其是落后的中、西部地区，师范教育的存在是必要的。但由于师范教育的公益特性，以及师范生的待遇不高，师范教育必须依靠政府投资办学。在这一格局下，对师范专业不可像其他应用型专业一样推行统一的认证标准，必须实行单独的师范专业认证标准。

2017年10月，教育部已经出台《普通高等学校师范类专业论证实施办法（暂行）》，对指导思想、认证理念、认证原则、认证体系等方面作了详细的规定。这为地方师范院校的发展指明了一个明确的方向，为

师范院校在人才培养、教学与课程设置、专业建设等方面提供了参考依据。但具体如何落实是下一步需要思考的问题，需要地方政府出台相应政策。各区域经济发展程度存在一定差异，既有经济差异，也有师范院校数量的差异，还有师范院校办学规模和水平的差异，不能完全照搬一个标准。如东部地区的上海，经济较为发达，师范专业建设也较为先进，相应的专业论证标准较容易推行。而中部地区的 H 省，虽然经济并不落后，但人口庞大，人均 GDP 相对落后，师范院校有 8 所，且基础教育较为薄弱，高等教育更加滞后，在教育经费极其吃紧的情况下，如何保证师范院校的专业利益，如何有效地激励优秀人才从事教育工作，如何有效地协调高等教育与基础教育的关系，师范院校保留多少所较为合适等都应作为师范专业认证标准制定的参考依据。西部地区，如广西、贵州等，基础教育非常薄弱，这就需要较多的基础师资来开展基础教育工作，而师范院校就是这一区域发展基础教育的中坚力量，必须在政策上重点向师范院校倾斜，才能保障基础教育的水平不断提高。

二、分类管理、协调治理

（一）分类评估、分类投入

地方本科师范院校多是公办院校，所属行业的特点决定了师范类院校不如工科类院校更受社会欢迎，能创造更多的直接经济收益，这就决定了师范院校主要依靠政府投资办学。政府资源的吸引力和政策的强制性压力导致了地方本科师范院校往往采取政府偏好的方式确定办学定位，并开展教学、科研等，同时也导致了强制性的趋同结果。当前政府主要以重点大学的办学标准进行相应的资源投入，这会加剧办学水平的两极分化。

“双一流”政策出台后，教育部直属高校按照学科标准进行相应资源配置，但大多数地方院校与“双一流”建设高校仍有较大距离，“双一流”建设对地方院校基本产生不了什么作用。但“双一流”政策的出台为我们提供了一个参照样板，以省域为单位的分类投入机制也应尽快出台，以推动地方高校的发展。以省为单位，高校多的地级市也可以市级为单位进行分类投入，制定出地方一流学科甚至一流专业标准，按照标准进行相应的学科、专业投入，这样才能引导各个院校根据自己的办学历史、办学水平、优势学科和专业等有的放矢、因地制宜，设计出适合院校自身实际的治理结构。标准的制定应充分考虑到院校的层次，如研究型、应用型、职业型等，根据不同类型进行相应的投入，每一类型都有重点高校，都可以成为国内一流甚至世界一流。不同类型院校间不应有高低贵贱之分。标准的制定还应考虑到院校的类型，如师范类、农林类、理工类、财经类、政法类等，根据不同类型的院校制定出不同的评估标准，进行相应的资源投入。除 H 省、四川省、贵州省稍多外，其他省市师范类院校并不多。从现实情况来看，投资者缺乏兴办师范院校的热情，学生和家长对师范专业的热情也不高。基于这样的现实情况，政府应对师范类院校，尤其是新建师范院校给予适当的政策倾斜，以防止院校压缩师范专业，过度向应用型转型。只有这样，才能使地方高校朝着适合自身实际的方向发展，才能避免“千校一面”的趋同办学模式再次重演。

（二）协调治理

分类评估和投入会促使地方院校朝着多样化的方向发展，但同样会带来负面的效应，使各类院校间逐渐形成一条鸿沟，这条鸿沟将制约不同类型院校间的合作与共赢，使各类院校各自为战，难以形成合力，这对于区域经济社会的发展将是极为不利的。因此，应使各类院校间形成一体化的教育体系，实现 1+1 大于 2 的效果。依据美国卡内基高等教育分类标准，中国学者把高等教育分为研究型、研究教学型、教学研究型、教学型四类①，国内学者刘献君把高等教育系统分为研究型、教学型、教学服务型三类②。而随着高等教育区域化的发展，新建本科院校作为地方高等教育的主力军的作用日渐凸显。截至 2018 年 12 月，新建

① 潘懋元，吴玫．高等学校分类与定位问题［J］．复旦教育论坛，2003（3）：5-9.

② 刘献君．建设教学服务型大学——兼论高等学校分类［J］．教育研究，2007（7）：31-35.

本科院校已经达到697所，2014年教育部引导地方本科院校向应用技术转型，50%以上的新建本科院校都提出了向应用技术转型的办学目标[①]，应用型院校成为服务区域经济发展，支撑区域创新体系的重要组成部分。另外，我们也应该看到，职业院校作为我国技工人才培养的主要承担者，有着不可忽视的作用。截至2015年7月，我国职业院校达到1718所，占普通高校的一半以上[②]。这两类院校与研究型大学共同构成了中国高等教育基本的办学体系。研究型大学虽然在数量上并不多，但对高等教育的发展起着引领和导向的作用。因此，把高等教育层次划分为研究型、应用型、职业型[③]是适合时代发展和区域经济社会需要的。在这一分类体系的引导下，各类院校各司其职，按自己的目标办学，才能有的放矢，才不会造成资源的浪费，也才能避免院校发展的盲目性和趋同性。

分类办学应分工明确。研究型大学主要培养学术研究型人才、工程研究型人才，把客观规律转化为科学原理，从事科学研究，为区域经济社会发展提供理论指导和核心领域的创新支持。应用型大学主要培养工程应用型人才、技术应用型人才，培养可以将原理应用于实践，具备技术开发和现场管理能力的人才。职业院校以培养技术工人为目标，培养具备实际操作能力的技术型人才[④]。在这一分类体系下，以政府为主导，三者有机协调，才能把理论应用于实践，才能更好地发挥新建本科院校为区域经济社会发展培养适合人才的优势，培养既具备一定的理论知识，又掌握扎实的实践技能的应用型人才。

---

① 王俊，顾拓宇．新建本科院校组织趋同的新制度主义分析——基于东、中、西部15所地方院校的统计数据［J］．教育研究与实验，2016（6）：68-73.

② 中华人民共和国教育部．2015年全国教育事业发展统计公报［EB/OL］．（2015-05-12）［2016-07-06］．http://www.moe.edu.cn.

③ 潘懋元，董立平．关于高等学校分类、定位、特色发展的探讨［J］．教育研究，2009（2）：33-38.

④ 潘懋元，车如山．做强地方本科院校的理论与实践研究［M］．北京：高等教育出版社，2016：12-13.

三、建立行业导向的第三方评估机构

第三方评估又称社会评估，主要指公民个人、社会团体、社会舆论机构、中介机构等通过专业认证直接或间接对社会绩效进行评估的过程。我国教育领域的第三方评估主要通过政府委托的方式进行。到目前为止，独立运营的第三方评估组织还比较少，因为其评价标准容易受到投资方的价值取向限制。在办学质量评估上，单纯的政府直接评估或委托评估都会导致各种问题。为了改善这一状况，开展以行业为主导的第三方评估是必要的。样本研究的Z师范学院在升本的过程中，其主要管理者——政府和主要评估组织——专家团体是其实现专科向本科跃升的重要合法性认可组织，而评估组织主要受政府委托，这就有可能出现内部人控制现象。内部人关注自身利益，而忽略一些不达标的问题，从中换取利益回报。因此，加强第三方评估组织建设是社会组织获取社会合法性的必然要求，是杜绝组织内部人为控制的有效途径，是避免社会组织权力寻租的必然选择。

（一）加强信息公开制度

及时、有效、真实的信息是实现客观评估的基础，美国、英国等发达国家，通过高校官方网站都可以查询到较全面的相关信息。在我国，教育基本信息的公开程度远远不够，各高校官方网站只公开部分信息，有些院校虽然公开信息，但仍设置访问权限，校外人员很难查看具体信息。教育部近两年开始公开一些数据，但公开的信息范围和信息量还很有限，这就造成了信息不对称现象，第三方评估机构无法真实有效地查看信息，也就无法实现评估的客观公正。

（二）建立评估公益基金

经费独立是实现第三方评估组织有效运营的资金保障。事实证明，没有独立的经费保障很难实现评估的独立、客观和真实。在评估过程中，如果评估经费来自投资方——政府，那么就可能导致权力寻租行为，如果评估经费来自评估对象——院校，就可能导致院校的自我吹捧行为。因此，只有通过独立的资金运营方式，才能实现第三方评估的客观公正，避免权力的寻租和评估对象的自我抬高行为发生。国外独立运营资金一般通过公益资金获得，如美国的第三方评估机构慈善导航（Charity Navigator）资金主要由 John P. Dugan 和 Marion Dugan 捐赠。我国也应积极倡导建立公益基金，只有充裕、独立的资金才能为第三方评估提供运营保障，而不是流于形式的运动式评估。

（三）加强评估队伍建设

制度保障提供了合法性基础、资金独立提供了评估运营的经费支持、信息公开打通了信息获取的渠道，但良好的评估队伍是对评估过程操作的专业保障。而当前的高校评估队伍主要是由教育主管部门领导、高校校长或副校长等组成的专家队伍，缺少评估的专业化人才，虽偶有高等院校教育学专业的教授入围，也很难成为评估的核心成员。因此，一方面高校应加强评估专业人员的培养；另一方面，政府应通过科研项目等方式推进专业评估的相关研究工作，尽快推动评估专业队伍的建设。

四、地方院校错位发展、分类转型，走特色发展之路

地方本科师范院校作为高等教育的重要组成部分，受管理者心智模式、信息不完备、初始成本等因素的影响，无效率专业长期存在并难以撤销。潘懋元先生认为，高等教育是适应市场的产物，随着社会的发展，高等教育由“被动适应”走向“主动适应”[①]。地方本科师范院校只有走出封闭的高校圈，与市场接轨，才能获得生存发展的机会。

（一）依托师范基础，走新型师范之路

不可否认，农村教师乡土信念不足，向城性流动现象严重仍是当前农村教师缺乏的重要因素。培养具有深厚的乡土情怀，愿意长期在农村

① 潘懋元．对高等教育若干问题的思考——潘懋元先生访谈［J］．西北工业大学学报（社会科学版），2018（2）：29．

执教的优秀教师是地方本科师范院校的时代使命和重要任务，也是地方本科师范院校发展的立足点和突破口。20 世纪 90 年代“为美国而教”（TFA）实施 20 多年来，在美国 35 个州得以推广，已拥有 9000 多名成员，为美国培养了大批愿意长期在农村从教的优秀教师①。“芝加哥城市项目”培养了一批适合各州特点的高水平中小学教师②。“驻校项目”（Urban Teacher Residency，UTR）③ 真正实现了扎根中小学培养教师的校地合作模式。地方本科师范院校只有立足师范特色，依托地方中小学，走进中小学校，根据地方中小学的真正需求，有的放矢，才能培养出适合区域需要的农村教师。主动与地方中小学合作，而不是被动地封闭式办学，把师范专业办好，把中小学师资培养好，才能走出新型中小学教师培养之路。

（二）依托优势学科基础，争创一流专业

经过多年的本科发展，大多数地方师范院校都形成了自己的优势学科，虽然这些学科与一流学科还有一定的距离，但在省域范围、区域范围、学校内部仍可以称得上是优秀的学科。这些优势学科在师资队伍、教学资源、科研成果等方面都已经具备了其他学科所不具备的优势，以这些优势学科为基础，创建一流专业，具有得天独厚的优势，也必然事半功倍。如重庆第二师范学院依托学前专业基础，围绕“0～12 岁儿童成长价值链”布局学科专业，在教育服务、健康服务、营商服务三大专业集群上做足自己的优势专业④。再如周口师范学院依托艺术学的优势

① Adam Maier. Doing Good and Doing Well：Credentialism and Teach for America ［J］. Journal of Teacher Education，2012，63（1）：10-22.

② Tachelle Banks. Teacher Education Reform in Urban Educator Preparation Programs ［J］. Journal of Education and Learning，2015，4（1）：60.

③ Stephen Sawchuk. Teacher “Residencies” Get Federal Funding To Augment Training ［EB/OL］.（2009-10-14）［2020-03-26］. http//www. edweek. org/ew/ankles/2009/10/14/07residency. h29. html.

④ 教育部学校规划建设发展研修中心. 应用型院校特色专业集群建设的若干问题 ［EB/OL］.（2019-05-06）［2020-05-17］. https://www. csdp. edu. cn/article/4877. html.

学科基础，成功获得了音乐学省一流专业资格[①]。

（三）根据区域产业特征，走新型专业之路

路径依赖的一个重要原因是既得利益集团对现有资源的控制，并形成报酬递增的方式运行现行治理结构，形成多重均衡状态。只有主动走向社会，地方本科师范院校才能形成竞争力，提高发展效率。例如常熟理工学院原本是在师范基础上建立的理工院校，依托苏南制造业优势，形成了机电工程专业群，设置了机械工程及自动化、汽车服务工程、测控技术与仪器等特色应用型专业[②]，适应了区域经济社会的发展。2019年，我国154所以师范为基础升本（仅统计1999年以后升本）的院校中，仅有61所转型为师范类院校，60%以上的院校都转型为了理工、综合、财经等其他类型的院校[③]。也就是说，地方本科师范院校虽然具有师范性的路径依赖特征，但这种路径依赖并非不可克服。在新型专业竞争上，师范类院校并不是不具备竞争优势，关键是如何利用好区域的资源环境、产业特征，走适合自身特点的新型专业之路，才能够最终化解长期形成的历史惯性约束。

第四节　实施渐进式变革，建立中国化的师范大学模式

一、考虑到历史文化因素，实施渐进式制度变革

整个师范院校组织变迁的过程都体现了历史脉络的痕迹。受初始成本、学习效应、协调效应、采纳预期的影响，历史经历过的初始事件都

① 河南省教育厅．关于2019年度河南省一流本科专业建设点拟立项名单的公示［EB/OL］．(2019-09-21)［2020-05-17］．http://www.haedu.gov.cn/2019/09/21/1569052024498.html．

② 张晞，顾永安．地方本科高校专业集群布局与建设的探索与思考——基于常熟理工学院的案例分析［J］．中国职业技术教育，2018（11）：34-37．

③ 顾拓宇．地方院校转型的新制度主义多学科分析［J］．职教论坛，2020（3）：9．

很难被舍弃[①]。大学作为一种正式组织，长期所形成的文化制度是其赖以生存的基本要素，这一典型特征与办学经费削减、入学人数增加、环境压力等没有显著性关系[②]。中国教师教育组织变迁同样不可避免地受历史脉络的影响，这种路径依赖特征在当前的院校转型中的表现也非常明显。从19世纪末期“师法日本”，到民国时期“学习美国”，到新中国成立后“仿效苏联”，再到当前的“再次学习美国”，中国的院校组织类型既有苏联特征，如行业学院（石油学院、财经学院、师范学院等），又有美国的痕迹，如20世纪末期兴起的“撤系设院”运动，到目前为止，大部分本科院校都改成了“学院制”建制。日本明治维新后，开始了模仿欧美的教育改革运动，并取得了成功，中国模仿日本出现了百日维新，并建立了南洋公学师范院、京师大学堂等师范类院校组织。在师范院校转型的当下，要想成功地实现教师教育组织转型，历史脉络所形成的路径依赖特征是必须考虑的因素。

第一，要充分考虑到初始事件的影响，保持教师教育底色，在现有师范资源基础上适当发展非师范专业。我国高等教育是“后发外生型”，中华人民共和国成立后，20世纪60年代院系大调整，形成了封闭式的教师教育模式。后来，单一的教师教育模式又被迫进行新一轮综合化改革，但综合化改革并没有吸引高水平大学参与教师教育。历史上的偶然事件都会对现在和未来发生不可逆转的影响。在当前应用型转型背景下，相对封闭的地方师范院校既应充分考虑长期发挥教师教育的优势，为地方区域经济发展培养优秀师资，又要考虑20世纪90年代综合化改革带来的影响，大多数地方师范院校已经形成多种学科并存的办学格局。只有立足综合化背景下进行地方师范院校转型才具有可行性，盲目地撤销一些学科或专业都会对院校整体发展造成不可预期的影响，使地

---

① Brian Arthur. Increasing Returns and Path Dependence in the Economy [M]. Ann Arbor: University of Michigan Press, 1994: 58-66.

② Roxana-Diana Baltaru. Administrators in Higher Education: Organizational Expansion in a Transforming Institution [J]. High Education, 2018 (76): 213-229.

方师范院校付出高昂的转换成本。因此，地方师范院校在坚守教师教育的前提下，适当发展对教师教育专业有益的应用型专业是可取的，这是在现有办学历史积累的基础上设置的专业，而不是盲目开设应用型的工科类专业。只有这样，才能使地方师范院校既可保留师范特色，又可逐渐走出办学资源不足的困境，实现院校的整体转型。

第二，要考虑参与者的有限理性，遵循“适当性”逻辑而非“利益最大化”逻辑进行转型。诺思认为，行为人的表现往往是不完美的，信息回馈也往往是断断续续的，最终的决策往往是被不完全信息和现有的心智构念塑造的行为路径，这种路径往往是基于历史过程中形成的认知世界模型作出的主观选择①。也就是说，人的理性是有限的，制度设计虽然完美，但执行者往往是基于自身的经验、认知作出主观选择。正如20世纪90年代所进行的教师教育综合化改革，虽然政策导向是为了通过综合类大学参与教师教育，来弥补教师教育学术水平的不足，但其结果是综合类大学参与积极性不高，而地方新建本科院校却走向了综合化道路。政策落实并不一定完全依据政策的设定方向发展，而是在多方利益博弈下形成的主观选择。这就要求在当前应用型转型背景下，地方师范院校转型不应是盲目地跟随政策，进行“一刀切”式的应用型转型，而应是在现有办学条件的基础上，充分考虑区域经济、政府、高校等多方利益关系，设计出适合区域特点的转型方略，从而使院校转型更切合实际、更有效率。

二、根据本土化特征，建立师范大学模式

我国教师教育转型是在学习发达国家的过程中逐渐发展起来的，由原有以中专、大专和本科学历为主体的中师、师专、师院三级体系（称为“旧三级”），走向以大专、本科和研究生学历为主体的师专、师院和

① Douglass C. North. Institutions, Institutional Change and Economic Performance [M]. Cambridge: Cambridge University Press, 1990: 131-152.

师大教师教育体系（称为“新三级”）[①]。“新三级”教师教育的主要完成者是以师范为主体升本或合并升本的综合类院校。有学者对仍然以师范学院命名的61所院校统计后发现，近97%的院校设置学科6～10个[②]，这些院校大都成为事实上的综合类院校，甚至传统的师范专科院校也都设置了非师范专业，俨然转型成了综合性的地方院校。也就是说，我国已经形成事实上的综合类院校举办教师教育的现实。需要指出的是，这里的综合类院校也包括部分高水平综合类大学。高水平综合类大学参与教师教育虽是不争的事实，但参与热情不高也是客观事实。事实证明，体系开放的教师教育并没有吸引综合类大学参与教师教育优质生源的竞争，大规模低层次非师范院校的涌入反而降低了教师教育阵营的层次[③]。在高水平大学参与积极性不高的情况下，建立以师范大学为主体的教师教育模式不失为一种明智选择。

英、美、日三国经过实践的沉淀和筛选，最终形成了各具特色的教师教育模式。英国历经教会与私立学校并存、日间师资训练学院、地区师资培训组织、大学教育学院等模式，最终形成了英国特色的校本教师培训模式。美国历经师范学校、师范学院、综合大学教育学院诸阶段后，最终形成了综合类大学教育学院模式。日本在综合大学教育学部、学艺大学、教育大学、短期大学等基础上，形成了本土化的教育大学模式，实现了既兼顾师范性，又促进学术性的有机统一。

事实证明，发达国家的教师教育模式的形成是在综合自身办学历史和本国特色的基础上逐渐形成的。我国长期以来形成了以仁为核心的儒家思想，这与师范教育的“道德性”是一致的。长期以来我国推行的师范教育体系也基本上是成功的。在高水平大学参与教师教育效果不佳的

---

① 朱旭东，袁丽．论二次转型背景下大学教师教育资源整合［J］．教师教育研究，2016，28（3）：1-6.

② 王俊，顾拓宇．新建本科师范院校组织转型探究——基于61所院校统计数据的分析［J］．现代大学教育，2019（5）：74-75.

③ 田晓苗，石连海．从去师范化到新师范教育［J］．国家教育行政学院学报，2019（3）：56.

情况下，依托现有的师范教育体系，对办学实力较强的师范院校进行重点扶持，形成以重点师范大学为主导的师范大学体系，进行研究生层次师资的培养，保证教师教育的学术性，以普通师范本科院校为主体，培训基础教育师资，进行本科层次和少量研究生层次的师资培养，以专科师范院校为补充，培养学前教育师资。这样既依托了师范院校综合化的现有资源，又解决了新建师范院校在教师教育方面学术性不足的问题，同时也有利于规避过于西化的风险，最终形成中国化教师教育模式。

第八章　结论与思考

第一节　结论与创新之处

一、主要结论

（一）地方本科师范院校组织转型面临同质化、去师范化和结构化困境

同质化困境。同质化现象是地方本科师范院校转型过程中常见的一个突出问题，主要表现在办学定位、学科专业设置等方面。

去师范化困境。去师范化是师范院校特有的一种现象，也是地方本科师范院校向综合化转型过程中出现的普遍现象。

结构化困境。大多数地方本科师范院校是在师范基础上建立起来的，在向应用型、综合型转型过程中，其历史基础所形成的路径依赖是难以回避的问题。

（二）地方本科师范院校转型困境主要源自强制性机制、效率机制、路径依赖机制

1. 来自外部压力的强制性机制

以科层制为主导的领导体系、以政府投入为主导的投资体制、以官方意志为主导的评估机制是约束院校转型的重要因素。为了获得办学资源，地方本科师范院校不得不采取教育投资者所偏好的方式办学。在政

府规模扩招政策的影响下，大多数本科师范院校选择了规模扩张之路。在应用型转型政策的背景下，大多数样本院校选择了培养应用型人才的办学定位。

从领导体制上看，所有样本院校实行的都是党委领导下的校长负责制，从办学体制上看，所有样本院校都是公办性质，从投资体制上看，所有样本院校都是政府投资办学。笔者在对 Z 师范学院的考察中发现，Z 师范学院的学术委员会成员全都具有副处级以上行政职务，在 3 名副厅级以上干部中，有 1 名校长、1 名副书记、1 名副校长。

由于师范教育的公共性质，民间对师范教育缺乏投资的积极性。地方本科师范院校为了获得资源，不得不迎合教育投资者（在这里主要是政府）的需要，这就导致了大部分地方本科师范院校都选择了按投资者（政府）的指挥棒转，也就导致了以政策为导向的强制性趋同。由于地方本科师范院校缺乏对资源的有效控制，缺乏对学术权力的有效掌握，在转型过程中缺乏自主权，大多数样本院校出现组织目标定位、组织行为的趋同化现象。

2. 基于市场导向的效率机制

在应用型转型的大背景下，样本院校仅仅依靠师范类的专业是无法生存的。师范类专业虽然能够办出特色，但其办学效益却极其有限。这就使得地方本科师范院校也同样设置一些社会需求量较高的有效益的专业。这些非师范专业都是与社会连接较为紧密的、与区域产业结构对接较充分的应用型专业，如物联网工程、环境设计等专业都是一定时期较为热门的专业。当大多院校都选择这些专业时，这些专业就变成了趋同率较高的专业，其办学效益也会随之下降。再如在大数据背景下，部分样本院校设置了数据科学与大数据技术专业，当多数院校认为这个专业是效益较高的专业时，就会有更多院校设置该专业。当这一专业趋同率较高时，一些地方院校不得不更新思路，设置新兴专业，如玉溪师范学院结合自身与老挝交界的特点，开设了老挝语专业（2018 年），衡阳师范学院开设了风景园林专业（2018 年），周口师范学院开设了机器人工程专业（2018 年）。

3. 迫于历史束缚的路径依赖逻辑

从20世纪末开始的综合化转型，使得很多地方本科师范院校走向了事实上的综合化道路①。在新时期应用型转型的背景下，很多地方本科师范院校已经形成了综合化的学科布局，如果转型会付出高昂的转型成本，鉴于历史脉络形成的路径依赖，师范院校在向应用型转型的过程中，只能依托现有资源，保留学科基础雄厚的部分师范专业。但师范类院校不同于行业类专门院校，作为培养公共师资的特殊类型，其办学效益无法与行业类院校相比。在现有办学资源有限的情况下，一些院校往往会选择办学成本较低的专业，如一些样本院校设置了电子信息工程、视觉传达与设计等专业。也有一些院校根据区位特点设置了一些特色专业，但整体上都是基于自身办学历史和办学条件设置的一些办学成本低、自身有学科积累的专业，而非盲目地设置办学成本较高的工科、经济、管理等类专业。

二、主要创新点

（一）理论的检验：进一步验证了新制度主义在教育研究中的适用性

迪马尼奥和鲍威尔提出了组织趋同的三大运行机制：强制性趋同、规范性趋同、模仿趋同，这一理论在我国高等教育研究中多次被使用。但相关研究多从经验性、思辨性的角度进行分析，缺乏实证数据的支持，因此，所得结论有待商榷。本研究通过对112所院校的分类变量比较，得出组织目标、组织结构、组织行为方面的结论，通过对Z师范学院个案的调查，对Z师范学院组织变迁过程中政府、专家、相关院校及其他组织所发挥的作用进行访谈、观察、档案调查等，以翔实的资料论证了政府的政策引导、资源诱致、专家的评估认证、市场中院校间的模仿对组织转型的影响，并通过实证材料验证了组织转型的三大运行机制理论在中国高等教育中的适用性。

① 朱旭东，袁丽．论二次转型背景下大学教师教育资源整合［J］．教师教育研究，2016，28（3）：1.

在组织与环境关系的分析中，运用制度与环境关系理论，分析了组织为了适应环境变革的合法性需要，往往采取广为流行的做法，以求取得更大范围内的社会认可。通过Z师范学院的个案实例分析了Z师范学院在不同历史时期为了取得制度环境的合法性而采取的不同策略。这也进一步完善了潘懋元先生所提出的高等教育外部关系规律理论，从而印证了新制度主义理论与高等教育外部关系规律在逻辑上是一致的。

（二）方法的创新：混合研究法运用于高等教育研究

混合研究法充分融合了质化与量化研究的优点，对于克服质化、量化研究的不足是大有裨益的。而国内的相关研究多从方法论的角度对混合研究法作出理论性的解释，但具体运用在高等教育研究中并不多见。本研究以问题为导向，首次尝试运用混合研究法解释地方本科师范院校组织转型问题。由于对院校组织转型的相关研究缺少数据的支撑，为了解决这一问题，我们选择了112所院校（全样本）作为统计样本，对其组织转型情况进行了数据验证。但仅仅静态的数据验证无法解释不同时期院校与环境的博弈和院校变迁的制度转向。为了解决这一问题，本研究以Z师范学院为个案，对其进行为期5年的调查，对其组织变迁的环境变量进行了观察、访谈、档案查询等，并运用统计、比较等方法进行了资料分析，运用归纳法得出了其组织变迁的运行机制。

（三）视角的创新：新制度主义理论为主要分析维度

运用新制度主义理论作为研究视角是本研究的一个主要创新点。运用新制度主义理论解释高等教育组织同形的文献在国内并不少见，而运用这一理论解释地方本科师范院校转型的研究尚未出现。新制度主义理论解释普通高等教育组织同形，缺乏针对性。由于我国高等教育的复杂性、多样性，这样的解释对实践的指导意义并不大。而地方本科师范院校是一个比较特殊的板块，在规模扩张背景下，在应用型转型的政策导向下，地方师范类院校该如何改革？走向应用型，还是保留师范特色？在目标模糊的情况下，大多数院校选择了模仿。而模仿带来的相关问题是地方本科师范院校未来不得不面对的问题。对这些问题的分析与探索和新制度主义理论的解释是契合的。我们借助这一理论，有力地揭示了地方本科师范院校当前存在的过度趋同问题，可为进一步的研究提供借鉴，为相关管理部门提供参考。

三、不足之处

（一）研究内容的不足

本研究没有对课程、教学进行深入探讨。出于研究中主次取舍的考虑，本研究主要侧重于宏观和中观层次的研究，未对课程与教学等较为微观的层次进行研究。地方本科师范院校在课程设置、教学组织上都有自身的独特性，也有相似之处，对其进行研究有利于深度挖掘制度规约的深层根源。

本研究仅对地方本科师范院校组织趋同的三种机制（强制性机制、规范性机制、文化—认知性机制）进行了初步检验，但哪一种机制导致趋同作用更大一些？需要对三种机制进行分类化操作，设置相关变量，并进行相关性的分析，检验哪一类的作用更为显著，可更有力地分析出来自政府的强制性机制更大一些，还是来自意义系统的文化—认知性机制更大一些，抑或规范性机制的作用更大一些。而由于环境变量的复杂性，到目前为止，尚没有出现有说服力的相关性研究。

在对 112 所院校的专业统计分析中，为了研究的一致性和有效性，研究者仅对本科专业进行了研究，而未对专科专业进行详细的分析。

（二）数据样本的不足

在对 112 所院校文本的分析中，研究者主要采用的是教育部数据库提供的本科教学质量报告，而这些数据并非研究者亲自调查获得的一手数据，虽然研究者也通过个案研究、电话确认等方式进行了三角互证，但毕竟只是二手数据，数据的真实性还有待进一步的考证。

由于数据获取的困难，没有对 112 所院校的大样本组织变迁的过程进行研究，而是选择以个案的方式进行变迁过程的研究，这在研究的效度上难免存在一定的不足。但如果对 112 所院校进行全部样本的采集显然是比较困难的。这不仅需要耗费大量的时间、人力、物力、财力，同时数据的分析也是比较困难的。更为困难的是，鉴于院校对数据的敏感性，这些院校一般是不愿意公开的。研究者即便是在对自己的工作单位——Z 师范学院的调查中，也遇到了重重困难。哪怕是约谈一个受访者，都需要经过前期准备、初次访谈、再次交流等过程，需要大量的时间和资金，更不用奢谈对 112 所院校进行全数据调查了。

第二节　有待进一步思考的问题

一、地方院校转型是适应性变迁抑或超越性变迁

从本研究的结论可以看出，地方院校的组织转型是适应外界环境不断调适的被动转型，但能否就此认为地方院校转型是被动适应的过程？地方院校引领区域经济社会发展的功能何在？又如何实现科学创新、文化创新的功能？有些学者认为，高等教育走在区域经济社会发展的前列，引领区域经济社会发展。而地方院校作为高等教育的重要组成部分，又能否走在区域经济社会发展的前列，从而引领区域经济社会的发展呢？

随着大数据的发展、5G 技术的更新、区块链的更进，高等教育对未来发展可以作出一个基本的预测和预判，但高等教育的发展是否就能超越区域经济社会发展呢？潘懋元先生认为："教育必须受一定的社会经济、政治、文化所制约，并为一定社会的经济、政治、文化服务。"[①] 随着社会经济的发展，潘先生的理论也在随之发展，教育会由被动适应向主动适应经济社会发展的方向转变。库恩对科学和理论的发展持历史阶段论，如亚里士多德的物理学是古代科学的范例，托勒密天文学是近代科学的范例，爱因斯坦相对论是现代科学的范例。我们也应用发展的眼光看待高等教育外部关系规律理论中，组织由被动适应走向主动适应

① 潘懋元. 教育的基本规律及其相互关系 [J]. 高等教育研究，1998 (3)：1-7.

的观点是符合社会发展规律的，这一点与新制度主义理论是一致的。新制度主义理论源于塞尔兹尼克的制度理论，塞尔兹尼克最早发现组织与环境的关系，组织的发展受生存环境的制约，但这一理论并没有提出组织对环境的反作用，仅仅提出了组织是被动适应环境的。开放系统视角下的组织则进一步明确了组织与环境的关系，组织不仅受制于环境，同时对环境具有能动作用。从而可以看出，新制度主义理论与高等教育外部关系规律在逻辑上是一致的。这说明，理论是随着时代发展而发展的。作为高等教育重要构成的地方院校在“主动适应论”与“超越论”之间如何作出选择，还有待学界进一步研究。

二、如何看待趋同化问题

早期的古典主义大学里，理智的好奇心的精神没有疆界，这种神话般的、令人神往的精神乐园，是众多知识探求者朝圣和皈依之所，如柏拉图讲学的学园（Academy）、亚里士多德讲学的学园利塞姆(Lyceum)，以及中国的圣人孔子所办学校。这些曾经是众多学者和学生朝圣的理想之所，在知识领域独立自主，不受政府的约束[①]。这一时期的大学无论完美与否，都是世界主义的大学。不管是希腊文明，还是天主教文明，抑或是儒家文化，都不束缚于一个民族国家，来自各地的学生，采用一种语言，使用同一种课程，这是从阿卡德米到路德历时两千年的高等教育趋同模式。

随着历史文明的演化，大学逐渐分裂为天主教大学和基督教大学，并逐渐分化为以世俗为主导的波洛尼亚模式和以哲学为主导的巴黎模式。以民族主义为主导的多元文化逐渐改变着大学的发展路径，教育上更加强调民族的历史、文学和风俗。大学被分裂成若干种模式，有意大利、法国、德国、英国以及美国和日本模式，大学开始变得日益多样。

1809 年，洪堡组建了柏林大学，提出教学和研究相结合，使科学

① 克拉克·克尔. 高等教育不能回避历史——21 世纪的问题［M］. 王承绪，译. 杭州：浙江教育出版社，2001：7-10.

研究成为大学的第二职能，并成为欧洲和世界各国学习的榜样。1861年，美国的“赠地运动”以及随后的“威斯康星思想”，使社会服务成为大学的第三职能[①]。大学从趋异又重新走向趋同。

19世纪末期，近代大学在中国产生。经过一百多年，中国高等教育得到蓬勃发展，出现了师范院校、科技院校、理工院校、农林院校、语言院校、政法院校等多种形式的大学。20世纪末期，为了改变高等教育供给不足的现状，规模扩招进一步推动了高等教育大众化进程，众多地方师范院校、理工院校、科技院校等开始模仿综合类大学办学模式，综合类大学成为这一时期的趋同模式。

师范院校作为这一时期重要办学力量，为了提高整体办学水平，通过开设非师范专业（如开设热门专业）也走向了事实上的综合化，伴随而来的是不可避免的去师范化、同质化现象。这种发展过程导致的趋同化等问题是院校转型发展过程中派生的问题，它在一定程度上推动了地方师范院校的整体发展，但仅从教师教育角度分析，又弱化了地方师范院校教师教育质量。

无论从历史，还是从现实来看，趋同化问题都是不可避免的问题。但趋同化的正面或负面作用要从具体视角、具体问题进行分析，趋同化可能在一定时期、对某一具体问题会带来负面影响，但整体上对高等教育的发展是起积极作用的。更多情况下，很难准确地去评价其优劣对错。一些具体问题还有待更进一步的研究。

---

① 克拉克·克尔．大学的功用［M］．陈学飞，译．南昌：江西教育出版社，1993：31．

附　　录

附录一　地方本科师范院校名单

地方师范大学名单（数据截至 2019 年 12 月）

序号	学校名称	升格大学时间	所在地	办学性质	建校基础
1	福建师范大学	1972 年	福建福州	公办	华南女子文理学院、福建协和大学、福建省立师范专科学校
2	安徽师范大学	1972 年	安徽芜湖	公办	合肥师范学院、芜湖师范专科学校
3	新疆师范大学	1978 年	新疆乌鲁木齐	公办	乌鲁木齐第一师范学校、新疆教师培训部
4	哈尔滨师范大学	1980 年	黑龙江哈尔滨	公办	哈尔滨师范学院、呼兰师范专科学校、黑龙江农垦师范专科学校、黑龙江省物资学校
5	山东师范大学	1981 年	山东济南	公办	山东师范学院、齐鲁大学部分院（系）
6	天津师范大学	1982 年	天津	公办	天津师范大学、天津师范专科学校、天津教育学院
7	内蒙古师范大学	1982 年	内蒙古呼和浩特	公办	张家口师专、绥远师专、内蒙古师范专科学校

续表

序号	学校名称	升格大学时间	所在地	办学性质	建校基础
8	辽宁师范大学	1983 年	辽宁大连	公办	辽宁师范学院
9	广西师范大学	1983 年	广西桂林	公办	广西师范学院
10	江西师范大学	1983 年	江西南昌	公办	江西师范学院
11	上海师范大学	1984 年	上海	公办	上海师范学院、上海技术师范学院
12	云南师范大学	1984 年	云南昆明	公办	昆明师范学院
13	青海师范大学	1984 年	青海西宁	公办	青海师范学院
14	山西师范大学	1984 年	山西太原	公办	山西师范学院、山西职业师范专科学校、山西师范大学体育学院
15	浙江师范大学	1985 年	浙江杭州	公办	杭州师范学院、浙江教育学院、浙江体育学院
16	曲阜师范大学	1985 年	山东曲阜	公办	曲阜师范学院
17	四川师范大学	1985 年	四川成都	公办	四川师范学院、西南财经大学数理化三系
18	贵州师范大学	1985 年	贵州贵阳	公办	贵州师范学院、贵州理工职业技术学院
19	河南师范大学	1985 年	河南新乡	公办	新乡师范学院
20	西北师范大学	1988 年	甘肃兰州	公办	西北师范学院
21	河北师范大学	1996 年	河北石家庄	公办	河北师范大学、河北师范学院、河北教育学院、河北职业技术师范学院
22	沈阳师范大学	2002 年	辽宁沈阳	公办	沈阳师范学院、辽宁教育学院
23	吉林师范大学	2002 年	吉林四平	公办	四平师范学院

续表

序号	学校名称	升格大学时间	所在地	办学性质	建校基础
24	重庆师范大学	2003 年	重庆	公办	重庆师范学院、重庆幼儿师范学校、重庆纺织职工大学
25	西华师范大学	2003 年	四川南充	公办	四川师范学院
26	杭州师范大学	2007 年	浙江杭州	公办	杭州师范学院、杭州教育学院
27	海南师范大学	2007 年	海南海口	公办	海南师范学院、海南教育学院
28	天津职业技术师范大学	2010 年	天津	公办	天津职业技术师范学院
29	淮北师范大学	2010 年	安徽淮北	公办	淮北煤炭师范学院
30	江苏师范大学	2011 年	江苏徐州	公办	徐州师范大学、徐州工业学校
31	江西科技师范大学	2012 年	江西南昌	公办	江西科技师范学院、南昌高等专科学校
32	闽南师范大学	2013 年	福建漳州	公办	漳州师范学院
33	长春师范大学	2013 年	吉林长春	公办	长春师范学院
34	赣南师范大学	2016 年	江西赣州	公办	赣南师范学院
35	湖北师范大学	2016 年	湖北黄石	公办	湖北师范学院
36	安庆师范大学	2016 年	安徽安庆	公办	安庆师范学院
37	南宁师范大学	2018 年	广西南宁	公办	广西师范学院、南宁民族师范学校
38	伊犁师范大学	2018 年	新疆伊犁	公办	伊犁师范学院
39	阜阳师范大学	2019 年	安徽阜阳	公办	阜阳师范学院

地方师范学院名单（数据截至 2019 年 12 月）

序号	学校名称	升本时间	所在地	办学性质	建校基础
1	牡丹江师范学院	1970 年	黑龙江牡丹江	公办	宁安师范专科学校

续表

序号	学校名称	升本时间	所在地	办学性质	建校基础
2	河北科技师范学院	1977 年	河北秦皇岛	公办	河北职业技术师范学院、秦皇岛煤炭工业管理学校
3	信阳师范学院	1978 年	河南信阳	公办	开封师范学院信阳分院
4	通化师范学院	1978 年	吉林通化	公办	通化师范专科学校
5	吉林工程技术师范学院	1983 年	吉林长春	公办	吉林职业师范学院、吉林经济贸易学校
6	岭南师范学院	1991 年	广东湛江	公办	湛江师范学院
7	韩山师范学院	1993 年	广东潮州	公办	韩山高等师范专科学校
8	鞍山师范学院	1993 年	辽宁鞍山	公办	鞍山师范专科学校
9	淮阴师范学院	1997 年	江苏淮安	公办	淮阴师范专科学校、淮阴教育学院
10	广东技术师范学院	1998 年	广东广州	公办	广东职业技术师范学院
11	太原师范学院	1999 年	山西太原	公办	山西大学师范学院、太原师范专科学校、山西教育学院
12	盐城师范学院	1999 年	江苏盐城	公办	盐城师范专科学校、盐城教育学院
13	湖州师范学院	1999 年	浙江湖州	公办	湖州师范专科学校、湖州师范学校、湖州教师进修学院
14	黄冈师范学院	1999 年	湖北黄冈	公办	黄冈师范高等专科学校
15	衡阳师范学院	1999 年	湖南衡阳	公办	衡阳师范高等专科学校、衡阳教育学院（衡阳教师进修学院）

续表

序号	学校名称	升本时间	所在地	办学性质	建校基础
16	南京晓庄学院	2000 年	江苏南京	公办	南京师范专科学校、南京教育学院、南京晓庄师范学校
17	廊坊师范学院	2000 年	河北廊坊	公办	廊坊师范专科学校、廊坊教育学院、廊坊师范学校
18	唐山师范学院	2000 年	河北唐山	公办	唐山师范学校
19	忻州师范学院	2000 年	山西忻州	公办	忻州师范高等专科学校、忻州师范学校
20	淮南师范学院	2000 年	安徽淮南	公办	淮南师范专科学校、淮南教育学院、淮南师范学校
21	泉州师范学院	2000 年	福建泉州	公办	泉州师范高等专科学校
22	上饶师范学院	2000 年	江西上饶	公办	上饶师范专科学校、上饶教育学院（筹）
23	洛阳师范学院	2000 年	河南洛阳	公办	洛阳师范高等专科学校、洛阳教育学院
24	南阳师范学院	2000 年	河南南阳	公办	南阳高等师范专科学校、南阳教育学院
25	商丘师范学院	2000 年	河南商丘	公办	商丘师范高等专科学校、商丘教育学院
26	安阳师范学院	2000 年	河南安阳	公办	安阳师范专科学校、安阳教育学院
27	玉林师范学院	2000 年	广西玉林	公办	玉林师范高等专科学校、玉林教育学院、玉林高等职业技术学院（筹）、广西广播电视大学玉林分校

续表

序号	学校名称	升本时间	所在地	办学性质	建校基础
28	乐山师范学院	2000 年	四川乐山	公办	乐山师范高等专科学校、乐山教育学院
29	内江师范学院	2000 年	四川内江	公办	内江师范高等专科学校、内江教育学院
30	黔南民族师范学院	2000 年	贵州黔南布依族苗族自治州都匀市	公办	黔南民族师范高等专科学校、黔南州教育学院、都匀民族师范学校
31	曲靖师范学院	2000 年	云南曲靖	公办	曲靖师范高等专科学校、曲靖教育学院、曲靖师范学校
32	玉溪师范学院	2000 年	云南玉溪	公办	玉溪师范高等专科学校、玉溪师范学校、玉溪成人教育培训中心
33	渭南师范学院	2000 年	陕西渭南	公办	渭南师范专科学校、渭南教育学院
34	天水师范学院	2000 年	甘肃天水	公办	天水师范高等专科学校
35	长江师范学院	2001 年	重庆	公办	涪陵师范高等专科学校、涪陵教育学院
36	遵义师范学院	2001 年	贵州遵义	公办	遵义师范高等专科学校
37	楚雄师范学院	2001 年	云南楚雄	公办	楚雄师范高等专科学校、楚雄民族师范学校
38	咸阳师范学院	2001 年	陕西咸阳	公办	咸阳师范专科学校、咸阳教育学院
39	白城师范学院	2002 年	吉林白城	公办	白城师范高等专科学校
40	周口师范学院	2002 年	河南周口	公办	周口师范高等专科学校、周口教育学院

续表

序号	学校名称	升本时间	所在地	办学性质	建校基础
41	绵阳师范学院	2002 年	四川绵阳	公办	绵阳师范高等专科学校
42	大庆师范学院	2004 年	黑龙江大庆	公办	大庆高等专科学校
43	宁夏师范学院	2006 年	宁夏固原	公办	固原师范高等专科学校
44	合肥师范学院	2007 年	安徽合肥	公办	安徽教育学院
45	湖北第二师范学院	2007 年	湖北武汉	公办	湖北教育学院
46	湖南第一师范学院	2008 年	湖南长沙	公办	湖南省第一师范学校
47	集宁师范学院	2009 年	内蒙古乌兰察布	公办	集宁师范高等专科学校
48	广西民族师范学院	2009 年	广西崇左	公办	南宁师范高等专科学校
49	贵州师范学院	2009 年	贵州贵阳	公办	贵州教育学院
50	兴义民族师范学院	2009 年	贵州兴义	公办	黔西南民族师范高等专科学校
51	六盘水师范学院	2009 年	贵州六盘水	公办	六盘水师范高等专科学校
52	甘肃民族师范学院	2009 年	甘肃合作	公办	合作民族师范高等专科学校
53	河北民族师范学院	2010 年	河北承德	公办	承德民族师范高等专科学校
54	沧州师范学院	2010 年	河北沧州	公办	沧州师范专科学校
55	宁德师范学院	2010 年	福建宁德	公办	宁德师范高等专科学校
56	齐鲁师范学院	2010 年	山东济南	公办	山东教育学院
57	郑州师范学院	2010 年	河南郑州	公办	郑州师范高等专科学校
58	广东第二师范学院	2010 年	广东广州	公办	广东教育学院

续表

序号	学校名称	升本时间	所在地	办学性质	建校基础
59	重庆第二师范学院	2012 年	重庆	公办	重庆教育学院
60	成都师范学院	2012 年	四川成都	公办	四川教育学院
61	陕西学前师范学院	2012 年	陕西西安	公办	陕西教育学院
62	江苏第二师范学院	2013 年	江苏南京	公办	江苏教育学院
63	南昌师范学院	2013 年	江西南昌	公办	江西教育学院
64	长沙师范学院	2013 年	湖南长沙	公办	长沙师范学校
65	南京特殊教育师范学院	2015 年	江苏南京	公办	南京特殊教育职业技术学院
66	广西科技师范学院	2015 年	广西柳州	公办	柳州师范高等专科学校
67	阿坝师范学院	2015 年	四川阿坝	公办	阿坝师范高等专科学校
68	滇西科技师范学院	2015 年	云南临沧	公办	临沧师范高等专科学校
69	汉江师范学院	2016 年	湖北武汉	公办	郧阳师范高等专科学校
70	琼台师范学院	2016 年	海南海口	公办	琼台师范高等专科学校
71	豫章师范学院	2017 年	江西南昌	公办	南昌师范高等专科学校
72	福建技术师范学院	2019 年	福建福清	公办	福建师范大学福清分校
73	广西职业师范学院	2019 年	广西南宁	公办	广西壮族自治区管理干部学院

附录二　访谈说明函

亲爱的朋友：

首先，真诚感谢您对本研究工作的支持！

观察和访谈是本研究得以进行的重要方式，我们承诺以保护受访者的权益为前提，受访者在自愿的前提下进入访谈现场。

在进行访谈时，为了能真实地还原访谈的内容，在不影响您的生活和工作的前提下，请允许我们录音或做笔记。

整个研究过程我们将恪守以下规则：

(1) 将对受访者的姓名完全保密，并对访谈材料进行加工，以保护受访者的基本信息为前提，研究材料仅作为学术研究之用。

(2) 访谈结束后，访谈内容会与受访者商谈后，经受访者同意才会用于研究，对受访者不同意公开的内容会进行加工或删除处理。

(3) 在访谈中，受访者可随时退出，我们将尊重受访者的意愿。

感谢您的合作与支持。

访谈人：　　　　　　　　　　　　时间：

附录三　访谈提纲

一、受访者基本资料

姓名	性别	学历	年龄	职业	单位	收入	工作年限	婚姻及子女情况	职称和职务

访谈日期	访谈时间	访谈地点	联系方式

二、访谈对象

1. 校级领导、各职能部门处（部）长、各学院负责人（院长）等；
2. 教师或学生

三、访谈内容

（一）转型

请谈谈您对转型的看法，我们这所学校是怎样转型的？（升本的过程，这次应用技术型大学转型过程）

（1）您认为当前地方院校应该转型吗？

（2）您认为转型的困难有哪些？

（3）您认为转型的原因是什么？（a. 被迫转型，如国家政策要求；b. 社会性转型，如其他学校都已转型，我们也要跟着转；c. 自愿转型，如学校发展的需要）

（4）您认为转型中谁起主导作用？（a. 教育主管部门；b. 学校；c. 市场）为什么？

（5）您认为应该怎样转型？（a. 应用技术型大学；b. 教学服务型大学；c. 其他类型）

（6）您认为转型初期应该向哪些院校学习？

(7) 您认为转型是出于效率机制还是合法机制?(前者是为了提高办学效率，后者是为了满足形式上的需要)

(8) 学校有明确的转型方向吗?发展目标模糊时，您认为学校一般应怎么做?(a. 向专家咨询；b. 向其他学校学习；c. 自主创新)

(二) 学校办学

学校新的办学理念是如何形成的?(a. 向他人学习；b. 根据学校自身发展；c. 受区域经济社会的影响)

(三) 学校更名

“十三五”期间，我国181所师范院校一律不更名、不脱帽，聚焦教师培养主业，您怎么看待这个问题?听说我们学校要更名为“H工商学院”，您认为我们学校还会继续更名吗?更名会不会延期?

(四) 校企合作、校地合作

您对学校校企合作、校地合作看法如何?对有代表性的、已取得经济效益的项目能重点谈一下吗?

四、受访者个别问题

(一) 校长、书记

1. 请问学校在转型方面有哪些打算?(撤系设院、相关权力下移至二级学院)

2. 请问学校如何对二级学院的管理进行改革?(撤系设院、相关权力下移至二级学院)

(二) 二级学院院长

1. 请问学院是如何进行学科、专业、教学、课程方面的转型的?
2. 请问如何设置一个新专业?
3. 请问是否考虑过与工商企业界联合办学?

(三) 创新创业中心负责人或学生代表

1. 请问为什么会想到创业?

2. 请问创业中遇到的困难有哪些?

3. 请问创业成功的关键因素有哪些?

(四) 科研处处长

1. 请问学校科研项目近年有什么变化?

2. 请问科研项目为学校带来了什么收益?

3. 请介绍一下学校应用型研究、科技产业园区和科研创收的相关情况。

4. 您认为地方院校的科学研究适合理论型还是应用型?

(五) 豫东南文化研究中心负责人

1. 请介绍一下成立这个机构的背景、原因、困难和已经取得的成绩。

2. 您认为豫东南文化有哪些特点?

(六) 发展规划处处长

1. 请谈一谈学校的“十三五”规划。规划的核心思想是什么?规划制订的原则是什么?

2. 请问学校对大学章程的执行情况如何?大学章程的建立是政策的需要还是学校发展的需要?

(七) 人事处处长

1. 请您谈谈学校在人才引进方面的具体做法。

2. 请问学校是如何进行绩效改革的?绩效改革是政策要求还是学校自身发展的需要?

3. 请问我校在“双师型”教师培养方面,对一些老教师,有哪些要求?

(八) 评估办主任

请您谈谈学校2013年教育部本科教学评估方面的情况。

附录四 受访人物信息

姓名编码	性别	职务	职称	访谈地点	访谈时间	访谈编号
Z1	男	Z 师范学院规划处处长	教授	综合办公楼六楼	71 分钟	20170411Z1
Z2	男	Z 师范学院学科办主任	教授	综合办公楼六楼	30 分钟	20170421Z2
Z3	男	Z 师范学院副校长	教授	综合办公楼六楼	40 分钟	20170410Z3
Z4	女	Z 师范学院学科办职员	副教授	综合办公楼六楼	65 分钟	20170506Z4
Z5	男	Z 师范学院教育科学学院院长	教授	教育科学学院四楼	100 分钟	20170329Z5
Z6	男	Z 师范学院宣传部副部长	副教授	综合办公楼五楼	70 分钟	20170520Z6
Z7	男	Z 师范学院外事处负责人	讲师	综合办公楼五楼	45 分钟	20170429Z7
Z8	男	Z 师范学院原人事处副处长	副教授	综合办公楼五楼	120 分钟	20170328Z8
Z9	男	Z 师范学院财务处副处长	讲师	综合办公楼二楼	55 分钟	20170419Z9
Z10	男	Z 师范学院文学院副院长	副教授	文学院二楼	75 分钟	20170307Z10
Z11	男	Z 师范学院原校长	教授	综合办公楼五楼	45 分钟	20170521Z11

附录五　部分访谈记录*

[redacted]：第一个是转型问题，为什么转，转型的困难，转型的方向？比如国家"应用技术大学"转型的政策

[redacted]：我觉得还是要结合学校实际，尤其前两年，[redacted]学院、国家实践[redacted]学院、[redacted]师院、[redacted]师院、[redacted]师院，尤其是原来从师专升格而成的本科院校，现在转型遇到什么问题呢？应用型本科必须以工科为主吗？如果以工科为主，改革开放时，八大工学院现在已经很厉害了。所以我认为转型应该结合实际，有工科基础的以工科转，没有的，如原来师范类的，师范专业的学生也是应用型，为什么叫应用型，不管是高中教师、初中教师，你教的都是实用性的，高深的理论研究过去不容易做的，郸城一高也好，淮阳高中也好，他们的教学，比较功利，按高考指挥棒，三苦：教师苦教、学生苦学、下苦功夫管理，高中基本上，以前高中课程半年学完，用很多时间复习，考试，考到你做的题高考时都能看到，考到：高等学生 100%会做，中等学生 80%会做，差的见过 40%会做。

[redacted]：咱搞人才和他们对接吗？

[redacted]：不是，像我们师范类专业要走这个，，，，师范类也是咱们的优势，没必要把它也搞成工科，

[redacted]：你的意思是师范类也是应用型？

[redacted]：对，现在实际情况是，你办应用型专业，你是办不了的，一财力，二你没有师资，比如你办一个环境工程，最少 3000 万投入，一届招 60 个学生，4 届 240 个学生，何时收回成本，包括医药，等其它工科专业需要高投入，国家的发展，政策的调整，互联网+，不是像新中国成立之初，土法上马，采用人的办法，现在这个时代，科技发展这么快，你不能把最新的东西给学生，你最起码要跟上时代 ，跟都跟不上。

[redacted]：设计学院？

[redacted]：可行，而且做的比较好，这个经验值得推广，投入少，经过半年大训练，实践，学生能力提高，经过半年训练，你不用去帮他找工作，他有这个自信，可以找到工作。设计学院的转型做的比较好，现在的思想认识要统一到，结合本地实际去转型，千万不可照搬别的模式，

[redacted]：现在确定了教育硕士、艺术硕士、农业硕士，专业硕士的三个类别都申报了，根据办学的现有情况，学科特色。根据区域需要，经济社会发展对人才的需求状况。

[redacted]：

[redacted]：教育就不用说了，咱们本身就是师范院校出身，有一定基础，其次就是农业硕士，咱们本身就是一个农业大市，感觉上讲，应该有需求，现代农业发展需要农业相关技术，但实际上没需求 [redacted]，农民种地还是简单的一家一户，农业管理人员也没有评职称的需求，咱们是[redacted]故事说有需求。现在农业还早着呢，事实上需求量比较小，

[redacted]：教育呢？

[redacted]：教育硕士是最好的，再者是艺术生，咱们的艺术学科办学不错，本身办学水平在同类院校中有优势，艺术生分数低，学生又愿意上，教育硕士最需要，有评职称的需求，其次是艺术，农业，作为农业大市，理论上有需求，但实际上没需求，你作为博士论文还是按理论，（使了一个眼神，眼神告诉我，现实和理论有有差距的）现实来说，只能作为讨论

[redacted]：咱学校新开设的艺术设计学院你怎么看？

[redacted]需求量还是有的，学校走这条路是对的，我对这个艺术从美术分出来，这个思路非常好，如果都到美术学术没有单独拉开更好，领导思维模式，站的角度不一样，但是分的时候，可能对美术有消弱，但对整个学校发展有好处，

[redacted]：为什么不设置土木工程，这些[redacted]专业？

[redacted]：这个比较复杂 [redacted]，为啥没设，[redacted]层面很复杂的（不愿再继续说下去，不方便说，

[redacted]：是不是投资太高？

[redacted]：不是，那只是一个说法，它（土木工程）没有机电投资高，

---

* 此部分为了证明访谈的真实性，内容都是原始记录。

[redacted]：国家政策都是宏观性的，它不会具体到每一个具体细节，我们执行国家政策不要机械的执行，参照国家政策有意义，但意义不大，向兄弟院校学习，我们跟谁学，省内校际交流非常多，[redacted]不行，你得向德国那种学习，这就有难度，你比如讲产教融合，13 年提得很响，产教融合还不是校企融合，企业的一些领导叫过来参与课程设计，把企业领导过来讲课，现在科信班。。。。这两个班还是在潜层次合作，这两个班只是说我们签了协议，你那边优秀人员到我这边工作，还没有完全进入真正设想的那种融合，企业参与教学方案的设计，你要说难，难在特色发展，这些东西还是工科提出的一些要求。

[redacted]：你是说学校现在正生搬硬套的往工科上转吗？

[redacted]：对，我觉得这是个最大的问题。

[redacted]：你是说把师范优势给丢了？

[redacted]：师院院校转型最大的问题是你在不能确保你转型成功的话，或不能确保能够更名的话，你转的话，你和师范是冲突的，如果更名成功，将来只保留 8 个师范专业，你要是更名成功还好，我们要办工商学院，我们全校的工商研究成果并不及[redacted]大学的一个工商学院，可能 20 年也赶不上，如果我们把全校押在一个工商学院这个项目上，人家一个学院就给你囊括了，我觉得最大的问题还是要办自己的特色，比如我们要办医学，你也知道，医学专业国家是严格控制的，申报很难，第二个，医学需要成本，原来土木工程，你在这一个小帽子上，上多大规模，你要透支，钱不够，要贷款，这样还会忽视优势专业，虽然提“一体两翼”，还有大量扩招，现在 24000，十三五到 26000，你招这么多人有什么用，学校盯着省里面每生 14000 的补助，仅此而已，有校领导提出，咱只招 15000 不行吗？10000 不行吗？周口师院现在 1200 个教职工，招生规模如果控制在 10000，那是真正的质量，比如我是教古代文学的（他原来是文学院的老师），我每天只负责这 12 个学生的教学，你想教学质量肯定会提高，学生别说考硕士，考博士也用不完的劲，专业一贪大，求全，师资就会分散。再转型通过扩招，将来学校发展是有问题的。

[redacted]：咱这一类院校与研究型，职业型什么区别？

[redacted]：咱们转型，像[redacted]学院也是胡折腾，事实上降格办成了职业技术学校，职业技校，他们培养的学生知道怎么做，本科培养的不仅知道怎么做，还知道为什么这么做，还要通晓流程进行创新设计。但和综合性大学搞的理论研究，像万有引力，咱们搞的是技术层面的创新，设计，

[redacted]：教育系变成教育学院后，权力下移，财权、人事权与系时相比有什么区别？

[redacted]：咱这个情况你也知道（会意的看了我一眼），实质上只是改一改名字，原来改名字时，我想一步到位，改成教育与教师发展学院，教育科学学院（现名）是综合性大学的定位，强调上层位，科学、研究这一类，下设教育研究所等研究机构，我们这一个应用技术型大学这个定位，就改成教师教育学院，当时，有阻力，我提时，其它学院都反对，[redacted]文学院、数学、英语都有教师教育专业。实质上最好的模式，教师教育学院作为副校级单位，由一个副校长任教师教育学院院长，如文学院专业课在文学院上，最后一年集中在教师教育学院上教育学、心理学、教法、实习、实训等师范类课程。像我们这个专业（教育学）还相对正规（学习教育学专业知识），但是像文学院也仅是上个教育学、心理学课程就算完成专业培养了

附录六　部分访谈反思笔记

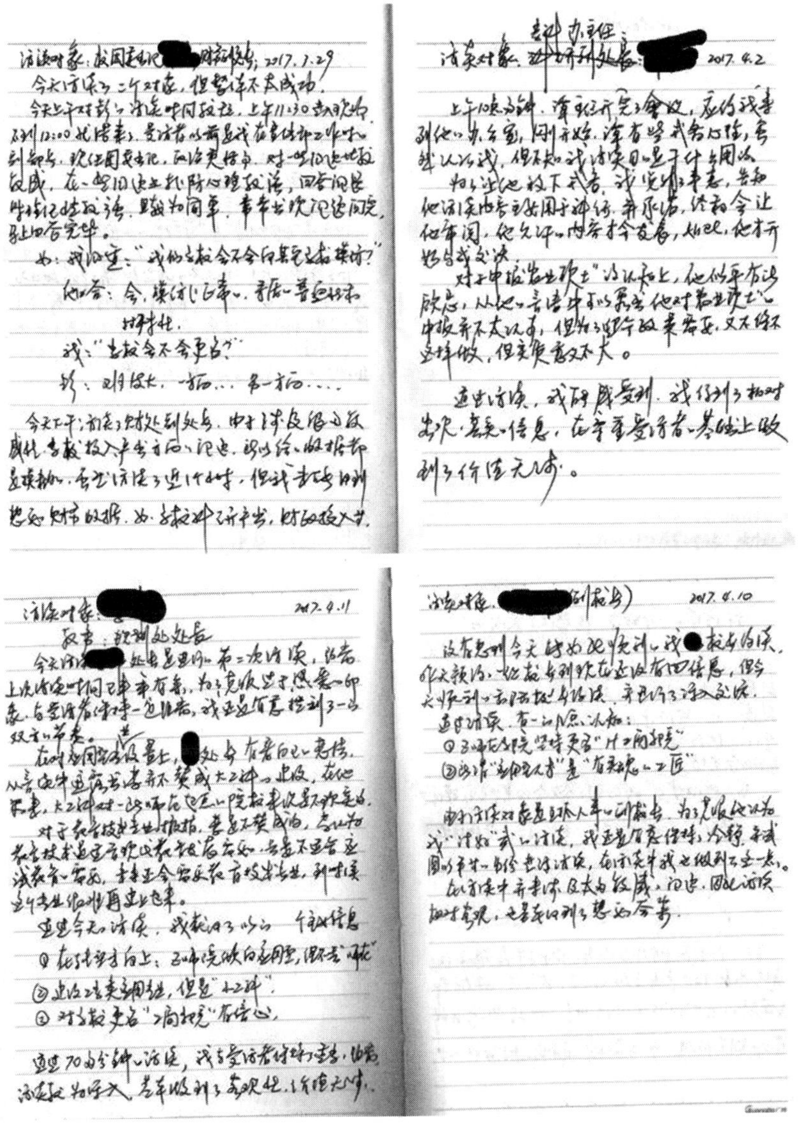

访谈对象：校团委书记[redacted][illegible]；2017.1.29
今天访谈了二个对象，但整体不太成功。
今天上午对新的访谈时间较短，上午11:30开始访谈到12:00就结束了。受访者以前是我在宣传部工作时的副部长，现任团委书记，[illegible]。对一些问题比较敏感，在一些问题上有防备心理，回答问题时掩饰较强，躲躲闪闪，基本按问题简单回答完毕。
如：我问道："我们学校会不会向某些学校模仿？"
他回答：会，模仿[illegible]、[illegible]一些名校的特性。
我："学校会不会更名？"
他：难说……
今天下午访谈了财务处副处长，由于以前跟他比较熟悉，学校投入产出方面的问题，谈得比较顺利，数据都是详细的。虽然访谈了近1个小时，但我基本上得到了想要的财务数据。如：学校科研产出，财政投入等。

访谈对象：科研处处长 科研办主任：[redacted] 2017.4.2
上午10点多钟，领导刚开完了会议，在约我来到他的办公室，刚开始，该老师对我有些防备，虽然认识我，但不知我访谈目的是干什么用的。
知道我说明了来意，[illegible]，告知他访谈内容主要用于研究，并承诺，访谈会让他审阅，他允许内容才会发表，如此，他才开始与我交谈。
对于"申报高水平硕士"的认知上，他似乎有所顾虑，从他的言语中可以窥见他对高水平硕士申报并不太认可，但为了迎合政策要求，又不得不这样做，但实质意义又不大。
通过访谈，我深感受到，我得到了相对客观、真实的信息，在尊重受访者的基础上收获了价值元素。

访谈对象：[redacted]
教授：[illegible]处处长 2017.4.11
今天访谈[redacted]处长是此次的第二次访谈，距离上次访谈时间已经一年有余，为了再次找寻感觉与印象，与受访者保持一定距离，我还是有意控制了一些双方的节奏。
在对[illegible]层面上，[redacted]处长有着自己的见解，从言谈中透露出他并不赞成大学科的追求，在他看来，大学科对一些师范院校来说是不实惠的。
对于教育学科博士点申报，甚至不赞成，[illegible]教育技术是学校优势学科，[illegible]，[illegible]教育学校学生，[illegible]。
通过今天的访谈，我获得了以下几个信息
① [illegible]
② [illegible]，但是"大学科"。
③ 对学校更名"升格研究"有信心。
通过70多分钟的访谈，我与受访者保持了距离，[illegible]，基本收到了客观性、价值元素。

访谈对象：[redacted]副校长） 2017.4.10
没有想到今天能如此快地与[redacted]副校长访谈，昨天预约，一位副校长助理还没有回信息，但今天收到了副校长的邀请，并进行了深入交谈。
通过访谈，有一些深刻认知：
① 学校在全院坚持更名"升格研究"
② 引进"高端人才"是"有效途径之一"
由于访谈对象是主管人事的副校长，为了更好地让我"做好"我的访谈，我还是有意保持冷静，争取围绕主要问题进行访谈，在访谈中我也做到了这一点。
在访谈中并未涉及太多敏感问题，因此访谈比较客观，也基本得到了想要的答案。

参考文献

一、专著

［1］冯友兰．中国哲学史［M］．上海：华东师范大学出版社，2016．

［2］罗素．西方哲学史［M］．马元德，译．北京：商务印书馆，2015．

［3］赵敦华．现代西方哲学新编［M］．北京：北京大学出版社，2016．

［4］吴康宁．教育社会学［M］．北京：人民教育出版社，2004．

［5］姚启和．高等教育管理学［M］．武汉：华中科技大学出版社，2000．

［6］潘懋元．中国高等教育百年［M］．广州：广东高等教育出版社，2003．

［7］潘懋元，王伟廉．高等教育学［M］．福州：福建教育出版社，2011．

［8］范先佐．教育经济学［M］．北京：中国人民大学出版社，2010．

［9］吴志宏．教育管理学［M］．北京：人民教育出版社，2006．

［10］柯佑祥．教育经济学［M］．武汉：华中科技大学出版

社，2009.

[11] 郭元祥. 教育逻辑学 [M]. 北京：人民教育出版社，2002.

[12] 金子元久. 高等教育的社会经济学 [M]. 刘文君，译. 北京：北京大学出版社，2007.

[13] 张勇军. 地方师范院校综合化发展研究 [M]. 合肥：中国科学技术大学出版社，2017.

[14] 张家麟. 组织社会学 [M]. 合肥：安徽人民出版社，1988.

[15] 达夫特. 组织理论与设计 [M]. 宋继红，译. 大连：东北财经大学出版社，2002.

[16] 金东日. 组织学 [M]. 天津：南开大学出版社，2008.

[17] 朱国云. 组织理论：历史与流派 [M]. 南京：南京大学出版社，1997.

[18] 斯科特，戴维斯. 组织理论：理性、自然与开放系统的视角 [M]. 高俊山，译. 北京：中国人民大学出版社，2015.

[19] 河连燮. 制度分析：理论与争议 [M]. 李秀峰，柴宝勇，译. 北京：中国人民大学出版社，2014.

[20] 周雪光. 组织社会学十讲 [M]. 北京：社会科学文献出版社，2015.

[21] 潘懋元，车如山. 做强地方本科院校的理论与实践研究 [M]. 北京：高等教育出版社，2016.

[22] 顾永安. 新建本科院校转型发展论 [M]. 北京：中国社会科学出版社，2012.

[23] 王凤玉. 社会变革与教育机构转型：美国师范教育机构转型研究与启示 [M]. 北京：人民教育出版社，2008.

[24] 刘海峰，史静寰. 高等教育史 [M]. 北京：高等教育出版社，2010.

[25] 宝成关，田毅鹏. 从“甲午”到“庚子”：论晚清华夷观念的

崩溃［M］//刘海峰，史静寰．高等教育史．北京：高等教育出版社，2010．

［26］王维新，陈金林，戴建国．中国百年师范教育图志［M］．上海：上海辞书出版社，2009．

［27］刘捷，谢维和．栅栏内外：中国高等师范教育百年省思［M］．北京：北京师范大学出版社，2006．

［28］璩鑫佳，童富勇，张守智．中国近代教育史资料汇编［M］．上海：上海教育出版社，2007．

［29］李友芝．中国近现代教育史资料：第二册［M］．北京：人民教育出版社，1983．

［30］中华民国教育部．第二次中国教育年鉴［M］．北京：商务印书馆，1948．

［31］中央教育科学研究所．中华人民共和国大事记（1949—1982）［M］．北京：教育科学出版社，1984．

［32］中共中央文献研究室．邓小平论教育［M］．北京：人民教育出版社，1995．

［33］刘英杰．中国教育大事典（1949—1990）［M］．杭州：浙江教育出版社，1993．

［34］国家统计局．中国统计年鉴2019［M］．北京：中国统计出版社，2019．

［35］韦伯．社会科学方法论［M］．韩水法，莫茜，译．北京：商务印书馆，2015．

［36］斯科特．制度与组织：思想观念与物质利益［M］．姚伟，王黎芳，译．北京：中国人民大学出版社，2012．

［37］诺思．制度、制度变迁与经济绩效［M］．杭行，译．上海：上海人民出版社，2017．

［38］单中惠，王晓宇，王凤玉，等．西方师范教育机构转型：以美、英、日为例［M］．济南：山东教育出版社，2012．

[39] 王晓宇. 英国师范教育机构的转型：历史视野与个案研究[M]. 上海：上海社会科学院出版社，2008.

[40] 顾明远，梁忠义. 世界教育大系：教师教育[M]. 长春：吉林教育出版社，2000.

[41] 三好信浩. 日本师范教育史的构造[M]//单中惠，王晓宇，王凤玉，等. 西方师范教育机构转型：以美、英、日为例. 济南：山东教育出版社，2012.

[42] 土屋基规. 现代日本教师养成[M]. 鲍良，译. 上海：上海教育出版社，2004.

[43] 哈耶克. 通往奴役之路[M]. 王明毅，冯兴元，毛寿龙，等译. 北京：中国社会科学出版社，2013.

[44] 陈永明. 国际师范教育改革比较研究[M]. 北京：人民教育出版社，1999.

[45] 杨洪兰，张晓蓉. 现代组织学[M]. 上海：复旦大学出版社，1997.

二、学位论文

[1] 李娜. 地方普通本科院校办学定位及其分类发展研究：以广西为例[D]. 桂林：广西师范学院，2012.

[2] 张羽. 地方高校发展规划及其办学定位研究：以广西为例[D]. 桂林：广西师范大学，2016.

[3] 侯静. 地方高师院校转型中专业设置的问题研究：基于广西M师范学院的个案调查[D]. 上海：华东师范大学，2012.

[4] 曹丽君. 地方师范院校的办学定位研究：以河南五所升格后的师范院校为例[D]. 沈阳：辽宁师范大学，2014.

[5] 张宝歌. 教师教育转型期地方高师院校师范性问题研究[D]. 长春：东北师范大学，2008.

[6] 张勇军. 地方高等师范院校综合化发展研究 [D]. 上海：华东师范大学，2012.

[7] 陈克现. 地方高师院校教师教育模式的转型研究 [D]. 武汉：中南民族大学，2010.

[8] 陈祥梅. 西部院校师范生乡村从教意愿影响因素调查研究 [D]. 北京：首都经济贸易大学，2018.

三、期刊

[1] 陈龙，姜柏生，何淑通. 独立学院专业设置中的趋同性现象分析 [J]. 南京医科大学学报（社会科学版），2010（12）：343-346.

[2] 丁奕. 转型地方高校发展的路径依赖与锁定效应分析 [J]. 华中师范大学学报（人文社会科学版），2014（11）：163-167.

[3] 董向宇. 地方高校趋同化发展的动力机制及化解路径：以 H 省为例 [J]. 黑龙江高教研究，2013（4）：34-37.

[4] 顾拓宇. 区域创新体系建设与区域高等教育一体化探论 [J]. 科技管理研究，2019（11）：31.

[5] 顾拓宇. 新建本科院校组织趋同及扩散机制研究：以东、中、西部 12 所地方院校为例 [J]. 高教探索，2017（1）：11-16.

[6] 顾拓宇. 地方师范院校组织转型的路径依赖困境及内在机制探究：以 Z 师范学院为案例 [J]. 黑龙江高教研究，2019（10）：16.

[7] 顾拓宇. 地方院校转型的新制度主义多学科分析 [J]. 职教论坛，2020（3）：9.

[8] 顾拓宇. 新建本科院校转型困境的地位社会学探论：基于经济、声望和权力的视角 [J]. 职教论坛，2017（19）：17.

[9] 顾永安. 新建本科院校办学定位的特质性分析 [J]. 江苏高教，2009（2）：66-68.

[10] 郭芳芳，牛源渊，郎永杰. 新建本科院校趋同发展的新制度

主义分析：以山西省 12 所新建本科院校为例 [J]. 复旦教育论坛，2016 (1)：80-86.

[11] 何晓聪，林促豪. 新制度主义视域下的学科发展趋同机制分析 [J]. 高教探索，2014 (5)：126-128.

[12] 贺祖斌. 地方师范院校教师教育在转型中的困惑与对策 [J]. 教师教育研究，2009 (5)：61-69.

[13] 侯小兵. 师范院校办学定位的教师教育特色探析：基于全国 107 所普通本科师范院校"学校简介"的内容分析 [J]. 黑龙江高教研究，2014 (5)：12-16.

[14] 李墨. 美国教师教育大学化的发展历程、特点及启示 [J]. 现代教育科学，2015 (3)：157-160.

[15] 李琦. 建国初期全国高等学校院系调整述评 [J]. 党的文献，2002 (6)：71-77.

[16] 李帅军，卢盈. 从"趋同现象"审视我国高校的发展 [J]. 高教探索，2012 (3)：140-142.

[17] 梁梅. 转型时期地方师范院校办学定位的思考 [J]. 中国大学教学，2010 (5)：21-23.

[18] 林云，张河森. 地方高校趋同现象及化解路径 [J]. 湖南师范大学学报（教育科学版），2015 (4)：110-114.

[19] 刘少雪，和莹，刘念才. 创新学科布局，规范院系设置 [J]. 清华大学教育研究，2003 (10)：21-25.

[20] 刘胜男. 我国民办教育制度演变中的路径依赖困境及出路：从制度变迁的视角分析 [J]. 现代教育管理，2013 (5)：49-53.

[21] 刘献君. 建设教学服务型大学：兼论高等学校分类 [J]. 教育研究，2007 (7)：31-35.

[22] 孟宪乐. 新时代师范院校在教师队伍建设中主体作用的发挥 [J]. 中国教育学刊，2018 (7)：53.

[23] 聂永成，董泽芳. 新建本科院校办学定位趋同的理性分析：

基于对 91 所新建本科院 3 校转型现状的实证调查 [J]. 湖北社会科学，2016 (12)：157-163.

[24] 潘懋元，董立平. 关于高等学校分类、定位、特色发展的探讨 [J]. 教育研究，2009 (2)：33-38.

[25] 潘懋元，吴玫. 高等学校分类与定位问题 [J]. 复旦教育论坛，2003 (3)：5-9.

[26] 潘懋元. 对高等教育若干问题的思考：潘懋元先生访谈 [J]. 西北工业大学学报 (社会科学版)，2018 (2)：29.

[27] 潘懋元. 教育的基本规律及其相互关系 [J]. 高等教育研究，1998 (3)：1-7.

[28] 潘懋元. 做强地方本科院校：地方本科院校的定位与特征研究 [J]. 中国高教研究，2009 (12)：15-18.

[29] 田晓苗，石连海. 从去师范化到新师范教育 [J]. 国家教育行政学院学报，2019 (3)：56.

[30] 王佳佳. "为美国而教"：教师教育解制路径的成功范例 [J]. 比较教育研究，2011 (4)：78-81.

[31] 王俊，顾拓宇. 新建本科师范院校组织转型探究：基于 61 所院校统计数据的分析 [J]. 现代大学教育，2019 (5)：74.

[32] 王俊，顾拓宇. 新建本科院校组织趋同的新制度主义分析：基于东、中、西部 15 所地方院校的统计数据 [J]. 教育研究与实验，2016 (6)：68-73.

[33] 王松，胡树华，牟仁艳. 区域创新体系理论溯源与框架 [J]. 科学学研究，2013：345-349.

[34] 王艳玲，李慧勤. 乡村教师流动及流失意愿的实证分析：基于云南省的调查 [J]. 华东师范大学学报 (教育科学版)，2017 (3)：134-141.

[35] 邬大光. "车辙"里的大学 [J]. 教育家，2019 (8)：32.

[36] 吴慧平. 大学组织变革趋同的社会学分析 [J]. 高教探索，

2007（2）：28-30.

［37］吴耀武．新建本科院校办学“趋同”现象探析［J］．中国高校科技，2014（10）：48-50.

［38］薛二勇．提高我国教师待遇的政策分析［J］．北京：北京师范大学学报（社会科学版），2014（4）：11-22.

［39］杨林玉．新建本科院校趋同性更名的动力机制研究［J］．湖南科技大学学报（社会科学版），2015（2）：36-40.

［40］于光辉．独立学院转设倾向的新制度经济学分析［J］．教育发展研究，2015（5）：43-44.

［41］于海琴，陶正，HASTE H．大学灵魂的寻回与守护：访哈佛大学哈瑞·刘易斯教授［J］．高等工程教育研究，2017（6）：54.

［42］于慧．高校本科专业设置的依据：内在逻辑的追问［J］．现代教育管理，2014（3）：22-27.

［43］袁振国．实证研究是教育学走向科学的必要途径［J］．华东师范大学学报（教育科学版），2017（3）：15-18.

［44］张济洲，苏春景．美国大学教育学院：教师教育大学化实践困境及改革［J］．教育学报，2010（6）：111.

［45］张庆辉．我国地方重点大学的发展困境与路径依赖：基于路径依赖视角的考察［J］．江苏高教，2014（1）：102-106.

［46］张秋菊，王忠．地方师范院校推进转型发展的行动策略［J］．黑龙江高教研究，2017（5）：82-85.

［47］张伟坤，熊建文，林天伦．新时代与新师范：背景、理念及举措［J］．高教探索，2019（1）：32-36.

［48］张晞，顾永安．地方本科高校专业集群布局与建设的探索与思考：基于常熟理工学院的案例分析［J］．中国职业技术教育，2018（11）：34-37.

［49］张学仁．英国教师教育的历史经验与启示［J］．北京理工大学学报（社会科学版），2013，15（1）：155-160.

［50］周彬．教师教育变革40年：历程、经验与挑战［J］．教师教育研究，2019，31（2）：3.

［51］周洪宇，金保华，邬春芹．关于进一步推进师范院校改革与发展的调查研究［J］．教育研究，2001（1）：53-59.

［52］朱剑．英国职前教师教育质量保障的指导理念探析：在新自由主义和新保守主义之间［J］．外国教育研究，2016，43（1）：104-114.

［53］朱旭东，袁丽．论二次转型背景下大学教师教育资源整合［J］．教师教育研究，2016，28（3）：1-6.

［54］晋浩天．师范类教育将控规模提质量［J］．教书育人（高教论坛），2016（2）：1.

［55］刘海兰．英国多科技术学院制度变迁研究（1965—1992）：基于历史制度主义的分析［J］．现代大学教育，2016（1）：47.

［56］汪婷玲，殷丽华，王艳玲．乡村教师流动及流失意愿的调查分析：基于云南省师宗县623位教师的调查［J］．曲靖师范学院学报，2017（5）：80.

［57］于海洪，王殿东．大数据时代地方师范院校培养乡村教师的供给侧改革［J］．大学教育科学，2017（2）：63.

［58］赵明仁．新时代中国特色师范教育体系的内涵解读［J］．华东师范大学学报（教育科学版），2018（4）：32-34.

［59］朱旭东．新时代教师队伍建设笔谈［J］．华东师范大学学报（教育科学版），2018，36（4）：28-43.

四、报纸

［1］柳友荣．新建本科院校如何实现转型发展［N］．光明日报，2016-07-27.

［2］顾永安．新建本科院校转型不能“一刀切”［N］．2015-06-18.

[3] 朱仕仲. 新建本科院校转型不宜跟风 [N]. 光明日报，2014-12-23.

[4] 汪明仪. 新建本科院校如何凝聚特色发展驱动力 [N]. 2013-05-27.

[5] 牟延林. 新建本科院校如何实现二次转型 [N]. 中国教育报，2013-05-27.

[6] 侯长龙. 地方本科高校就业排名垫底 [N]. 中国教育报，2012-07-03.

[7] 麦可思. 自主创业持续上升“重心下沉”趋势明显：2015 中国大学毕业生就业报告 [N]. 光明日报，2015-07-20.

[8] 黄丽艳. 高校转型：综合改革促特色发展 [N]. 中国教育报（第 8 版），2016-06-15.

[9] 李立国. 综合大学撤销教育学院，怎么看 [N]. 中国教育报，2016-07-25.

五、电子文献

[1] 吴知音. 师范毕业生面临“男一号”尴尬：缘何被人抢饭碗 [EB/OL].（2016-09-12） [2016-12-30]. www.china.com.cn/cppcc/2016-09/12.

[2] 搜狐网. 中国每年 40 万师范生过剩，新招教师 1/4 非师范毕业 [EB/OL].（2015-10-14）[2016-12-30]. http://news.sohu.com/.

[3] 罗斯高. 为什么关心中国贫困农村 63%没上过高中的孩子? [EB/OL].（2017-09-26）[2018-01-20]. http://china.caixin.com/2017-09-26.

[4] 吴静. 河南 7 所高校拟更名　新校名去地方特色以省开头 [EB/OL].（2013-12-25）[2020-02-06]. https://henan.qq.com/a/20131225/001273.htm.

[5] 麦克思. 2017 年中国大学生就业报告 [EB/OL]. (2017-06-14) [2023-01-11]. https://www.sohu.com/a/148922684_253609 /.

[6] 中华人民共和国教育部. 2015 年全国教育事业发展统计公报 [EB/OL]. (2016-07-06) [2023-01-11]. http://www.moe.edu.cn.

[7] 教育部学校规划建设发展研修中心. 应用型院校特色专业集群建设的若干问题 [EB/OL]. (2019-05-06) [2020-05-17]. https://www.csdp.edu.cn/article/4877.html.

[8] 河南省教育厅. 关于 2019 年度河南省一流本科专业建设点拟立项名单的公示 [EB/OL]. (2019-09-21) [2020-05-17]. http://www.haedu.gov.cn/2019/09/21/1569052024498.html.

[9] SAWCHUK S. Teacher "residencies" get federal funding to augment training [EB/OL]. (2009-10-14) [2020-03-26]. http//www.edweek.org/ew/ankles/2009/10/14/07residency.h29.html.

[10] 爱知县教育委员会. 爱知县教员育成指标 [EB/OL]. (2017-12-29) [2023-01-11]. https://www.pref.aichi.jp/uploaded/attachment/252496.pdf.

[11] 高知县教育委员会. 高知县教员育成指标 [EB/OL]. (2017-12-29) [2023-01-11]. http://www.pref.kochi.lg.jp/soshiki/310101/files/2017092200049/file_2018432111023_1.pdf.

[12] 京都教育大学. 大学介绍 [EB/OL]. (2018-03-17) [2023-01-11]. https://www.kyokyo-u.ac.jp/outline/gaiyo2018.pdf.

[13] 埼玉大学. 埼玉大学教育学部理念·目标 [EB/OL]. (2021-03-25) [2023-01-11]. http://www.saitama-u.ac.jp/edu/content/dept_01.html.

[14] 文部科学省. 学校教育的未来 (报告) [EB/OL]. (2014-11-06) [2023-01-11]. http://www.mext.go.jp/b_menu/shingi/chukyo/chukyo3/002/.

[15] 文部科学省. 短期大学介绍 [EB/OL]. (2021-03-21) [2023-

01-11]. http://www. mext. go. jp/a_menu/koutou/tandai/.

[16] 文部科学省. 新时代教员养成改善策略 [EB/OL]. (2019-04-01) [2023-01-11]. http://www. mext. go. jp/b_menu/shingi/old_chukyo/old_shokuin_index/toushin/1315369. htm.

[17] 政府统计综合窗口. 学校基本情况调查报告书合集 [EB/OL]. (2018-12-25) [2023-01-11]. https://www. e-stat. go. jp/stat-search/files?page=1&bunya_l=12.

六、外文文献

[1] ALBROW M. Bureaucracy [M]. New York: Praeger, 1970.

[2] ARTHUR B. Increasing returns and path dependence in the economy [M]. Ann Arbor: University of Michigan Press, 1994.

[3] BAUM J A C. Organizational ecology [M] //CLEGG S R, HARDY C, NORD W R. Handbook of organization studies. London: Sage, 1996.

[4] BUCKLEY W. Sociology and modern systems theory [M]. Upper Saddle River, NJ: Prentice Hall, 1967.

[5] NORTH D C. Institutions, institutional change and economic performance [M]. Cambridge: Cambridge University Press, 1990.

[6] GRAVES F P. History of education in modern times [M]. London: The Macmillan Company, 1914.

[7] GIDDENS A. The constitution of society [M]. Berkeley: University of California Press, 1984.

[8] HARPER C A. A century of public teacher education [M]. Washington, D. C. : Ameican Association of Teacher College, National Education Association, 1939.

[9] GOODLAD J I, SODER R, SIROTNIC K A. Places where

teachers are taught [M]. San Francisco: Jossey-Bass Publishers, 1990.

[10] JONES L G E. The training of teachers in England and Wales: a critical survey [M]. Oxford: Oxford University Press, 1924.

[11] DARLING H L. The case for university-based teacher education [M] //ROTH R A. The role of the university in the preparation of teachers. Taylor and Francis: Falmer Press, 1999.

[12] LUCAS C J. Teacher education in America: reform agendas for the twenty-first century [M]. New York: St. Martin's Press, 1997.

[13] HABERMAN M, STINNETT T M. Teacher education and the profession of teaching [M]. Berkeley: McCutchan Publishing Corporation, 1973.

[14] MARCH J G, SIMON H A. Organizations [M]. New York: Free Press, 1958.

[15] MAYO E. The social problem of an industrial civilization [M]. Boston: Graduate School of Business Administration, Harvard University, 1945.

[16] MCADAM D, TARROW S, TILLY C. Dynamics of contention [M]. Cambridge: Cambridge University Press, 2001.

[17] NORTH D C. Institutions, institutional change and economic performance [M]. Cambridge: Cambridge University Press, 1990.

[18] OECD. Education at a glance 2013: OECD indicators [M]. Paris: OECD Publishing, 2013.

[19] WILLIAMSON O E. The mechanisms of governance [M]. Oxford: Oxford University Press, 1996.

[20] SCOTT W R, MEYER J W. The organization of societal sectors. [M]. Chicago: University of Chicago Press, 1983.

[21] SELZNICK P. The moral commonwealth: social theory and the promise of community [M]. Berkeley: University of California

Press, 1992.

[22] SELZNICK P. TVA and the grass roots [M]. Berkeley: University of California Press, 1949.

[23] SIMON H. Administrative behavior [M]. New York: Macmillan, 1957a.

[24] TOLBERT P S, ZUCKER L G. The institutionalization of institutional theory [M] //CLEGG S R, HARDY C, NORD W R. Handbook of organization studies. London: Sage. 1996.

[25] ARTHUR B. Increasing returns and path dependence in the economy [M]. Ann Arbor: University of Michigan Press, 1994.

[26] SCOTT W R. Institutions and organizations: ideas, interests and identities [M]. CA: SAGE Inc, 2013.

[27] WALTER W P. The new institutionalism in organizational analysis [M]. Chicago: University of Chicago Press, 1991.

[28] MAIER A. Doing good and doing well: credentialism and teach for America [J]. Journal of Teacher Education, 2012, 63 (1): 10-22.

[29] BENNIS W G. Leadership theory and administrative behavior [J]. Administrative Science Quarterly, 1959 (4): 259-301.

[30] DAVID P A. Clio and the economics of QWERTY [J]. American Economic Review, 1985, 75 (2): 332-337.

[31] GOULDNER H P. Adult education in transition: a study of institutional insecurity [J]. American Sociological Review, 1957, 22 (1): 114.

[32] JUDGE H G. Teacher education and the universities [J]. Journal of Teacher Education, 1991, 14 (3): 257-268.

[33] MAHONEY J. Path dependence in historical sociology [J]. Theory and Society, 2000, 29 (4): 547-548.

[34] NORTH D C. Institutional change and economic history [J]. Journal of Institutional and Theoretical Economics, 1989, 145 (1): 238.

[35] BALTARU R. Administrators in higher education: organizational expansion in a transforming institution [J]. High Education, 2018 (76): 213-229.

[36] SCHMIDT V A. Discursive institutionalism: the explanatory power of ideas and discourse [J]. Social Science Electronic Publishing, 2008, 11 (1): 303-326.

[37] SCOTT W R. The adolescence of institutional theory [J]. Administrative Science Quarterly, 1987, 32 (4): 493-511.

[38] SIMONS T, INGRAM P. Organization and ideology: kibbutzim and hired laber (1951—1965) [J]. Administrative Science Quarterly, 1997, 42: 784-813.

[39] BANKS T. Teacher education reform in urban educator preparation programs [J]. Journal of Education and Learning, 2015, 4 (1): 60.

后　记

今年二月，终于收到书稿的清样，我带着几分忐忑和激动之情详细审阅了每一页书稿，所有的辛苦和付出都顿感值得。

本书是在我主持的 2019 年教育部人文社科项目和博士学位论文的基础上进一步修改而成的，书稿每一页每一个字都付出了艰难和辛苦。

首次接触学术工作是在 2005 年。那一年，我有幸认识了我的硕士导师李帅军教授，他胸襟宽广、虚怀若谷。三年的学习时光让我对学术产生了浓厚的兴趣。本计划毕业后继续攻读博士学位，但迫于生存的压力我还是选择了就业。

工作几年后，生活的经历和工作的历练让我更加明白了知识的重要性，强烈的学术热情让我重新走上了学术之路。2013 年冬天，我开始备战考博，不幸的是，当年一门专业课以 3 分之差让我名落孙山。2014 年，虽分数过线，但导师名额已满，我再次落选。

2015 年 9 月，我终于如愿以偿，成为华中师范大学的一名博士研究生。三年的学习，让我最终迈进了知识的殿堂，跨进了学术的领地，成为一名学术人。有人说，你终于走出了森林，我说我才刚刚走进森林。博士生涯本身就是一次冒险，一次智力、毅力和身体素质的比拼。

与导师王俊教授的第一次接触是在 2015 年初，冬天寒意犹在，春天正在酝酿。王老师穿着一件深红色的外套，美丽而富有内涵。第一次相见我们就进行了深度的交谈，虽然我对学术还一知半解，但对知识的热爱还是感动了王老师。时年 3 月，我以第一名的成绩顺利进入了华师。

入校后，王老师对我严格要求，什么时期看哪些书籍，什么时期开始练笔等都进行了精细的规划，并与我每周进行一次学术交流。经过三年的学习，我的学术视野逐渐开阔，学术水平得到了提升，经过努力拿到了国家奖学金、优博资助项目并发表了多篇学术论文，实现了从量变到质变的转化。这些成绩的获得都与王老师的辛苦培养息息相关。

导师对我的指导并不止于学术，三年读博期间，我对人生的理解也发生了巨大的变化。导师多次与我促膝谈心，使我明白了不必刻意追求名利，更重要的是寻求内心深处的那份自由；学问不能做得苦大仇深，学术的真正意义是对知识的敬重和那份闲逸的追求；人生的意义不在于物质的富足，更重要的是精神的自由。

也许冥冥中早有安排，王老师是第一年招收博士，我也是第一年报考华师，数年的等待化作难得的师生情缘。王老师不仅让我的学术水平有了质的飞跃，也让我对人生的认知发生了根本性的改变，使我终于走向了通往知识殿堂的崇高之路。

感谢高教所董泽芳教授对我的鼓励、关爱和提携。董老师儒雅谦和，学识渊博，他的授课让我对教育社会学产生了浓厚的兴趣并受益匪浅。董老师古稀之年，仍坚守一线，组织编写“教育博士系列丛书”，并多次督促我修改书稿。

感谢凌云教授，他教我学会了教学评估数据的统计与分析，为我博士学位论文的完成提供了必不可少的数据基础。凌老师为人耿直、刚正不阿，他对学生要求严厉，但背后却透着对学生无尽的爱。

感谢高教所的欧阳光华教授、杨杏芳教授、但昭彬副教授、邹义欢博士对我博士学位论文的指点。

感谢范先佐教授、余子侠教授、涂艳国教授、王坤庆教授、雷万鹏教授、郭元祥教授、陈佑清教授、杜时忠教授、陈彬教授，以及马红梅老师的精彩授课，他们把我引进了知识之门，使我懂得了如何做学问。通过系统的学习，我找到了自己的研究方向，并学会了科学研究的方法和技巧。

感谢师姐俞佳君，师兄张秋硕、徐宝兴，师妹陈寒，师弟王琳博、黄令、卢浩宇、郭梦卿等，“百年修得同船渡”，在茫茫人海中，有幸认识你们，真好！

2016年9月，在导师王俊教授的推荐下，我参加了教育部组织的博士生访学项目，赴厦门大学交流学习，师从潘懋元教授。在厦门大学的日子里，我不仅欣赏了厦门大学美丽的风景，也感受到了“鲶鱼”台风对美丽的伤害。

潘先生虽已耄耋之年，仍坚持一线授课，焚膏继晷、不辞辛苦。一堂课下来近三个小时，中间很少休息。每逢周六，同学们都相约去先生家参加学术沙龙，对一些学术前沿、学术热点等进行专题报告和讨论，先生“倾尽”家中美食、点心、茶水等，让同学们尽情享用。对一些有争议的学术问题，先生也时常发表自己的见解；对一些有模糊认识的学生，先生指点迷津……每次讨论和交流后，不知不觉已至深夜，大家才不得不匆匆回校，但仍有意犹未尽之感。书稿付梓之际，本计划让先生作序，2022年冬天，先生却突然离世。先生在病危之中，仍坚持为最后一位学生的书稿作序。先生去了天国，但先生的精神仍指引我们前行。

感谢厦门大学教育研究院的别敦荣教授、武毅英教授、王洪才教授、张亚群教授的精彩授课，我有幸领略了大师们的风采。感谢别敦荣教授、武毅英教授对我博士学位论文的指导，在我选题不清、方向模糊时给了我明确的方向和思路，使我走出迷雾，树立了信心。王洪才教授对我选题的点评让我看到了更广阔的研究领域，感到了自己的不足。感谢吴晓君老师为访学博士生所做的工作，感谢师兄陈斌，师姐李胜利、陈春梅，师弟朱乐平，以及其他一起学习的同学，在一起的点点滴滴令我终生难忘。

感谢Z师范学院受访的领导和师生，在你们的帮助下，我才顺利收集到访谈资料，为了保护受访者的隐私，这里不再一一致谢。

感谢我的父母，每次想起他们，我都感到愧疚不已。他们不仅为我付出了毕生的心血，而且帮我把孩子养大成人。在我读博的日子里，年近八旬的母亲帮我照顾孩子，不小心摔倒在楼梯上，胳膊的伤痛至今尚未康复。感谢夫人郭秋文女士，对我学业的支持，对孩子的精心照顾，其中的点滴不再一一言表。

走在桂子山上，吮吸春天的气息、草树的清香，感受内心的平静与从容；静坐图书馆，沐浴万卷书海，独享远离城市喧嚣，潜心独憩的宁静。席勒把学者分为生活型学者和哲学型学者，我想我大概属于前者，因为我无奈于生活，对未来也是在被迫中不断适应、改变。每个人由于环境的不同走向了不同的道路，而每个人在不同的人生中都有自己的故事和精彩。在生存得到基本保障时，坚守内心的那份信仰与崇高，自由驰骋于知识的海洋，人生最曼妙的风景莫过于内心的淡定与从容，与他人无关。

顾拓宇

2023 年 6 月于河南周口